[illegible] [illegible]

献给一位可敬可亲的长者！
献给一对含辛茹苦的农民！

产业转移与中部地区产业结构研究

王全春 著

人民出版社

组　　稿:张振明
责任编辑:阮宏波
封面设计:肖　辉

图书在版编目(CIP)数据

产业转移与中部地区产业结构研究/王全春 著.
-北京:人民出版社,2008.8
ISBN 978-7-01-007208-1

Ⅰ.产…　Ⅱ.王…　Ⅲ.产业结构-研究-中国　Ⅳ.F121.3

中国版本图书馆 CIP 数据核字(2008)第 116162 号

产业转移与中部地区产业结构研究
CHANYE ZHUANYI YU ZHONGBU DIQU CHANYE JIEGOU YANJIU

王全春　著

人民出版社 出版发行
(100706　北京朝阳门内大街 166 号)

北京集惠印刷有限责任公司印刷　新华书店经销

2008 年 8 月第 1 版　2008 年 8 月北京第 1 次印刷
开本:880 毫米×1230 毫米 1/32　印张:9
字数:198 千字　印数:0,001-3,000 册

ISBN 978-7-01-007208-1　定价:25.00 元

邮购地址 100706　北京朝阳门内大街 166 号
人民东方图书销售中心　电话 (010)65250042　65289539

目　　录

图 表 目 录

导　论

对于地域系统的研究，在我国可谓源远流长，最早我们可以追溯到公元前5至前3世纪的《尚书·禹贡》。《尚书·禹贡》是《尚书·夏书》中的一篇，简称《禹贡》，作者不详。全书仅1193字，它以山脉、河流等为标志，将全国划分为9个区域，即“九州”，并对每个区（州）的疆域、山脉、河流、植被、土壤、物产、贡赋、少数民族、交通等自然和人文地理现象，作了简要的描述，成为我国区域地理学的奠基之作。近代以来，在自然区划、地理经济等多方面，竺可桢、黄秉维、吴传钧等著名地理学家更是取得了丰硕的研究成果，但与地理学科密切相关的区域经济学却和国外一样，起步很晚。更准确地说，在比较长的时期内，经济学家很少或不注重经济的空间分布和空间互动的分析。一直到近30年，随着我国经济和社会的迅速发展及管理体制的转型，区域发展和协调才逐步成为一个备受关注的重大经济和社会问题。至20世纪80年代末和90年代初，在国土开发规划及其综合研究的基础上，我国区域发展问题研究得到显著加强，地理学家、经济学家、社会学家、生态环境学家，以及政府人员，围绕区域战略、区域协调、区域政策三个方面，从理论与实践相结合的层面展开了广泛的研究。

一、中部地区——一个地理经济概念

自然地理环境是人类社会得以延续与健康发展的根本。一个区域所具有的地理特点及其比较优势，是它对资本、人才、技术、市场吸纳的前提，也是它生产、经营竞争的基础。因此，区域经济板块的空间组合和规律性发展，实质是依托区域自然人文基础的人类生产和生活需求长期选择的一个结果。

我国幅员辽阔，东起黑龙江与乌苏里江汇合处，西至帕米尔高原，东西相距5200公里；北起漠河以北的黑龙江江心，南抵赤道附近的曾母暗沙，南北跨度达5500公里。总陆地面积约为960万平方公里，约占地球陆地面积的6.5%。在历经20多亿年复杂的自然历史演变和5000多年巨大的人类活动影响下，境内地形多样，气候万千，土地资源、水资源、生物资源、矿产资源等丰富多彩，为我国各区域经济的发展提供了千差万别的发展基础，也对我国各区域经济的发展方向产生了巨大的影响。

新中国成立以来，作为政府层面对我国区域发展协调问题的关注，最早是1956年毛泽东同志《论十大关系》报告中关于“沿海与内地”关系的阐述。它是我国改革开放以前区域政策的宣言，也是改革开放以后长时期内我国区域发展的基本战略和方针，主要在于解决我国工业布局及整个国民经济发展的地区失衡问题。“一五”计划时期，苏联援建的156项重点项目，除辽宁省外，几乎全部分布于内陆各地。“三五”、“四五”计划期间，约40%的国家投资也主要集中在当时的“三线”地区。因此，在1978年改革开放以前的30年间，我国省际经济发展水平的绝对差距变化不大，省区市间人均生活水平的差异更小于人均国民收入的地区间差异，而且这种省区市间存在的差异也并非呈东、中、西分布，而是体现出一种北、中、南的形态。但从“六五”计划开始，我国生产力布局和区域经济发展的指导方针，由强调备战和注重缩小地区差别为取向，逐步转移到以提高经济效益为中心，向沿海地区倾斜。随着中央政府对经济特区、沿海开放城市、经济技术开发区资金、政策的倾向性供给，以及在开放经济政策背景下境外优势技术、资金、管理的惯性输入，沿海地区潜在的经济基础、人力资源和国际市场竞争力等迅速激活。到20世纪80年代中期，我国各省区市间GDP增长速度和人均GDP的位次发生了明显的变化，广东、福建、浙江、海南等省获得了迅猛发展，而中西部地区发展则比较缓慢。

1985年，中央为充分发挥我国区域经济各自的特点和优势，促进协作，又各展所长，进而逐步建立以大中城市为轴心的，层次不一、规模不等、特色各具的经济区域网络，在《中华人民共和国国民经济和社会发展第七个五年计划》（1986—1990）制订过程中，进一步把全国划分为东、中、西三大经济区域。其中东部地区包括辽宁、北京、天津、河北、山东、江苏、上海、浙江、福建、广东、海南11个省（区、市）；中部地区包括山西、内蒙古、吉林、黑龙江、安徽、江西、河南、湖北、湖南9个省份；西部地区包括陕西、甘肃、青海、宁夏、新疆、四川、重庆、云南、贵州、广西和西藏11个省（区、市）。但在“七五”计划及以后的建设发展过程中，三大经济区域发展差距总体继续呈拉大趋势。基于此，2000年12月，国务院发出了《关于实施西部大开发若干政策措施的通知》，将传统中部地区的内蒙古自治区和传统的西部11省(区、市)一并纳入西部大开发的政策范畴,享受增加转移支付、改善发展环境、扩大对外开放、吸引优秀人才,以及促进科技教育等四项十六条政策措施。2003年10月,中共中央、国务院又下发了《关于实施东北地区等老工业基地振兴战略的若干意见》,国务院组建振兴东北地区等老工业基地领导小组办公室,重点指导同具边疆近海地理特点、传统工业基础扎实的黑龙江、吉林、辽宁三省经济的振兴大业。至此,不沿边、不沿海,地处内陆腹地,相互毗邻,且经济发展程度相当的山西、安徽、江西、河南、湖北、湖南六省构成了一个相对独立的地理经济单元,2006年年底,中部六省共有土地面积102.8万平方公里,占全国的10.7%;人口总数3.53亿,占全国的27.3%;2006年国内生产总值4.3万亿元,占全国的20.1%。可见,中部六省经济板块的划分是在国家"七五"计划划分的基础上,综合考量地理环境、经济特性、政策背景等因素而界定的,具有一定的历史合理性和现实性。

2006年4月15日,中共中央、国务院发布《关于促进中部地区崛起的若干意见》(以下简称《意见》),这是党中央、国务院继鼓励东部地区率先发展、实施西部大开发、振兴东北地区等老工业基地战略后,从我国现代化建设全局出发作出的又一重大决策,成为我国新阶段经济社会总体发展战略布局的重要组成部分。目的在于充分发挥中部地区资源、产业、人才、区位等综合优势,致力于形成东中西互动、互补、互进的新格局。《意见》对中部地区发展的总体要求是全面落实科学发展观,坚持把改革开放和科技进步作为动力,着力增强自主创新能力,提升产业结构、转变增长方式、保护生态环境、促进社会和谐,建设"三个基地,一个枢纽",即全国重要的粮食生产基地、能源原材料基地、现代装备制造业及高技术产业基地和综合交通运输枢纽。《意见》是中部崛起的纲领性文件，具有重大的现实意义和深远的历史意义。①

二、产业转移——区域的一种经济互动

从某种意义上讲，人类经济社会发展的历史就是一部产业不断演进的历史。从人类原始的手工业时代到机器大工业时代，再到当今的信息产业时代，任何产业都经历着一个从萌芽、成长、成熟到衰退的过程。然而，在20世纪中期以前的整个经济发展过程中，对这种产业兴衰更替的必然规律，世界各国和地区普遍缺乏必要的认识，更未得到足够的重视和深入的研究，衰落产业的调整和退出，几乎都是在无奈而频繁的经济危机的打击下被动完成的。

第二次世界大战结束以后，随着美国、德国、日本等发达国家新兴产业的不断涌现，一些老工业化国家产业基地危机普遍加深：产量下降，收入减少，失业增加，人口外流，并渐次步入税收减少、福利降低、投资乏力、产业衰落的恶性循环中，成为经济发展中的萧条区域、衰退区域，引发了这些国家的强烈焦虑，以及全球经济界的高度关注和思索。正是由于这些经济建设的背景和现实需要，区域经济学和产业经济学的研究得到了长足的发展，人们对产业的成长规律开始有了比较深刻的理解，并开始依据产业的成长方向主动调整其结构，以避免和减轻因产业失衡而导致的结构性危机的打击和损失。步入20世纪70年代，世界经济全球化趋势

① 《中共中央国务院关于促进中部地区崛起的若干意见》，2006年。

不断加强，科学技术飞速发展，世界各国产业的替换及区域互动变得越来越频繁，越来越主动。也正是由于发达区域弱势和衰退产业向发展中区域的主动转移，在促进发展中地区发展的同时，发达区域不断地实现了自身产业层级的提升。这种产业由一个区域转移到另一个区域的经济调节过程和经济互动现象，就是经济学界所谓的产业转移。

产业转移既包括国内产业转移活动，也包括国际产业转移活动；既包括发达地区向发展中地区的产业转移活动，也包括发展中地区向发达地区的产业转移活动，但后者往往是微乎其微的，表现更多的是一种单要素的孤立转移现象。产业转移的主要表现形式是资本流动，核心内在机制是利益，引进与利用外来资金是承接产业转移的主要方式。第二次世界大战结束以来的半个多世纪中，全球性大规模的国际产业结构调整与转移活动共经历了三次。

第一次发生在20世纪60年代初。美国等西方发达国家在世界科技革命的推动下，借助于第一、第二次世界大战和工业化所积累的雄厚经济实力，大力发展钢铁、化工、汽车和机械等资本密集工业和电子、航天、智能工业等高新技术产业，而把纺织、服装、制鞋等劳动密集型的轻纺工业和部分能耗多、污染大的重化工业逐渐转移到劳动力成本较低的发展中国家，主要是东亚地区。韩国、新加坡、中国台湾和香港地区以其冷战时期自身国际关系、地缘政治优势和劳动力、土地等成本优势，成功抓住了此次产业梯度转移的发展机遇，快速建立起自己庞大的劳动密集型产业，挤占国际市场，实现由进口替代型向出口导向型经济转变，逐步完成了工业化进程，发展成为新兴的工业化国家和地区，并为其深度发展奠定了雄厚的产业基础和原始积累，创造了一个“亚洲四小龙”辉煌的发展奇迹。

第二次发生在20世纪70年代。由两次石油危机与矿产资源价格上涨诱发的1973—1975年的世界性经济危机，沉重打击了西方一些能源和资源消耗大国的重化产业，迫使发达国家再度主动调整工业产业结构，加快产业结构调整步伐，开始发展以集成电路、精密机械、精细化工等耗能低、耗材少、附加值高的知识和技术密集型产业，而将汽车、钢铁、造船等能耗高、污染大的重化工业部门向已经具备一定承接基础的新兴工业化国家和地区转移。而"亚洲四小龙"等新兴的工业化国家和地区再次抓住了国际经济提供的产业调整和转移的机遇，及时调整自身的产业结构，积极承接和引进美、日等发达国家转移进来的某些资本密集型产业，迅速构架起自身汽车、造船、钢铁、石化等重工业体系。

第三次产业转移高潮出现在20世纪80年代后期。源于全球范围内兴起的以信息技术、信息产业为主导的知识经济革命，首先兴起于美国率先提出的"信息高速公路"建设。随着知识经济逐步成为现实的经济形态，国际产业产品差别型和生产工序型分工格局深度发展。美国、日本和欧洲发达国家发挥其在新技术、新产品领域的创新优势，大力发展知识技术密集型高科技产业、高附加值产品和高附加值环节的生产。而在第一次世界产业转移中完成了资本初始积累，又在第二次世界产业转移中发展起自身重工业体系的亚洲四小龙等国家和地区，也主动将自身失去比较优势的劳动密集型和一般技术密集型产业向中国和一些东盟国家转移，大力承接和发展自身知识密集型产业，以实现其产业结构的升级。

20世纪90年代中期后，受发达国家经济衰退的影响，国际产业转移的速度有所放缓，但产业转移的规模仍在扩张，每年的海外投资规模仍达2000多亿美元。

三次全球性大规模的国际产业结构调整与转移活动既同又异,既异又同。同在于技术,从实质看,都是一种全球性大规模的技术升级和传递过程;异也在于技术,三次产业转移最核心的差异也就在于技术流向的差异。在第一次产业转移过程中,技术被发达国家牢牢控制;在第二次产业转移过程中,一些发达国家的跨国公司开始在发展中国家设立部分研发节点;在第三次产业转移过程中,出现全球研发网络化的趋势和特点,研发国际化成为新的潮流。

一国国内区域间产业转移活动最典型的范例是美国的西部开发运动。美国西部处在南北纵列的科迪勒拉山系,高原、盆地、沙漠、峡谷相间,地形极为复杂,气象变化万千,其恶劣程度不亚于我国西北地区,直到18世纪末,美国西部还近乎是一片荒无人烟的处女地。历史上,美国对西部大规模的开发进行过两次:第一次是19世纪60年代至90年代,美国政府通过《鼓励西部植树法》、《沙漠土地法》等法规的制定,大规模的财政补贴和转移支付,以及赋予州、县地方政府具有相当灵活的自主权等措施,引发了大规模的移民和产业运动,并迅速形成以自由土地开发为中心,农业、矿业、城镇和铁路全面开发的格局,成长起芝加哥等农机制造中心,圣路易斯、堪萨斯等肉类加工和罐头制造业中心,匹兹堡、克利夫兰等重工业中心。在短短40年间,美国制造业中心向西推进了380多公里。也正是依靠农业、采矿业和畜牧业三大开发性行业的发展,最终谱写了美国西部100多年的开发经典时期,并伴随美国经济与整体工业化的始终,成为美国实现经济现代化的重要条件和巨大推动力,把美国由一个弱小的国家推上世界经济大国的宝座,到

1895年其工业总产值就跃居世界首位。第二次对西部大规模的开发,是20世纪30年代至70年代。美国联邦政府成立了西部开发的专门机构,制定各种优惠政策,继续加大了对西部的财政补贴和资金投入,对江河流域进行了较大规模的综合治理,建设了纵横交错、四通八达的高速公路,还有计划地把宇宙业、原子能、电子、生物工程等军工、高新技术产业布局于西部,极大地改变了西部的经济结构,促进了西东部发展的区域平衡,甚至快于东部。到1980年,美国西部与太平洋国家和地区的贸易额首次超过了东部与大西洋国家和地区的贸易额。西部的经济发展速度和城市化水平远远高于全国的平均水平,西部大都市区已经崛起为美国新的经济中心。

从产业发展过程看,美国西部的开发又可分为农业开发(1750—1850年)、工业开发(1850—1950年)和科技开发(1950年至今)三个阶段,随着时间推移由浅入深,日渐强化。与此同时,美国经济发展重心也相应发生了变化,新英格兰、新墨西哥和加利福尼亚的发展和区域中心地位的形成,可以被看做美国经济重心逐步西移的几个标志。

由此可见,产业转移是人类在历经长期经济发展阵痛的教训中认知和获取的一种经济调节手段,是产业发展的客观要求,也是必然的选择和结果。无论国际产业转移还是国内产业转移,从普遍意义上讲,产业转移就是一个发达区域向发展中区域产业扩散,发展中区域向发达区域要素集聚的现象和动态过程。从本质意义上说,就是发达区域与发展中区域之间,在市场机制和政策规划等综合因素作用下形成的以技术为核心的人流、物流、能流、信息流等的一种有序的互动现象。在这种互动过程中,由于经济发展水平的差异性，发达区域与发展中区域之间往往表现为一种不平等的经济关系，发达区域处于主动和主导的地位，而发展中区域则处于被动和从属的地位。发达区域内部之间以及发展中区域内部之间也存在着产业转移的现象，但由于经济发展层次的类似和产业的同构等原因，常常表现为相互之间的合作与竞争。

目前，全球各国和地区经济发展仍极不平衡，东西差异、区域分化和矛盾日渐突出。既有原始社会、农业社会、工业社会和知识社会多种层次和形态的共存，如太平洋群岛中的原始部落，非洲的农业小国，中国这样的初级工业化国家和美国等新经济社会，又有国内区域间多层次的经济差异性，如我国东部、中部和西部在经济发展过程中的欠协调性。而随着经济全球化、一体化进程的推进和气候、生态等人类发展共同问题的解决，国际间、区域间产业的共生和互动是必然和必需的，而且随着科学技术的进步和交通、通讯、网络状况的日益便捷将逐步向纵深推进。

三、产业结构演化——一个悠远而常青的研究领域

产业发展的现状和潜力是一个国家、一个区域经济发展价值判断的核心标准，产业结构及其制造业等内部结构的演进和升级是区域经济发展阶段和成熟度的主要标志，是一个国家和地区经济发展的永恒主题。

对产业结构的最早分析，可以追溯到17世纪英国经济学家威廉·配第（1623—1687年）的《政治算术》。配第在其名著《政治算术》中描述到：英格兰的农民每周能赚4先令，而海员的工资加

上伙食等其他形式的收入，每周的收入是12先令。因此，当时大部分从事制造业和商业的荷兰，人均国民收入要比欧洲大陆国家高得多。这种不同产业间收入的相对差异，促进了劳动力向能够获得更高收入的部门移动。限于当时比较落后的经济发展水平，对这个问题的研究未能深入下去。

产业结构概念的正式提出，始于20世纪40年代，但一直到20世纪60年代，关于产业结构概念的意义和用法仍相当混乱，其含义是不规范和不明确的，更谈不上完整的理论体系。随着产业经济的快速发展和研究的深入，这一概念才逐步统一起来。比较一致的观点认为，产业结构应该是指产业之间的关系结构，产业结构理论应该是以研究产业之间的比例关系为对象的经济理论，它通过对产业结构的历史、现状及未来的研究，来寻求产业结构发展变化的一般趋势和规律，为未来产业结构方向的规划提供理论依据。认为不同的产业结构实质上代表着不同的资源配置状态，实质上是一个国家或区域经济综合实力和产业市场竞争力的体现，并将在很大程度上制约和决定一个国家或区域经济的发展与兴衰。

区域经济作为一国国民经济的基础和支撑，是建立在区域优势资源基础上的，由若干产业共同推动的综合结果。区域内产业与产业之间形成的这种包含质和量两个方面的关系，就是本书要研究的区域产业结构（Regional Industry Structure）。所谓区域产业结构是指区域内各产业的组成状态和发展水平，以及产业间的生产联系和数量比例关系。它包括两个方面的内容：一是指各产业之间在生产规模上的比例关系，直接涉及的是结构均衡问题；二是指各产业之间的联系或关联方式，直接涉及的是结构高度与效益问题。产业间的比例关系构成区域产业结构量的方面，而产业间的关联方式则构成区域产业结构质的方面。区域产业结构是质与量的统一，二者缺一不可。①

决定和影响一个国家和区域产业结构演化的因素是极为复杂的，资本、土地、劳动力、资源、科学技术、经济开放度，以及国家和区域层面的历史、政治、文化和社会因素，等等，它们互相促进与制约，综合地影响与决定着产业结构的现状及其变化发展的方向。而且不同国家和区域由于面临的发展阶段、生产力水平、要素资源水平不同，对产业结构演化的影响因素及其贡献也不同，即便是在同一国家和区域，也有一个具体分析的问题。但是撇开林林总总的繁杂现象，周冯琦先生认为其实决定一个国家和区域产业结构演化的关键因素不外乎资本、劳动力、技术和制度四个方面。② 他认为产业结构演化在任何时期、任何条件下都是产业载体对劳动力、资本、技术和制度因素依据"成本—效益"经济原则决定的配置行为所演绎的产业分化和重组的过程，产业结构的演化表现为朝阳产业对夕阳产业的替代，而本质上是高质量产业因素对低质量产业因素的替代。

土地、资源无疑是一个区域经济发展和产业结构演化的基础和依托，但它们是既定的、客观的、静态的，而产业结构的演化归根结底在于和取决于资本、劳动力、技术和制度等四个动态性关键因素依据市场精神的投入和配置效率。研究产业结构演化问题，实

① 江世银：《区域产业结构调整与主导产业选择研究》，上海三联书店、上海人民出版社 2003 年版，第 6 页。

② 周冯琦：《中国产业结构调整的关键因素》，上海人民出版社 2003 年版，第 1—4 章。

质就是研究这四个要素的投入与组合、使用与配置,研究如何实现以最小的投入获取最大的产出,实现因素生产率与总和因素生产率的提高。

(一)资本因素

货币资本的积累规模和速度不同,实物资本的形成规模和速度也就不同,从而对产业资本积累、产业成长成熟、产业结构演进的影响也会不同。在一些发展中国家和区域,很多时候,即使不增加其他因素的投入或投入增加不明显,只要增加物资资本的投入,就能够有效地提高产量和生产效率,从而最终实现产业结构的演化。纳克斯[①]、哈罗德·多马[②]、罗森斯坦·罗丹[③]、莱宾斯坦[④]等早期发展经济理论家认为,贫困的原因是由于经济增长的停滞和人均收入的低下,而导致经济增长的停滞和人均收入的低下是由于资本匮乏和投资不足,因此,解决发展中国家和区域的资本形成问题是实现经济起飞和摆脱贫困的起点,一定的货币资本规模的形成是工业化加速时期的工业扩张以及由此带动的经济增长的先决条件,是整个产业结构高度演变的关键。世界经济发展史证明,

---

① 提出"贫困恶性循环理论",参见[美]R. 纳克斯《不发达国家中的资本形成问题》,1953 年。

② 提出哈罗德—多马模型的资本理论,参见[英]罗伊·哈罗德《基本的动态定理》,载《Macroeconomic Theory》,第 128—450 页;《动态经济学》,商务印书馆 1980 年版,第 2、3 章;参见[美]E. D. 多马《经济增长理论》,商务印书馆 1983 年版,第一、二、三章。

③ 提出"大推进"理论,参见罗森斯坦—罗丹(Rodan. P. N)《东欧和东南欧的工业化问题》,1943 年。

④ 提出"临界最小努力"理论,参见莱宾斯坦(Leibenstein. H)《经济落后与增长》,1957 年。

任何国家的经济发展都是从资本高投入起步的,没有先期的高积累和高投入,就不会出现以后的高速增长。在后发展的亚洲新兴工业化国家中,特别是日本的经验表明,战后经济恢复以后,随着外国资金的大量进入,外国的先进技术和管理方式也随之进入,从而加速推动产业结构的升级演化,带动了工资水平、消费水平以及整个社会财富的增加。

西方一些学者认为在发展中国家和地区,解决经济发展的资本金不足问题,主要依靠自身的经济力量,资本积累的基本途径是本国的储蓄率和由此产生的投资率,并把自愿储蓄在国民收入中的比例确定为15%以上,或者储蓄率进而积累率至少有10%以上的增长率。[①] 实践证明,东亚经济的快速增长,与它的高投资率和高储蓄率有着密切的关联。在20世纪60年代,东亚国家和地区的资本密集化程度远远低于工业化国家,1965年东亚国家的储蓄率甚至还低于拉美国家。因而,该地区在这一时期经济增长和产业结构演化迟缓,呈粗放型增长。但到了1990年,东亚国家的储蓄率则超过了拉美国家20个百分点,投资率几乎两倍于拉美的平均水平,[②]东亚8个国家和地区的平均投资率和储蓄率都在35%以上。其经济产业相应快速发展到一个相对较高的资本密集化程度,资本开始取代劳动力成为增长的主要动源。第二次世界大战后,东亚国家和地区开始逐步成为外资的一块热土,在20世纪70—90年代的20多年间,流向亚洲主要是东亚发展中国家和地

---

① “起飞”理论,参见[美]W. W. 罗斯托(W. W. Rostow)《经济增长的阶段》,1959年。

② 世界银行:《东亚奇迹》,中文版,第28页。

区的外国直接投资年均增长率达12%，而流入拉美国家的外国直接投资年均仅增加3%。[①] 自20世纪80年代末期起，东亚地区的外资约占每年流向发展中国家直接投资的一半以上，这使得东亚的外资在流入发展中国家（地区）的直接投资总额中的比重从20世纪70年代的20%，升至20世纪80年代的31.4%和20世纪90年代的44%。[②] 由于外资的大量流入，外国直接投资在东亚国家和地区固定资本形成中所占比重迅速攀升，对其经济增长和产业结构的升级换代起到了巨大的推动作用。

（二）劳动力因素

传统产业、衰退产业的调整与改造，新兴产业、主导产业的成长与成熟，在很大程度上受劳动力素质、规模的影响与制约。产业发展和结构演化的一切过程，归根结底依赖于一大批具有创新能力、管理素质、劳动技能的劳动力去开发、组织和驾驭。20世纪60年代，美国经济学家舒尔茨和贝克尔创立了人力资本理论，开辟了人类关于人的生产能力分析的新思路，受到广泛的重视。人力资本理论强调教育、劳动者素质对经济发展具有极大的促进作用，而且是一种比物质资本更为重要的经济增长促进因素。按照舒尔茨的研究，在美国半个多世纪的经济增长中，物质资源投资增加4.5倍，收益可以增加3.5倍；而人力资本投资增加3.5倍，收益却能增加17.5倍。在1919年到1957年的38年中，美国生产总值增

① 世界银行：《1991年世界发展报告》，中译本，中国财政经济出版社1991年版，第95—96页。

② 联合国：《1996年世界投资报告》，第401—405页。

长额的49%是人力资本投资的结果。人力资本理论指出,普通教育、职业教育、短期培训或各种形式的继续教育都是人力资本投资的有效途径,一个人可以通过新知识和新技术的培训提高自己的劳动技能,进而提升自己的劳动生产率和市场竞争力,为自己、为社会创造更多的社会价值和财富。据测算,劳动力人均受教育的时间每增加1年,GDP就能够提高9%。实践证明,入学率和受教育程度较高的国家和区域,总体经济发展潜力较大,发展速度较快;同样,在发达国家和高收入地区,其入学率和受教育程度也总是比较高。香港、韩国、新加坡、台湾等亚洲国家和地区,在20世纪60年代以来的经济高速增长时期,教育和职业培训体制都相应发生了巨大变化:初等教育全面普及,基础教育扎实完整,人口结构和就业层次全面改善。而优势的人力资源又反过来不断推动其经济结构和产业层次由低向高渐次提升。

劳动力因素对产业结构变动的影响主要取决于劳动力结构和劳动生产率两个因素的变动,与各产业劳动力报酬结构变化关联紧密,产业劳动力报酬结构的调整可以促进产业结构高度化的实现。与劳动力技能紧密相关的还有一个国家、一个区域、一个企业文化对劳动力生产率的影响。从某种意义上讲,一个人的主动性、积极性、创造性、奉献精神和风险意识等对于经济发展的贡献,往往比单纯的知识教育和技能培训要大得多,重要得多。

目前,我国劳动力的流动极为广泛而活跃,但户籍制度、用工制度、福利制度等体制性障碍,大大增加了劳动力区域和产业间的转移成本,扭曲了劳动力配置机制,阻碍了劳动力的合理流动,因此,劳动力配置体制改革也是推进产业结构调整的一项重要内容。

（三）技术因素

技术创新与进步是企业竞争优势的源泉、产业结构演化的基本动因和经济发展的巨大动力。技术创新对产业的集约增长起着决定性的作用,而产业层次的提升、经济的快速增长又促进技术投入的增加,推动技术创新活动向纵深发展。技术因素在产业发展的贡献主要体现在,技术创新促进了产业要素生产率的提高。它不仅导致单个产品数量和产业数量的增加,而且导致单个产品质量和产业经济增长结构与质量发生深刻变化。技术对产业结构演化的促进主要体现在以下四个方面:一是通过产业技术结构的优化升级,促进资源、能耗的合理使用和产品、产业实际成本的节约,实现资本使用效率的提高和资本产出效益的增加,这是转变经济增长方式,保证产业可持续发展的重要基础和基本条件。二是技术、教育的投入,科技创新的推进,人力资源素质的提升,尤其是关键技术的突破和经营、管理人才的培养,将极大地促进劳动力知识、技能、思维、管理等素质的整体发展,极大地促进产业效率的提高。三是技术创新促进了以信息技术为代表的新科技、新工艺对传统产业、落后工艺革命性的改造和渗透,促进了新材料、新能源对传统材料和能源的完全和部分替代,实现了产品性能的全面优化和产业层次的全面提升。四是国际技术外溢,及其所附带的投资技术和经验、工作技能和诀窍、完整的国际分销渠道,研发支持、品牌和无形资产等众多知识技术性资源,促进了全球产业的配置和转移,促进了全球范围企业的跨国兼并与重组,实现了企业规模效益的形成和全球经济的一体化,实现了产业结构的全局性调整和经济增长的整体性推动。

目前,借助雄厚技术的支持,发达国家基本实行内涵式经济发展模式。其主要标志是:经济增长率不高,但保持稳定增长;经济增长的效益和产出高,而成本和消耗低。美国经济自1991年3月走出衰退期以来,GDP持续增长,超过了20世纪60年代因侵越战争引发军需急剧增加所带动的美国经济持续增长106个月的历史最高纪录。而且在经济高速平稳增长的同时,通货膨胀率、失业率和财政赤字都控制在较低的水平,呈现出近几十年来少有的一高三低的良好运行态势。尽管近期亚洲及其他地区的金融动荡对美国经济产生了一定的影响,但是其增长速度仍保持了一定水平。其重要原因在于美国以信息技术产业为代表的高技术产业的突飞猛进的发展,年均投资递增速度达25%,进而促进其产业结构发生了根本性的变化。大多数新增长理论家认为,内生的技术进步是经济实现持续增长的决定因素。因此,大多数新增长理论模型都十分注重考察技术进步得以实现的各种机制,考察技术进步的各种表现形式,如产品的更新换代、知识和人力资本的积累、技术模仿等。①

对于发展中国家来说,产业结构的演化升级,前提是社会需求,基础是资本积累,关键是社会需求、资本积累与技术创新的有效结合,也就是必须具有将需求转化成现实的技术支持。"二战"后很多发展中国家的发展教训表明,没有发展起来的缘由,往往不

① 新增长理论又称"内生增长理论",目前它只是由一些持相同或类似观点的经济学家提出的各种增长模型构成的一个松散集合体。其各个增长模型包含的共同观点是:经济增长不是外生作用的结果,而是由经济系统的内生变量所决定的;政府实施的某些经济政策对经济增长具有重要作用。见朱勇等《技术进步与经济的内生增长》。

在其资本积累的不足，而是资本积累和技术创新难以有效地结合，造成资源利用粗放，资本使用低效。技术在于人才，人才在于教育。世界头号发达国家美国长期以来致力于公民平等受教育权利的保障。早在20世纪50年代初，美国大多数州就已经实行9年制、少数州实行了11至12年制的义务教育制度。在科学技术飞速发展的今天，美国更加注重提高全民的文化教育水平，在增加教育投入的同时，不断针对市场对人才需求不断变化所必然造成的人才不足及局部层次人才相对过剩问题，致力于制定适应市场要求的教育培训政策，推出了一系列的教育改革方案和教育测试评估体系改革法案，以提高全美的教育效度，确保产业高级化的顺利进行。如成立各种社区学校对中学毕业生进行岗前培训，对失业工人建立集教学、培训、就业为一体的就业培训服务中心等。

在知识经济时代的今天，知识技术不再单纯是教育、科研活动的一个基础要素，而是渗透社会的各个领域、取代资本成为最重要的生产要素，直接影响产业的发生、发展和产业间的相互关系，加速着经济结构的演化和升级。技术存量的增加主要有两个途径：一是内部的技术创新。这是发展中国家和区域发展之基、振兴之道，需要政府提供必要的保障和支持，从多个层面激发、引导和鼓励这种社会创新。二是外部的技术来源。对于发展中国家和区域来讲，外部技术引进无疑可以为解决经济发展中的技术难题提供某种意义上的帮助，在特定条件下也可以为其在某些经济技术领域在一段时间内赶超经济技术发达国家和地区提供一条捷径。

（四）制度因素

新制度经济学认为制度就是规范人类行为的规则和惯例，有正式与非正式之分。正式制度由法律、法规、政策、规章等确定,是人们可以选择和调整的、内生的变量;非正式制度主要包括风俗、习惯、意识形态等,是人们不能选择和随意调整的、外生的变量。①长期以来,从价格自由化、产权私有化和宏观经济稳定化三个角度形成自己完整理论体系的新古典增长理论一直认为,各国政府的经济制度对经济长期增长没有影响,但事实上它所倡导的"休克疗法"(shock therapy)给俄罗斯和东欧国家的激进式转型所带来的一系列灾难性后果却引发了人们大量的批判和反思。以诺斯等为代表的新制度学派则通过战后美国、韩国、中国台湾等经济增长的大量现实研究,让人们认识到经济运行需要有相应的制度基础作为支持,提出了由制度决定的经济增长的观点,主要的论据包括:一是国家的作用是难以替代的,如财产权的保护等;二是只有制度设计使得劳动和创造性努力有利可图时才会促进经济增长和产业的演进;三是政府良好的制度设计可以影响人们的收入水平,减少贫困和改善社会福利,提高整个社会的教育程度,促进科技发展等,从而对经济长期增长产生影响;四是国家对技术的吸纳是以制度结构和组织体系的调整和变革为前提的。进而得出结论,制度变迁才是经济增长和结构演进的关键。

制度变迁,即一种制度对另外一种制度的替代。从人类历史的演进考察,制度变迁的动因错综复杂,理论界关于制度变迁动力机制的学说观点也层出不穷。代表性的有舒尔茨的经济增长推动说,认为制度变迁是由经济增长引起的;道格拉斯·诺斯、罗伯

① [美]道格拉斯·诺斯:《制度、制度变迁与经济绩效》,上海三联书店1994年版,第64—66页。

斯·托马斯的制度自我循环累积说，认为制度本身具有自我循环累积机制；奥尔森的利益集团说，认为制度变迁取决于利益的需要，在利益集团给予利益一致性时产生；凡勃伦的技术决定说，认为新制度安排在于技术创新成本收益变化的结果，这和马克思认为生产力发展进步是制度变迁乃至人类社会发展的根本动力的论断具有共性，等等。实质上制度的变迁如同经济活动一样，这种过程也是由制度的供给和需求变化而引发和进行的，是内因、外因共同作用的结果。内因是一个群体或一个区域现有制度安排下的利益需求冲突和制度变迁收益大于成本的预期。外因是现有制度安排环境的变化，如新技术发明、人口变化、自然资源禀赋改变，以及一个国家政治、军事、文化和社会环境的变化，国际因素的影响等。

林毅夫先生从发生的方向和方式把制度变迁区分为诱致性制度变迁和强制性制度变迁。① 前者指个人或群体在某种现有制度安排下无法得到令其满意的获利机会而引起的自发推进、自下而上、从局部到整体的渐进变迁过程。后者指政府以命令和法律方式对现有集团之间利益的重新分配。制度变迁主要通过两种途径决定和影响产业结构的演化：一是通过制度变迁改变经济资源在各个产业部门的配置环境和配置份额，进而推进产业结构的协调和演化；二是通过制度变迁促进知识传播和技术进步，提高生产过程和产品中的技术含量，促进产业结构的演化和升级。制度性政策安排主要包括：产业发展政策、贸易政策、科技发展战略和政策、区域经济政策和宏观经济政策，政策工具也不外乎财政政策、货币

① 林毅夫：《关于制度变迁的经济学理论：诱致性变迁与强制性变迁》，载[美]R. 科斯等《财产权利与制度变迁》，上海三联书店 1994 年版，第 384 页。

政策、收入政策和人力政策等。其宏观目标在于经济增长、就业充分、货币稳定和国际收支平衡,而微观结点在于产业结构的合理化和高度化。就我国而言,目前制度设计层面上存在的突出问题就是各级政府直接参与资源配置活动的能力仍然过强,直接配置和调控着大量的经济资源、自然资源,包括环境容量,而提供公共产品的能力又相对不足,既不利于发挥市场配置资源的基础性作用,又不利于解决市场失灵的问题。

总之,区域产业结构既是一个社会分工的产物,也是地域分工的产物,是历史、资源、技术和社会经济政策等多种因素综合作用的结果,体现着社会劳动和资源在各产业中的分配和竞争。它既包括一、二、三产业比例关系的部门结构,也包括主导产业、新兴产业①、配套产业和一般产业选择与优化的空间结构。

四、研究的理论价值和实际意义

自20世纪中期,产业转移背景下国家和区域经济发展问题的理论研究得到了世界各国,尤其是西方各发达国家的高度重视。历经50多年的发展,形成了赤松要"雁形模式"理论(A. Kaname, 1930)、弗农的产品生命周期理论(R. Vermon, 1966)、小岛清的边际产业扩张理论(Kojima, 1978)和梯度理论等一系列的理论成果,为世界各国的经济发展和社会进步提供了可资借鉴的指导和启示。但由于受经济发展背景、相关学科发展,以及基础理论和研究

---

① 新兴产业,是指那些科技含量高,具有明显的比较优势,产业成长性良好的产业。如信息服务业、金融保险业、房地产业、现代物流业、旅游业等。

手段等方面的制约，大都具有一定的历史局限性，基本停留在对本国产业向国外转移研究的层面上。而我国由于长期实行计划体制的影响，只是在改革开放后，随着国家尤其是东部沿海地区经济的迅速崛起，以及由此引起的区域经济发展差距的日趋扩大，区域发展和产业转移问题才逐步为政府和经济界人士所关注，起步较晚，理论研究较之国外更为滞后。加之受实践应用层面基础薄弱和研究工具、手段所限，研究领域也基本上集中于国际产业转移对我国经济发展和产业结构演化的影响方面。

较早涉及国内区域经济协调发展及产业转移问题的主要有刘再兴、陈栋生、胡兆量、杨开基及中国科学院地理研究所的一些学者。近年来，胡鞍钢、徐国弟、李泊溪、魏后凯、杜平、江世银、陈计旺、聂华林、赵超、周立群、刘东勋、陈红儿、陈建军、周绍森、王建农等学者，以及他们的研究队伍进行了较多的研究，形成了大量成果，作出了贡献。具有代表性的论著有：陈栋生的《经济布局的理论与实践》（1989 年），孙尚清、李泊溪、李章同等的《中国区域协调发展战略》（1994 年），胡鞍钢等的《中国地区差距报告》（1995 年），魏后凯的《区域经济发展的新格局》（1995 年），陆大道等的《中国区域发展报告》（2000 年），江世银的《区域产业结构调整与主导产业选择研究》（2003 年），周绍森、王建农等的《再论江西崛起——中部地区六省经济社会发展态势之比较》等。其中，《再论江西崛起——中部地区六省经济社会发展态势之比较》是一本较早研究我国中部地区经济发展和社会进步的著作，对中部地区经济社会的发展和进步的历史、现状及相关发展对策作了初步的阐述。总体而言，关于区域经济，尤其是中部地区经济发展领域仍然存在广阔的思考和研究空间。就产业转移主题而言，突出体现在以下三个方面。

一是对中部地区产业转移专题研究不够。如前所述，无论是国外经济学家还是国内经济学者，关于产业转移问题的研究，基本上都是在国际的产业转移，尤其是发达国家向发展中国家产业转移问题的研究上，并在此基础上形成自己的研究结论和理论体系。而对于国内区域间产业转移所形成的互动过程和现象研究，多停留在区域经济开发的层面上，对产业梯度转移在推动发展中地区产业结构转换升级中的积极效应和存在的问题研究和分析还十分有限。自改革开放以来，特别是加入WTO以后，我国随着独资、中外合资和合作企业的大量移入，国际产业转移和承接问题的研究逐渐升温，取得了不少进展。而我国东部地区在历经20多年的开放发展之后，一些成熟产业的调整和退出也显得必要和紧迫，产业转移的广度和深度正不断推进。从笔者目前掌握的资料来看，关于沿海发达地区产业转移问题研究，形成了一些成果，但与产业转移的现实影响力和区域经济发展的实践需要相比，仍然存在不小差距，而对于中部地区产业转移的专题研究则更为不足。对中部地区产业转移问题进行过比较集中研究的目前有陈计旺先生的《东部地区产业转移与中部地区经济发展》、吴强先生的《试论东部经济转型与向中西部产业转移——对珠江三角洲经济转型的思考》，以及樊新生、李小建先生的《中国工业产业空间转移及中部地区发展对策研究》等少数成果，总体涉及很少。即使关于产业转移与中部地区单个省份经济发展的研究也是寥寥无几，政府职能部门总结多，经济学界研究少，对中部地区产业转移的特性分析和实证分析尤其不够。

二是对中部地区产业转移中的产业规划问题重视不够。无疑，目前中部地区在产业吸纳承接的总体规模、发展速度、结构安排、核心技术导入、规模聚集、出口引导，以及环境保护等多方面都还存在一些差距和问题，给中部地区产业结构的高度化和国际竞争力的提高带来一系列挑战。这些问题的出现和存在，我们可以从招商方的主观愿望、移入区的客观环境、投资者的主体动机和项目资金的来源分布等多方面寻求答案并加以完善，但笔者认为，对于中部地区的产业总体来说，最核心的问题，在于缺乏一个有效的产业政策，在于缺乏一个产业政策切实有效的规制和适度调控，从而导致了中部地区产业发展中结构同化、技术固化、环境退化等一系列问题和困境，而这又恰恰是当前众多学界、政界、商界人士在理论和实践中普遍忽视和重视不够之处。原因在于：一方面，目前，各界对整个中部地区产业转移问题的研究，尤其是对产业转移条件下产业结构的演化关注和重视不够；另一方面，国内经济界目前关注的重心仍然是沿海发达地区和西部大开发，仍然停留在重复建设、环境污染、资源浪费等现象的描述和一般层面分析上，对深层和核心问题的研究缺乏或重视不够。事实上，随着中部地区经济的发展和产业基础的日益完善，缺乏有效调控的产业转移已越来越暴露出其固有的缺陷与弊端。

三是对中部地区产业转移中的制度环境问题关注不够。辩证唯物主义认为，经济基础决定上层建筑，上层建筑对经济基础具有反作用。尽管随着市场经济自由、平等、竞争等价值理念对经济、社会、政治各个领域的渗透和深入，国内政治对于经济社会生活的影响力趋于弱化，但是这只“有形之手”的影响力却始终实实在在。在实践中，无论是什么样的国家和地区，政府对产业转移的作用与影响都是不可低估的，特别是在市场机制还不够完善的发展中区域,政府作用的影响力甚至具有决定性的作用。然而,纵观国内外现有产业转移的理论和实证研究,几乎都是建立在一个国际通行的市场经济制度模式之上,以完全相同或相似的制度环境为假设,因此研究的关注点也就主要是市场需求、市场供给、对外贸易等方面,其研究的结论也就难免有偏颇之处。我国以市场化为基本政策取向的经济体制改革始于1978年,正式确立社会主义市场经济体制则是在1992年,而真正建立起成熟的市场经济体系,根据中央"三步走"的发展规划,要到2010年左右。在这样一个市场经济深化的阵痛过程中,政府对于产业转移的激励、吸纳、规划和引导无疑是必然和必需的。另外,社会价值取向、行为观念、文化背景等对经济活动,包括产业转移的影响同样是不可低估的。因此,对于中部地区产业转移过程中政府、法制、文化环境影响力度和效度的研究也无疑是必然、必需和十分有意义的。

目前,从世界范围来看,20世纪90年代以来信息技术的发展、各国改革开放的深化和新经济的兴起,有力地推动了经济全球化的进程和世界市场的形成与融合,比较彻底地改变了国际产业转移的背景和条件,使国际产业转移呈现出一些新的特点和新的优势。一是科学技术迅速发展,特别是信息工业的飞速发展,大大缩短了世界市场各个部分之间的距离,大幅度降低了商品交易和资本流动成本,加速了全球资本的流动和贸易过程,为产业的转移拓展了空间,提供了最坚实的基础。二是市场经济制度成为世界经济发展的基本经济制度,国际惯例和法制观念日渐深入人心,使得国际投资环境不断改善,促进了国际资本的流动,提高了产业转移效率。三是经济全球化的步伐不断加快,促进了世界市场的形成和融合,为经济资源在全球范围内的有效配置提供了平台,创造了最适合其增值的空间,为多种类、多层次、多形式的产业转移提供了条件和保证。四是知识经济的出现和发达国家产业结构的升级产生了新一轮国际产业转移的要求。进入20世纪90年代,随着高技术产业的迅猛发展,知识经济逐步替代工业经济,大量资金流向高新技术产业和服务业,如信息与通讯、教育与培训、研究与发展等领域,逐步形成了一批与知识和信息密切相关的新兴产业即知识产业,并成为国民经济的主导产业,推动了发达国家产业结构的升级,同时迫使发达国家逐步将一些层级比较低的资本和技术密集型产业转移出去,以集中更多的资源投入到新型知识性产业发展中去,于是新一轮产业外移的需求形成了。

从国内范围看,改革开放以来,我国经济发生了翻天覆地的变化,GDP总量由1976年的2943.7亿元增长到2006年的210871.0万亿元,增长71.6倍,经济发展取得了举世瞩目的成就,产业结构不断优化。在改革、开放和发展初期,东部地区充分利用其沿海沿边的区位优势、国家鼓励率先发展的政策优势和相对的劳动力优势,积极承接亚洲新兴工业国家转移出来的劳动密集型产业。在历经20多年的快速发展之后,已经成长为对世界经济产生重要影响的制造业产业带,率先成为中国经济增长的龙头。根据国家统计局的数据显示,2006年,中国人均GDP已经超过16084元,而国内经济最发达的上海市人均GDP已经达到57695元,超过亚洲新兴工业国家的发展水平。特别是在这次以技术水平含量高的劳动密集型产业、资本密集型产业和技术密集型产业为主要内容,以跨国公司占主导的产业转移中,中国凭借巨大的市场容量、高速的经济增长,以及加入WTO和日益改善的投资环境等优势,成为多数跨国公司投资的首选国。而东部地区以其所拥有的区位、政策、人才、资金、技术优势，以及所拥有的由一大批具有较强经济实力、技术创新能力和市场开拓能力的企业所形成的产业承接基础，理所当然地成为跨国公司投资的主要集聚区。近年来，随着海外大量优势要素的涌入，东部地区在经济规模快速扩张的过程中，其产业结构、产品结构发生了引人注目的变化。其在国内外分工中仍然占据主体地位的纺织、服装、皮革制品、文体用品等传统优势产业已经趋于成熟，具备逐步向中西部地区梯度转移和提升自身产业层次的条件与必要。即使是电子工业等技术密集型产业，由于所承担生产的部分仍属于劳动密集型产品，所承担的生产环节也主要属于劳动密集型的低附加值或低增值性环节，产业和产品层次大部分仍然比较低。这种产业结构和产品结构的存在和持续既不符合东部地区在三大地带分工中的地位，也难以支撑东部地区自身经济的进一步深度发展，产业结构和产品结构升级势在必行。事实上，以长江三角洲和珠江三角洲为代表的沿海发达地区，一些劳动密集型产业、粗加工产业、能源和原材料消耗型产业已逐步向中西部地区转移，从而带动全国范围内产业结构的升级与地域分工的调整。

从中部地区来看，改革开放 30 年来，山西、河南、安徽、江西、湖南、湖北等中部 6 省经济建设取得了显著的成就，并由此奠定了这些地区工业化、产业化、城市化道路的初步基础，但无论从量或质的角度，与东部地区都存在较大的经济差距，许多领域出现日趋扩大的趋势。进入 21 世纪，中部地区经济面临的国内外发展环境正在发生着深刻变化。一是全球产业竞争性加剧，经济与科技的结合日益紧密，世界产业结构的调整出现了非物资化和高技术化的新趋势，资本密集型和技术密集型产业转移明显加快。二是东部沿海地区已有的体制优势和发展实力,继续给中部地区形成强大的竞争压力。三是在中央提出开发大西北和振兴东北老工业基地战略后,中部与西部、东北的政策落差又在不断扩大。以西部地区为例,2000 年至 2005 年间,西部地区相继完成了西电东送、西气东输、水利枢纽、青藏铁路等标志性项目,累计投资金额就达 1 万亿元人民币。得益于中央政府大手笔的投资和经济大环境的积极向好,西部地区经济连续几年大幅跃进,自西部大开发 2000 年实施以来,GDP 六年翻了一番,远远超过我国中部地区的 GDP 增幅,一时间"中部塌陷"之声四起。可以说,当前的经济发展大环境,对于中部地区来说是机会存在,但挑战却前所未有。

中部地区如何充分发挥自身的后发优势,抓住当前国际、国内产业转移的良好机遇,加快与国际国内经济大循环的融入和接轨,实现产业的升级与产业结构高度化目标,走出一条具有自身特色的发展崛起之道,是当前中部地区经济发展中非常现实和迫切的问题,是一个全国关注的重大课题。近年来,中部地区发展问题引起了中央的高度重视,并进入决策议程,党的十六届四中全会第一次明确提出要促进中部地区的崛起。2004 年 5 月中国科技部率先发起了首届中部区域创新论坛,并形成了推动中部崛起的战略与对策建议,成立了中部论坛组织组委会、中部发展专家委员会和中部六省联席会议领导小组筹备组,山西、河南、安徽、江西、湖南、湖北六省也纷纷设立中部地区发展情况网络专栏,加强交流与合作。2006 年 4 月 15 日中共中央、国务院正式下发《关于促进中部地区崛起的若干意见》明确了促进中部地区崛起的总体要求和原则,提出了中部地区新农村建设、产业结构优化、城市成长、体制创新,以及社会公共事业发展的基本工作思路,组建了促进中部地区崛起工作办公室,并要求各地区各部门按照全面建设小康社会和构建社会主义和谐社会的总体要求,认真落实科学发展观,牢固树立全国一盘棋的思想,统一认识,同心协力,努力开创中部崛起的新局面。

综上所述,促进中部地区崛起是我国区域协调、和谐发展的一项重要举措,是中华民族实现伟大复兴的一项宏伟规划,是一项中部地区经济社会可持续发展的长期战略工程和产业协调快速发展的系统工程。因此,从国际国内产业转移效应的角度,剖析、思考和研究中部地区产业结构的现实状况、路径依赖、演化趋势等问题,进而揭示中部地区经济和社会发展的一些规律,不但是我国区域经济理论发展的需要,同时也是我国区域发展和经济战略的现实要求。

另外,产业转移既包含发达区域向发展中区域的产业扩散,也包括发展中区域向发达区域的要素集聚和少许的产业移入。但在我国经济发展的实践中,对于中部地区这样的发展中地区来说,产业转移的实质就是外部相对优势产业的移入,而最主要的内容就是工业企业的移入,因此从某种意义上讲,目前中部地区的产业转移问题,实际上就是一个发达国家和东部沿海地区以工业为主的产业梯度转移问题,就是一个中部地区产业结构在外力作用下演化的问题。

五、研究的方法和手段

关于产业转移条件下产业结构演化问题的研究,目前主要集中在地理学、经济学领域,但产业的发展和演进不是孤立的,既不存在纯粹的政治,也不存在纯粹的经济。因此,本研究在坚持区域经济分析方法的基础上,融合了地理学、政治学、社会学等相关的知识和一些研究方法。具体说主要采取了以下几种研究方法。

(一)理论研究与实证分析相结合的方法

理论研究与实证分析都是经济地理学研究中广为应用的方法。一般而言,前者偏重于对研究对象的理性判断与普遍规律的探讨,后者则多偏重于对研究对象的客观描述与个性特征的刻画。从产业转移角度探讨区域产业结构问题,既要通过理论研究对产业转移与区域产业结构演化问题作出理性判断,探寻中部地区依托产业的移入实现自身产业结构演化的一般规律,又要以实证分析对理论研究结果加以验证。

(二)动态分析与静态分析相结合的方法

产业转移就是一种动态的经济过程和经济互动现象,因此无论是理论分析,还是实证分析,都必须将其置于整个世界或区域经济发展、社会进步和政治文明的大背景之中来理解和考察,才能准确把握其发展的特性、方向和缘由所在。与此同时,产业转移和产业结构的演化又都是在特定的历史环境条件下出现的,离开了静态分析,理论研究将陷入一种不可知的困境。也只有通过静态的分析,才能深化动态分析结果的认识,更好地理解和把握区域经济发展过程中产业转移的特征。因此,动态分析与静态分析相结合的方法是本研究的一个重要工具。

(三)一般分析与个别分析相结合的方法

产业转移是市场社会中一种极为普遍的经济互动现象和过

程，通过采取一般分析的方法，就能客观地把握产业转移现象的一般规律，用于指导中部地区经济发展和社会进步的实际工作，以增强工作的前瞻性。同时，中部地区作为一个特定的经济区域，以及中部地区六省之间，它又有自身特殊的发展历史、基础和背景，必须具体问题具体分析。本研究的主题是如何以产业转移为手段促进中部地区产业结构的演化，显然既有符合产业转移和结构调整一般的客观规律，又必然具有自身的特点，是一个一般分析指导下的个别分析、共性规律指导下的个性问题探讨。

（四）宏观研究与微观研究相结合的方法

从经济问题的研究尺度考察，区域、产业、企业分别属于宏观、中观、微观的研究范畴。在市场经济条件下，产业转移是以企业为行为主体的自主活动，是区域间地域分工形成的重要因素，也是产业移出地与移入地产业结构调整与产业升级的重要途径。因此，产业转移现象本身就涉及经济问题研究的三个不同层面。坚持宏观研究与微观研究相结合的方法，是本研究科学性与综合性的重要保证。

（五）纵向比较和横向比较相结合的方法

按照地理学的观点，区域之所以成其为相对完善的地理单元，是因为它与其他区域之间具有特定的、质的差异，区域之间的差异性也正是产业转移现象发生的根本原因。因此，无论是在分析区域差异、经济要素差异，还是在分析行为主体差异、制度环境差异方面，本研究都大量采用了比较分析的方法，力求使理论与实证研究的科学性得到进一步增强。

六、研究的定位和思路

本研究通过实证分析和理论研究的方式将中部地区产业转移和产业结构演化问题纳入一个统一的研究框架中。并以全球化的视野，重点研究产业转移的趋势、原因、效应和中部地区产业结构的历史、现状及演化方向，进而从产业结构和产业转移之间的关系揭示了中部地区产业结构演化的新路径，提出了中部地区如何应对国际国内产业转移浪潮的政策建议。这是本研究的基本思路。

第一章对发达地区与发展中地区互动理论、区域产业转移理论和区域产业结构理论进行了回顾。通过从概念提出到对产业转移和产业结构演进一般规律比较深入的分析，指出产业转移不仅是经济发展的必然现象和结果，更是产业结构演化和经济发展的重要动因。世界和地区经济发展的经验表明，产业转移对产业结构的提升作用是显著而复杂的，特别是对于非均衡发展中地区而言更是如此。

第二章对中部地区产业结构的发展历史及其演变作了深入和详细的研究。总体上看，中部地区产业结构自新中国成立以来，特别是改革开放20多年以来，实现了一定程度的升级，第一产业的产值比重不断下降，而二、三产业部门的产值比重不断上升，特别是工业部门的产值比重上升比较快。与此同时，本章在详细分析中部地区产业发展历史和现状的基础上，着重阐述了中部地区崛起的重大意义。

第三章重点分析国际国内产业转移的原因、特点、趋势。指出产业转移对于中部地区来说，既是一个难得的发展提升机遇，同样也是一个严峻的挑战,发展压力前所未有。进而对中部地区产业转移的发展现状和原因,以及产业转移过程中存在的"滞留效应"和逆向转移现象进行了细致分析,对中部地区产业转移和产业结构演化的背景和动态作一个总体把握。

第四章论证产业转移对中部地区产业结构演化的影响。从总体、农业、工业和第三产业等四个方面详尽分析产业转移对于中部地区产业结构演进和优化的积极效应、存在问题,及其相关原因所在。特别指出在中部地区这样市场体系建设尚不完善的特定阶段,政府对于产业转移的政策引导和规制是必然和必需的。

第五章阐述中部地区产业承接策略。在详尽分析中部地区产业经济发展,产业转移承接宏观、微观背景和转移产业承接优势的基础上,重点从产业规划、载体建设和环境创新等方面提出中部地区产业转移和产业结构演化的政策建议。

第一章

产业转移与产业结构理论综述

纵观经济发展的历史长河，一个国家、一个区域经济的成长，无论是产业的转移还是结构的演化都具有其内在的规律性，既是经济发展的结果，又是经济发展的起因，都与经济发展的阶段相对应而不断演进。与此同时，产业转移和结构演化之间又存在着一种相互作用、互为因果的关系。一方面产业的转移不断促进产业结构的演化，另一方面产业结构的进一步发展成熟又将引发新一轮的产业转移，在不断的转移和演化中，不断提升产业的层次。从实质意义上讲，产业转移就是区域经济之间的一种经济互动过程和现象。因此，对产业转移背景下中部地区产业结构的演化问题进行研究，就必然要以发达地区与发展中地区互动理论、区域产业转移理论和区域产业结构演化理论等的研究为背景。

第一节 发达地区与发展中地区经济互动理论

发达地区与发展中地区犹如一对孪生兄弟,它们相比较而存在,相竞争而发展,并依据一定的经济、社会、政治关系而构成相互作用的区域经济体系。在经济发展和社会进步的过程中,它们相互作用、相互影响,相互促进、相互制约。其中发达地区占据主导地位,发展中地区处于被动地位,但相互的发展地位及其影响力又是动态的、此消彼长的。在变化发展的过程中内因是变化的根据,外因是变化的条件,区域经济发展的实质是内部变化与外部影响共同作用的结果。研究发达区域与发展中区域互动理论,主要是探讨区域之间建立发展关系的方式及对各自影响的机制问题。

一、循环积累因果理论

循环积累因果理论是瑞典经济学家冈纳·缪尔达尔(Myrdal. Gunnar,1898—1987)在考察世界经济发展问题,尤其是一些亚洲发展中国家和地区经济贫穷、制度落后等问题过程中提出,以解释不发达国家因收入低下而导致的愈来愈贫穷的困境。缪尔达尔首次提及这个概念是在其《美国的困境:黑人问题和现代民主》(1944 年)一书中,后陆续在《经济理论和不发达地区》(1957 年)、《亚洲戏剧:各国贫困问题考察》(1968 年)和《世界贫困的挑战——世界反贫困大纲》(1970 年)等著作中对这一理论加以丰富和完善。缪尔达尔认为,社会经济发展过程是一个产出和收入、生产和生活、制度和政策等动态的各种因素相互作用、互为因果、循环积累的非均衡发展过程。任何一个因素起始的变化都会引致其他因素相应变化,并反过来促成初始因素的第二级强化运动。如此循环往复的累积,导致经济过程沿初始因素发展的方向发展。因此,从一些条件较好地区开始的经济发展过程,在市场经济集聚效应等力量的作用下,增长区域将出现持续、累积的加速增长,进一步强化和加剧区域间的不平衡发展,导致增长区域和滞后区域之间的相互作用,从而产生两种相反的效应:一是回流效应,即各种生产要素由外围向中心流动;二是扩散效应,即各种生产要素由中心向外围流动。

缪尔达尔在用循环因果关系分析区域经济发展产生的回流效应,即劳动力、资金、技术等在要素收益率的作用下,出现由滞后区域向增长区域流动的现象时认为:回流效应并非是无节制的,区域间发展差距的扩大也是有限度的,当增长区域发展到一定程度后,由于人口稠密、交通拥挤、污染严重、资本过剩,自然资源相对不足等原因,使其生产成本上升,外部经济效益逐渐变小,从而减弱了经济增长的势头。这时,增长区域生产规模的进一步扩大将变得相对不经济,资本、劳动力、技术等自然而然地就向滞后区域扩散。缪尔达尔把这一过程称之为扩散效应,扩散效应有助于滞后区域经济的发展。但缪尔达尔的结论十分悲观。他认为,回流效应总是远大于扩散效应,一旦某一特定区域起初就比其他区域增长快,那么这个区域的"效率工资"就趋向于上升,结果它将比增长相对慢的区域获得更多的积累竞争利益,并形成了"积累性因果循环"。即在市场机制作用下,发达地区在发展过程中不断积累对自己有利的因素,而落后地区则不断积累对自己不利的因素,使经济在空间上出现了"地理二元经济"结构:经济发达地区和经济不发达地区同时存在。缪尔达尔于是提出政府的角色是不可替代的，政府应该积极采取干预政策，特别注意通过滞后区域权力关系、土地关系、文化教育等方面的改革，实现收入平等，增加穷人消费和储蓄，以促进资本形成和提高投资引诱，促进生产率和产出水平大幅度提高，从而刺激滞后区域的经济崛起，填补累积性因果循环所造成的经济差距。这是缪尔达尔循环积累因果理论的精髓。

二、增长极理论

增长极理论是一种无时间变量的不平衡增长理论，最初是由法国经济学家弗朗索瓦·佩鲁（Perroux. Francois，1903—1987）于1955年在法国《经济学季刊》上发表的《经济空间：理论与应用》一文中提出，并在1981年出版的《20世纪的经济》一书中，对增长极理论作了进一步的阐述。佩鲁的增长极概念的提出激发了许多经济学家的研究兴趣，在其他经济学家的修订和完善下，增长极理论有了更为明确和严格的含义，得到广泛的流传和应用。

佩鲁认为，增长并不是同时出现在所有地方，而是以不同的强度出现在一些增长极上，然后通过不同的渠道向外扩散，并对整个经济产生不同的终极影响。一个个的增长极相继出现，通过其吸引力和扩散力不断扩大自身规模和对经济其他部分的影响，产生着支配效应、乘数效应和极化与扩散效应。支配效应，就是一个单位对另一个单位施加的不可逆转或部分不可逆转的影响。乘数效应主要是指增长极中的推动性产业与其他产业间的联系，有的是前向联系，有的是后向联系，有的是旁侧联系。极化与扩散效应是指迅速增长的推动性产业吸引和拉动其他经济活动，不断趋向增长极的过程。因此，经济增长的过程是不平衡的，并随着时间的推移而涉及一组动态的极。佩鲁把这种吸引和扩散效应归结为技术的创新和扩散，资本的集中和输出，规模经济效应和集聚经济效应。认为增长极其实就是一个具有空间集聚特点和一定规模推动能力的工业集合体，它的基本形成条件是一批富有创新能力的企业家，具有一定的规模经济效益的企业，以及良好的投资环境和生产环境。可以说这一理论是西方工业经济时代产生的实用性很强的经济理论。

佩鲁增长极理论的出发点是抽象的经济空间，所研究的主要内容是增长极的产业关联效应，涵盖的内容非常丰富。如在区域发展规划中增长极的数量、增长极本身的起始规模和合理规模，增长极内部产业配置和结构优化，增长极的确定与主导产业选择之间的关系，规划中的增长极与现存的城市体系、地区分工之间的关系，以及实施增长极战略所需的区域条件和政府政策措施等一系列技术问题。佩鲁的增长极理论在经济发展理论史上反映了一个发展观念的重大变革，被誉为“挑战传统均衡分析的最富有独创性的思想家”。对增长极理论在特定的地理空间和区域背景中的运用，首先应归功于法国另一位著名经济学家布代维尔（Boudeville. Jacques Raoul，1919—）及其一批西欧学者，他们把增长极概念与地理空间中的节点，即城镇相联系起来，强调大型产业的作用，主张在落后地区建立大型现代化工业，以此为增长极，带动周边区域经济的崛起。而北美一些经济学家则认为城市事实上起着区域发展中心和增长极的作用，区域发展战略的核心在于城市的建设及其作用的发挥。前者被人称之为“法国学派”，后者被人称之为“北美学派”。

历史上，一些发展中国家应用佩鲁增长极理论的基本原理，结合本国经济发展的实际情况,加强和完善了理论的实践操作性,发展和形成了新的研究观点和理论体系,比如,梯度推移理论、地域生产综合体理论等。增长极理论的演变、创新与发展,丰富和发展了区域经济非均衡发展理论,对世界各国区域经济的发展起到了一定的指导和推动作用。据统计,20 世纪 50 年代至 70 年代初期,发展中国家运用增长极理论政策的成功率占 50%,已有 28 个国家实施或打算实施增长极发展战略。法国 8 个大城市采取"中型发展极"的定位、美国对落后田纳西流域地区的开发以及英国英格兰和苏格兰增长区的规划及其实施,都是增长极理论在发达国家成功应用的典范。目前虽然增长极理论已经过去半个世纪,但对我国正在加速工业化进程的农业经济区和城市经济体系的经济快速发展,仍具有较强的指导意义。

三、极化—涓滴效应理论

著名发展经济学家赫希曼(Hirschman, Albert. Otto, 1915—)在对一个国家内各区域之间经济关系进行深入研究的基础上,发表了《不发达国家中的投资政策与"二元性"》一文,文章把正在增长的区域称为"北方",把落后的区域称为"南方";把"北方"经济增长对经济落后的"南方"地域的消极影响称为极化效应(polarized effect),把"北方"对经济落后的"南方"地区的积极影响称之为涓滴效应(trickling-down effect)。赫希曼指出极化效应的发生,首先是伴随着北方地域经济的发展和进步,由于周边地域制造业生产和出口效率相对较低,导致产业和经济在北方地域的市场竞争中处于弱势,趋于衰退。产业和经济的衰退,加剧了周边地域技术、管理人员和富于进取心的劳动力的流失,于是就形成非常严重而且常见的极化效应。而伴随着技术和企业的流动，周边地域所能产生的少量资本又必然向北方地域流动，以及日益扩大的贸易逆差、性能价格比差等将不断强化效应的极化。关于涓滴效应的产生，赫希曼认为最重要的是北方地域向南方地域的购买和投资的增加，而且只要这两部分地域的经济是互补的，这种购买及投资就必然会发生。此外，北方地域可能吸收一部分南方地区潜在的失业人口，并由此提高周边地域的边际生产率及人均消费水平；在两个区域的经济互动过程中，北方区域的先进技术、管理方式、思想理念、价值观念、思维模式和行为方式等经济、社会方面的进步因素所形成向南方区域的涓滴影响，将会对南方区域的经济和社会进步产生多方面的推动作用。

赫希曼认为，在经济发展的早期阶段，极化效应会占优势，但在经济发展的后期阶段，涓滴效应最终会大于极化效应而占据主导地位。原因是北方区域的发展从长期来看将带动南方区域的经济增长。尤其是北方区域的发展会出现城市拥挤等环境问题，南方区域的落后引发的国内需求不足将会限制北方区域的经济扩张，国家经济发展也将因南方区域的资源没有得到充分利用而受到损害，于是市场的利益机制将不可避免地加强涓滴效应，促进南方区域的经济发展，又有利于北方区域的经济继续增长。也就是说市场机制能自发调节资源配置，进而导致北方区域和南方区域发展差距的缩小，最终实现北方南方地区经济的均衡发展。另外，赫希曼还认为，在一个国家的范围内，不是只有一种组织，这个唯一性的组织更不是市场，因此，市场的极化效应有可能通过国家制度或其他组织来加以弱化。比如，政府的转移支付就具有这种功能。

但事实上，政府对极化效应的积极干预，无论是发展中国家，还是发达国家都是不现实的，在国际范围内更是不可能或不明显的。目前，尽管存在这样一些国际组织或国际规则来弱化市场的极化效应，但在相当长的一个历史时期中，由于发达国家政治与军事的强权，这种极化效应对发展中国家和地区经济的破坏作用得到强化，而发达国家和地区对发展中国家和地区的涓滴效应反而被弱化，甚至被抑制。

四、中心—外围理论

中心—外围理论有时也称之为核心—边缘理论或中心—边缘理论，是20世纪60—70年代发展经济学在研究发达国家与不发达国家之间的不平等经济关系时所形成的相关理论观点的总称。不少学者都使用了“中心”和“外围”这一对概念来分析世界上发达国家与不发达国家的经济贸易格局，并提出解决它们之间不平等关系的政策设想。如美国经济学家刘易斯的中心边缘国理论就是其中之一。中心、外围的概念和分析方法后来被引入区域经济的研究之中，融入了明确的空间关系概念，形成了解释区域之间经济发展关系和空间模式的中心—外围理论。其中，美国学者弗里德曼（Friedman . John. R，1926—）在《区域发展政策》（1966年）一书中提出的中心—外围理论较具代表性。

弗里德曼在描述中心—外围理论时，划分了核心区、向上过渡区、向下过渡区和资源边疆区四种类型区。核心区是创新活动的基地，新的技术和新工业的发源地；向上过渡区是新兴区域，投资增加、移入人口多于迁出人口的地区；向下过渡区是经济停滞、生产率低、青壮年人口大量移出的地区；资源边疆区是地处边远、资源丰富、有开发潜力和经济可能出现新增长势头的地区。弗里德曼认为,在若干区域之间,因多种原因个别区域会率先发展起来而成为“中心”,其他区域则因发展缓慢而成为“外围”。中心区和外围区共同构成了一个完整的空间系统,中心与外围之间存在着一种“权威—依附”式的不平等的发展关系。总体上,中心拥有较高的创新变革能力和经济权力,居于权威和支配的统治地位,而外围则缺乏经济自主权和强势的贸易,在发展中处于依附和被支配的地位,其自身的发展道路主要由中心区机构根据它们所处的自然依附关系来决定。由于技术进步、高效管理,以及生产创新活动等都集中在中心。中心依靠这些方面的优势而从外围获取大量的剩余价值。对于外围而言,中心一切发展都对它们的成长产生巨大的压力和压抑。如中心工资水平的提高,会使外围面临相应的工资水平增长的压力;贸易的逆差,将迫使外围区增加出口来弥补进口增长所造成的资金压力,等等。因此,外围的自发性发展过程往往是困难重重,举步维艰。更重要的是,中心与外围的这种不对称、不平等的关系还会因为推行有利于中心的经济和贸易政策,使外围的资金、人口和劳动力向中心流动的趋势得以强化。

弗里德曼对中心与外围关系的进一步研究指出,中心的发展与创新活动有很大的关系。在中心存在着对创新的潜在需求,使创新成果在中心不断地出现,不断增强中心的发展能力和活力,并在向外围的扩散中加强了中心的统治地位。他还认为存在六个自我强化、反馈的效应支持着中心的成长。它们分别是主导效应、信息效应、心理效应、现代化效应、连接效应和生产效应。主导效应是外围的自然、人文和资本资源向中心的净转移;信息效应是中心内部潜在相互作用的增加;心理效应是创新的成功对更多创新的刺激作用;现代化效应是中心为适应创新而发生的社会价值观念和行为方式的转化;连接效应是一个创新引起新的创新的趋势;生产效应是为创新而提供有吸引力的结构支持,包括经济规模的增长和专业化。信息效应和心理效应常常与主导效应相伴随,而现代化效应则与连接效应和生产效应密切相联。在这些效应的作用下,中心不断地成长,而相比之下,外围的发展将处于不利地位。并且伴随中心与外围信息的传递和交流的扩大,以及某些创新在外围次级中心的产生,将会激励起外围区域对重大决策的更大区域自主权的要求,导致中心外围区之间的长期摩擦和冲突,诱致现有中心区的自然扩展,新的中心区不断在外围地区出现,外围区将逐步为中心区所吞没。

第二节 产业转移理论

关于产业转移的理论研究,主要包括赤松要的"雁行模式"理论、小岛清的边际产业扩张理论、弗农的产品生命周期理论、产业梯度理论、邓肯的对外直接投资折中理论等。根据内容的需要,本节主要介绍和分析赤松要、弗农、小岛清的产业转移理论。

一、赤松要的"雁行模式"

"雁行模式"最早是1932年日本学者赤松要(Kaname Akamatsu)针对日本经济如何战后重振,在《我国经济发展的综合原理》一文中提出的。赤松要指出:日本作为一个经济落后的国家,由于国内的资源与市场的约束,只有主要依靠对外贸易,向工业国输出消费性商品,从工业国输入工业设备,然后建立自己的工厂进行替代性生产，以满足国内需要，并进一步带动国内相关产业的发展。从广泛的意义上讲，就是在工业化时期，发展中国家由于经济和技术的落后，必须把自己某些产品的市场向发达国家开放，从先进国输入工业品，等到产品的国内需求和技术积累到一定的程度，自身生产的基本市场条件和技术条件成熟后，逐步建立自己的工厂进行生产，以满足国内需要，并借助于本国资源和劳动力的成本优势，后来居上，不断扩大生产规模、提升产品的国际竞争力，最终实现产品出口，经济发展和产业结构升级的目的，完全取而代之，成为产业的领头雁。在这个过程中产业的发展实际上经历了进口、进口替代、出口、重新进口四个阶段。上述过程绘成图像，犹如雁群列阵飞行，故以名之。

就东亚的情况而言，长期以来，日本在东亚地区孜孜以求建立以自己为核心的“东亚雁行分工体系”，并在此基础上形成东亚“雁行模式”。即以日本为领头雁，亚洲新兴工业国和地区为雁身，东盟国家和地区，以及中国为雁尾的产业分工发展模式。依据这种模式，日本作为领头雁积极发展知识、技术密集型产业，并依次把本国处于成熟期的产业，如纺织、钢铁、化工、机械、造船、家电等产业通过贸易、技术转移和直接投资依次传递给亚洲“四小龙”和东盟国家及中国东南部沿海地区，使这些国家和地区的上述产业迅速成长和发展，形成了大量出口的能力，进而形成技术密集与高附加值产业—资本技术密集产业—劳动密集型产业这样一种阶梯式产业分工体系。事实上，“二战”以来，日本和东南亚国家与地区之间所经历的几次大的产业结构调整与转移，基本上都是雁行模式分工理论某种意义上的实践。

客观地评价，20 世纪 90 年代以前，日本在“雁行模式”理论指导下,对东南亚国家和地区的产业转移,以及与此相伴的技术输入,的确对东南亚经济增长起了重要的推动作用,成就了闻名世界的"东亚经济奇迹",使东南亚一度成为世界经济的重要增长点,其积极作用是显而易见的。但20世纪90年代以后,日本为了保持其在东南亚的控制地位,在技术转让方面持谨慎保守的态度,在对东南亚直接投资中采用标准化生产模式或转让即将淘汰的技术,直接投资领域也依然停留在资本密集型、劳动密集型产业领域。结果是一方面东南亚国家历经近20年的引进日资过程,不仅没有吸收和引入先进的技术和管理,反而导致了东南亚各国产业结构的畸形,产业结构单一,产品结构同化,加深了经济增长的对外依附性。而另一方面也不可避免地导致了日本国内产业结构调整的滞后,国内传统产业与东亚新兴产业之间竞争的加剧。因此,当东亚金融危机爆发时,日本不仅无法挽救东亚经济的滑坡和衰退,自身也难以置外,国内经济长期处于低迷状态,对东亚的直接投资也明显下降。因此,从某种意义上说,"雁行模式"是东亚金融危机的深层原因之一。其结果,亚洲既没能形成以日本为核心的"东亚经济圈"合作体系,更无法组成亚洲经济共同体来与欧美和北美相抗衡。

二、弗农的产品生命周期理论

产品生命周期理论最早是由美国经济学家西奥多·李维特(Theodoer Levitt)于1965年在《哈佛管理评论》的一篇文章中提出来的,后经多位学者加以完善和推广,使之成为一种较为成熟的理论,其中为此作出突出贡献的是美国哈佛大学经济学终身教授弗农(Raymond Vernon,1913—1999)。弗农的贡献在于他对产品周期理论进行了重要的扩展和检验,使其成为贸易领域和投资领域有深远影响的理论。

产品生命周期理论模型第一次从比较优势的动态转移角度,将国际贸易和国际投资作为整体来考察企业的跨国经营行为。它的基本结论有三点:第一,随着产品生命周期的演进,比较优势呈一个动态转移的过程,贸易格局和投资格局随着比较优势的转移而发生变化;第二,每个国家都可以根据自己的资源条件,生产其具有比较优势的一定生命周期阶段上的产品,并通过交换获得利益;第三,对外直接投资的动因和基础,不仅取决于企业拥有的特殊优势,还取决于企业在特定东道国所获得的区位优势,只有这两方面优势的结合,才能使直接投资最终发生,并给投资者带来利益。

产品生命周期理论的基本思想是各工业部门,各工业部门中的各种工业产品都和生物一样,由于它们生产和销售所需要的要素是动态的,因此,它们的成长比较清晰地体现出一个创新、发展、成熟、衰退的生命周期过程。并且产品及其生产技术等要素的周期性变化,决定了生命周期不同阶段产品的生产质、量和地点的变动,从而决定了该产品在不同国家和地区地位的轮动。在创新阶段,由于需要大量的研究与开发费用和高层次的劳动力,在新产品推出后,创新国家和地区凭借垄断性技术优势,几乎完全地控制了新产品的生产和销售。在发展阶段,一些发达国家和地区依托它们的技术和资本优势,开始模仿和跟踪生产这种产品,甚至在创新产品的基础上进行某些改造和更新,于是创新国家和地区销售与出口的控制地位和出口高峰在与跟进国家的竞争中逐步下降,而跟进国家则开始从净进口逐步向自给和出口转变。在成熟阶段,由于跟进国家和地区产品出口的加快,市场份额不断扩大,逐步走向销售和出口高峰，而创新国家和地区出口进一步下降，转为进口。在衰退阶段，一些发展中国家和地区凭借其低廉的土地和劳动力成本优势，在承接创新国家产业转移的过程中，也开始独立自主发展同类产业，并逐步向创新国家和跟进国家出口产品，最终向高峰迈进，而原有创新国家和跟进国家受到发展中国家的竞争，产业衰退，最终依赖进口。这一比较优势和产业地位的动态转移，通常伴随着技术创新、国际贸易和产业转移。

三、小岛清的边际产业扩张理论

20世纪60年代，随着日本经济的高速发展，其国际地位日益提高，与美国、西欧共同构成国际直接投资的“大三角”格局。然而，日本对外直接投资较欧美国家不同。对此，日本学者小岛清(K. Kojima)教授在比较优势原理的基础上，结合日本国情发展了国际直接投资理论，这就是1978年在其代表作《对外直接投资》一书中系统阐述的边际产业扩张理论。

小岛清的边际产业扩张理论与美国的逆贸易型投资理论不同，他主张：对外直接投资应该从本国已经处于或即将处于比较劣势的产业，即边际产业开始，并依次进行。并据此核心思想，得出推论，一个国家应出口具有比较成本优势的产品，进口具有比较成本劣势的产品。前者意味着比较优势产业的增长，后者意味着比较劣势产业的收缩。投资国从趋于比较劣势的边际产业开始进行投资，可使承接国因缺少资本、技术、经营技能等而未能显现的潜在比较优势显现出来或增强起来。由于贸易是按比较成本进行的，而直接投资可创造新的比较成本，其结果就不仅可以使国内的产业结构更加合理，促进本国对外贸易的发展，而且还有利于东道国产业的调整，促进东道国劳动密集型行业的发展，形成双赢格局。小岛清根据对外直接投资的动机将其分为自然资源导向型、劳动力导向型、市场导向型和生产与销售导向型等四种类型。

小岛清的边际产业扩张理论从宏观角度对日本及一些欧美国家的动态分析是独到的。他的关于对外直接投资企业与东道国技术差距越近越好，中小企业在产业转移中比大企业更具优势，防范垄断和寡头垄断市场，①以及重视产业基地和基础技术建设等观点，即使在当代经济发展中在一定程度上依然成立。

但是随着经济理论的发展和国际经济实践的不断拓展，小岛清的边际产业扩张理论因其自身的缺陷和对经济实践的无力解释使之未能取得更进一步的发展。从理论角度看，撇开微观假设和理论逻辑等方面存在的不足，其理论所推演的结果：发展中国家不断承接来自发达国家传统、落后，甚至淘汰的技术和产业，永远处于一种消极、被动和附属地位，显然有悖于发展中国家力图借助后发优势，通过产业结构的演化后来居上的初衷。从经济现实看，边际产业扩张理论主张的日本式的顺贸易型投资并未成为世界经济发展的主流，相反其所批评的美国式的逆贸易型投资模式却反而成为当代国际经济生活中的普遍现象。

第三节　产业结构理论

区域产业结构作为区域经济增长的一个阶段性总结和区域经

---

① 李春顶：《边际产业扩张理论及对我国中小企业跨国经营的启示》，《经济学家》，2004年12月。

济深度发展的现实基础，它既是社会生产行业分工的产物，也是劳动地域分工的结果，是在劳动地域分工规律和地域诸要素综合作用下经济各部门的比例关系与组合形式，这种比例与组合总是伴随经济的发展而发展，处于一种不断演进的动态过程中。考察和把握区域产业结构演进的一般规律，是区域经济发展问题的重要研究内容。

一、配第—克拉克定律

英国古典经济学政治算术学派的创始人威廉·配第（Petty Willian，1623—1687），于17世纪末期就已注意到，随着科学技术的进步和社会的发展，经济产业结构将发生变化；产业之间收入水平的变动，必然引起劳动力就业结构的波动。威廉·配第在其名著《政治算术》中描述到：当时英格兰的农民每周能赚4先令，而海员的工资加上伙食等其他形式的收入，每周的收入是12先令。因此，当时大部分从事制造业和商业的荷兰，人均国民收入要比欧洲大陆国家高得多。他在深入考察后的基础上得出结论：以农业、林业、水产业为代表的采集业的生产引起递减的劳动生产率，而工业和大部分服务业的生产则按递增的法则进行，因此比起农业来，工业的收入多，而商业的收入又比工业多，即工业比农业的附加值高，而服务业又比工业的附加值高。这种不同产业间收入的相对差异，促进了劳动力由农业向能够获得更高收入的工业和服务业部门移动，这是一种自然的选择过程。1940年英国经济学家考林·克拉克（Clark Colin，1905—）出版了著名的《经济进步的条件》，考林·克拉克在威廉·配第研究成果的基础上，集中针对经济发展的产业结构和就业结构的变动关系问题进行了较为深入系统的研究和历史经验性的概括，概括并提出了在经济发展的过程中关于劳动力分布关系的演变规律，被称为克拉克法则。他在对若干主要发达国家大量的时间序列资料进行分析后认为，在一定发展阶段，劳动力就业结构会因国家不同而有很大差异，但随着经济发展和人均收入的提高，它们却都呈现出极其相似的变动规律：农业劳动力比例下降，第二、第三产业等非农产业劳动力比例上升。并进一步指出，这一劳动力就业结构的非农化变动，首先主要表现为劳动力由第一产业向第二产业的转移，当经济发展到更高水平，人均收入进一步提高时，再出现劳动力由第二产业向第三产业的转移。两位经济学家都认为劳动力就业结构的非农化变动是由产业间的收入的相对差异引起的，社会劳动力总是从低收入的产业向高收入的产业转移的。因为劳动力就业结构的变动是由第一产业向第二产业转移，再由第二产业向第三产业转移，体现一种梯度演进的现象和过程，所以这种变动也被称为经济产业结构或劳动力就业结构的“梯阶高度化运动”。人均收入水平越高的国家，农业劳动力在全部劳动力比重相对越小，而第二、第三产业劳动力所占比重相对来说越大。反之，人均收入水平越低的国家，农业劳动力比重所占比重相对越大，而第二、第三劳动力所占比重越小。这一由配第、克拉克所关注和研究的关于劳动力就业结构非农化变动规律，被人们称为配第—克拉克定律。

二、库兹涅茨的现代经济增长理论

美国经济学家库兹涅茨（Kuznets Simon，1901—1985）在其1941年出版的著作《国民收入及其构成》中，利用现代经济统计体系，通过对国民收入和劳动力在三次产业间分布结构的变化进行统计分析,发现产业结构的变动受人均国民收入变动的影响,这种规律被称为库兹涅茨人均收入影响论(或库兹涅茨法则)。这是对配第和克拉克研究成果的一个继承和发展。

库兹涅茨最重要的贡献是以经验数据为依据对国民经济的增长进行比较研究,并由此而获得了诺贝尔经济学奖。在这一领域中,库兹涅茨对经济史上他称之为"现代经济增长"的一个新时代的出现加以区分、给予证实并进行了分析。他认为:"一个国家的经济增长,可以定义为给居民提供种类日益繁多的经济产品的能力长期上升,这种不断增长的能力是建立在先进技术以及所需要的制度和思想意识之相应的调整的基础上的。"他认为,这个定义包含三个含义:第一,经济增长集中表现在经济实力的增长上,而这种经济实力的增长就是商品和劳务总量的增加,即国民生产总值的增加或人均实际国民生产总值的增加,所以,经济增长最简单的定义就是国民生产总值的增加。第二,技术进步是实现经济增长的必要条件。这也就是说,只有依靠技术进步,经济增长才是可能的。第三,经济增长的充分条件是制度与意识的相应调整。这也就是说,只有社会制度与意识形态适合于经济增长的需要,技术进步才能发挥作用,经济增长才是可能的。应该说,这个定义是对各国经济增长历史经验的高度概括,体现了经济增长的实质。因此,这一定义已被经济学家广泛接受,并作为研究经济增长问题的出发点。

库兹涅茨的现代经济增长理论的基本内容是:随着时间的推移,农业部门的国民收入在整个国民收入中的比重和农业劳动力在全部劳动力中的比重均处于不断下降之中;工业部门的国民收入在整个国民收入中的比重大体上是上升的,但工业部门劳动力在全部劳动力中的比重则大体不变或略有上升；服务部门的劳动力在全部劳动力中的比重基本上都是上升的，但它的国民收入在整个国民收入中的比重却不一定与劳动力的比重一样同步上升，综合地看，大体不变或略有上升。库兹涅茨的结论基本符合经济增长中产业结构变动的现实。但是，随着信息革命和知识革命的发展，随着知识经济的迅速崛起和世界经济的迅速转型，库兹涅茨法逐步显露出其固有的历史局限性，需要进行必要的矫正。在知识经济时代，农业部门无论劳动力比重还是国民收入比重都继续呈下降趋势，但此趋势有所减弱；工业部门无论劳动力比重还是国民收入比重均已呈稳定或下降趋势，尤其是传统工业在国民经济中的比重不断下降；唯有服务部门在知识产业的带动下，上述两项指标均保持上升趋势，其比重均在 50% 以上。早在 1995 年美国、英国、法国服务业占 GDP 的比重就已经分别达到了 72%、66% 和 71%，而劳动力占就业人口比重同样分别高达 73%、71% 和 68%。知识经济阶段的产业软化现象，显示了产业结构演进的新趋向。但在经济增长过程中，产业结构的变动又必然要经历一个由第二次产业占主导地位的时期，也就是工业化的过程。工业化阶段是经济增长最重要和最关键的阶段，在此阶段中的工业，尤其是工业中的制造业是推进经济增长的发动机，是对技术创新最敏感、最活跃的部门。工业结构在很大程度上决定着产业结构的水平。工业结构的演进表现为重化工业化和知识、技术集约化两个过程。在重化工业化阶段，工业化过程一般首先从轻纺工业开始，然后是制造业中以冶金、化工和机械为代表的重化工业比重逐步上升，由以原材料和初级产品为主转向以高附加值的加工业为主，整个工业逐步转向加工的深化、精化和多样化。在知识、技术集约化阶段，随着工业结构的高加工度化，资本集约型产业的地位不断上升，知识与技术在各个生产要素中的作用日益突出，逐步成为工业发展的主导因素。

三、霍夫曼的工业化阶段理论

霍夫曼比例是德国经济学家 W. 霍夫曼（Hoffmann. Walther, 1903—1971）对工业化过程中工业结构演变规律研究时提出的。霍夫曼关于工业化过程中工业结构演变的规律及其工业化阶段的理论，主要体现在 1931 年出版的《工业化的阶段和类型》一书中。在书中，他把全部产业分为消费资料产业、资本资料产业和其他产业。当某产业产品的用途 75% 是消费资料时，即把该产业划入消费资料工业，反之，当某产业产品的用途 75% 是资本资料时，就把该产业归入资本资料工业，而那些难以用上述原则进行划分的产业，则统统列入其他工业。消费资料产业包括食品工业、纺织工业、皮革工业、家具工业，资本资料产业包括冶金及金属材料工业、运输机械工业、一般机械工业、化学工业，而橡胶、木材、造纸、印刷等工业都归入其他产业。并根据近二十个国家的时间序列数据，分析消费资料工业的净产值与资本资料工业的净产值的比例，即所谓的霍夫曼比例。这一理论研究是开拓性的，自 20 世纪 30 年代初问世以来的 30 多年时间里，一直保持了广泛的影响。即使是在当前，虽然不少经济学家对霍夫曼理论有不同的看法，但在实际运用中还是人们常用的理论之一。

著名的工业化阶段的理论或霍夫曼定律实际上就是指在工业化的过程中霍夫曼比例的不断下降规律。霍夫曼根据霍夫曼比例由大到小把工业划分为四个阶段。（见表 1—1）

表1—1　霍夫曼工业化阶段指标

阶段	霍夫曼比例
第一阶段	5(±1)
第二阶段	2.5(±1)
第三阶段	1(±0.5)
第四阶段	1以下

霍夫曼认为,在工业化的第一阶段,消费资料工业的生产在制造业中占统治地位,资本资料工业的生产是不发达的;在第二阶段,与消费资料工业相比,资本资料工业获得了较快的发展,但消费资料工业的规模,显然比资本资料工业的规模还大得多;在第三阶段,消费资料工业和资本资料工业的规模达到大致相当的状况;在第四阶段,资本资料工业的规模大于消费资料工业的规模。根据这种分法,资本品工业相对于消费品工业的比重上升,意味着工业化的进展,"霍夫曼系数"随着工业化的深入而不断下降,也就成为一条定理。简言之,工业化水平越高,重工业在国民经济中的比重将趋于扩大。也就是说,根据重工业在国民经济中所占的比重,可以判断一个国家工业化程度的高低。

如上所述,虽然霍夫曼的这一理论对工业结构,特别是对工业结构中重工业化规律的研究作出了重要贡献,但也遭到梅泽尔斯、库兹涅茨和盐野谷佑一等经济学家的批评。梅泽尔斯指出,霍夫曼比例仅从工业内部比例关系来分析工业化过程是不全面的,而且霍夫曼比例还忽略了各国工业在发展中必然会存在的产业之间的生产率的差异。库兹涅茨则对用霍夫曼比例来研究工业化持否定态度,因为根据库兹涅茨对于美国资料的研究,无法得到支持资本资料工业优先增长的证据。盐野谷佑一认为霍夫曼的产业分类法是不科学的,他运用一种新的统计方法"商品流动法"的原则,重新计算了霍夫曼比例,得到了一些新的结论:从美国、瑞典等国经济的长期时间序列来看,制造业资本资料生产的比重大体处于稳定状态,但从轻重工业的比例来看,重工业比重增大却是一切国家都存在的普遍现象。盐野谷佑一进而指出霍夫曼定律在工业化初期是成立的,对于工业化水平较高的国家,消费资料工业和资本资料工业的比重实际上是稳定不变的。

霍夫曼定律及其修正者主要揭示了工业化的第一阶段,即"重工业化"阶段的结构演化规律,至于第二阶段的"高加工度化",以及第三阶段的"技术集约化"则是后来一些学者提出和总结的。

第四节　小　结

综上所述,经济的发展总是具有一定的惯性和规律,我们不能抛开历史和现状,也不能抛开外因和整体来谋划经济发展的未来。一个区域产业结构的演变和优化,既要受到原有产业基础的影响和制约,也必然是与外部产业互动结合的结果。

随着经济的发展和产业整体素质的提高,区域之间产业的转移就成为一种普遍和必然的现象,产业结构的演变和优化也就成为必然,而且这种产业的转移和演化表现为有序的阶段性。一个国家的经济发展水平,不仅表现在人均国民收入所达到的水平,同样也反映在产业结构的变迁上。反过来说,产业结构演进的过程也就是经济发展的过程。极化—涓滴效应理论、增长极理论、中心—外围理论、循环积累因果理论、赤松要的“雁行模式”理论、小岛清的边际产业扩张理论、弗农的产品生命周期理论、配第—克拉克定律、霍夫曼工业和阶段理论，以及库兹涅茨现代经济增长理论等一大批经济学家的研究成果，经过历史的沉浮、演变、创新和发展，对世界各国尤其是发展中国家的区域经济的规划和发展都起到过重要的指导和推动作用，也都在成功和失败的实践过程中证实了一定的经济发展水平、一定的经济产业转移和一定的产业结构演化、一定的劳动力布局波动之间存在着密切的相关关系。

因而，对这些区域经济非均衡发展理论的总结与比较，将对中部地区区域经济的布局与崛起，乃至整个国民经济的规划和发展都具有重要的指导意义。如果我们能充分认识和把握好这种产业发展的规律性，利用优势产业的转移主动地推动中部地区产业结构遵循这种规律所体现的方向顺利转换，就必定能加快中部地区经济增长的速度，这种从推动产业结构的演进中求经济发展的速度和效益的思想，也正是产业结构政策的精髓。也正因为此，规划产业结构的发展方向、前景和目标，并由此制定相应产业政策来有效规制和适度调整产业转移的总量与结构，也就成为中部地区各级政府在地方经济管理和实践中应该高度重视和研究的核心课题。而所有这一切的研究和探索，无疑都必须以中部地区产业的建设历史和发展现状为出发点。

第二章

中部地区产业结构分析

自新中国成立以来，一直到20世纪70年代末，中部地区一直是我国投资和建设的重点区域，进行过有史以来最大规模的产业创建和发展，先后历经了三次重大的产业结构调整，为新中国的经济恢复和现代化建设作出了巨大贡献，也对当前中部地区产业特点的形成产生了决定性的影响。改革开放30年来，中部地区步入和经历了波澜壮阔的产业恢复和飞速发展时期，取得了巨大的经济发展和社会进步成果，尽管目前与东部沿海发达地区相比，实力和层次已十分悬殊，许多方面差距还在拉大。但是我们看到，无论是产业积累、基础设施、发展理念，还是行政政策环境，都已为中部地区的发展和赶超作了一个比较扎实的铺垫，促进中部地区崛起的基本条件已经具备。

第一节　中部地区产业建设历程回顾

以河南、山西南部和湖北北部地区为中心区域的黄河中下游地区是中华民族的发祥地，号称中原，是中华民族始祖炎、黄两帝的主要活动区域，也是中国历史上第一个奴隶制国家夏的建都之地。安阳、洛阳和开封都是我国历史上著名的古都，环绕中原四周的区域，东部被称为东夷、南部被称为南蛮、北部被称为北狄、西部被称为西戎，可见当时中原地区经济之鼎盛、社会之文明和文化之发达。从南宋后期开始，中国经济的重心主要广布于京杭大运河沿岸、开封—周口—淮南—合肥—九江—南昌一线，以及南阳盆地经襄樊到江夏（武汉）等区域。中国自古以来的南北枢纽，转移到了长江中下游及南部一带。至明清时期，该区域农业、手工业、商业发展迅速，经济非常繁荣，有了“湖广熟，天下足”之说，出现了以商品集散为主要功能的名闻天下的江南“四大名镇”，形成了著名的楚湘文化、赣文化等。

近代自鸦片战争始，随着中国封闭国门在欧美殖民主义者枪炮威逼下的被迫打开，我国近代机器工业开始在沿海和沿江两个地区萌芽、兴起和发展。曾国藩创建的安庆内军械所，标志着洋务运动的开端；张之洞以武汉为中心，在华中地区兴建的庞大的近代民族工业群，使武汉最终成为洋务运动的中心之一。如著名的“汉冶萍总公司”，它由武汉的汉阳钢铁厂、汉阳机械制造局等近代军事工业，以及大冶的铁矿厂，江西萍乡的煤矿等企业组成，可与当时李鸿章创办的“江南制造局”齐名。京汉铁路的建成通车，则进一步强化了武汉作为一个全国的经济中心和交通枢纽的重要作用，并由此最终奠定了武汉及其周边区域在近现代中国经济格局中举足轻重的特殊地位。

一、改革开放前中部地区产业体系建设的历史轨迹

1949年新中国成立初期,国民经济是一个工业化起点很低,饱受战争破坏的极为落后的“烂摊子”。中部六省和全国其他省份一样,没收官僚资本和殖民资本为国有资本,大力修复各项重要的生产性基础设施,努力帮助民族资本家恢复生产和发展生产,为全国经济的复苏和发展进行铺垫。并出于国际政治关系和我国经济建设发展的特定需要,在国民经济全面恢复和发展的基础上,开始了大规模的工业化建设阶段。1953年,我国开始实施第一个五年计划,基本思路是以优先发展重工业为主导,轻工业为辅助,其他经济部门在不妨碍重工业发展的情况下按实际需要的人力、物力的可能进行补充性发展。同时为协调内陆和沿海的区域发展,改变旧中国遗留下来的产业布局不合理状况,从新中国成立初期到整个改革开放以前的国民经济建设过程中,中部和西部地区一直是投资的重心所在,并在一定程度上改变了沿海与内地的区域经济差异。“一五”时期,内地基建投资所占比例为55.9%,694个大型项目中472个设在内地。“二五”时期内地基建投资比例为59.4%,“三五”时期达70.6%,到了“五五”时期仍高达54.2%,沿海与内地发展的极大差距得到缓解。1952—1978年,东部地区工业产值比重下降了8个百分点,而中、西部地区却分别上升了4.5和3.5个百分点。东部地区农业产值比重下降了2.7个百分点,西部地区则上升了2.1个百分点,中部地区基本保持稳定。1952年,东部地区人均国民收入为西部地区的2.19倍,到1978年已经降至1.95倍。

“一五”时期,以重工业为中心的工业体系基本奠定。进入

"一五"时期后，在高密集资金的投入下，中部地区迅速拉开了工业化建设的序幕，创建了一系列新兴工业部门，开发出大量新的产品，构架起一个自主与内需相结合的经济结构关系，初步形成相对完整的工业体系和基础设施网络。① "一五"期间，在全国基本建设投资总额中，中部地区占 28. 8%。在苏联援建的 156 个重点项目和限额以上的 694 个工业建设项目中，约 2/3 分布于内地，中部地区占据很大比重。在 156 个国家重点项目中，中部地区安排项目 37 个。（见表 2—1）

表 2—1　"一五"时期"156"个重点项目在中部地区的分布情况

山西	鹅毛口立井	煤炭	大同
	潞南洗煤厂	煤炭	潞南
	太原第二热电站	电力	太原
	太原第一热电站	电力	太原
	太原化工厂	化工	太原
	太原氮肥厂	化工	太原
河南	平顶山二号立井	煤炭	平顶山
	中马村立井	煤炭	焦作
	郑州第二热电站	电力	郑州
	洛阳热电站	电力	洛阳
	三门峡水利枢纽	电力	峡县（今三门峡市）
	洛阳有色金属加工厂	有色	洛阳
	洛阳拖拉机厂	机械	洛阳
	洛阳滚珠轴承厂	机械	洛阳
	洛阳矿山机械厂	机械	洛阳

① 周绍森、王建农：《再论江西崛起》，江西人民出版社 2003 年版，第 155—163 页。

续表

湖北	青山热电站 武汉钢铁公司 武汉重型机床厂	电力 钢铁 机械	武汉 武汉 武汉
湖南	株洲热电站 株洲硬质合金厂 湘潭船用电机厂	电力 有色 机械	株洲 株洲 湘潭
安徽	谢家集中央洗煤厂	煤炭	淮南
江西	大吉山钨矿 西华山钨矿 岿美山钨矿	有色 有色 有色	虔南 大余 定南

资料来源:参考文献:1950—1985 年中国固定资产投资统计资料,第 201—205 页。
注:表中未含军工项目。

"一五"时期国家重点建设项目和大批地方工业项目的上马,极大地促进和奠定了中部地区雄厚的工业基础,武汉、太原等一批工业重镇逐步形成。以武汉为中心的区域成为新中国第一个内地工业基地,武汉成为全国最重要的工业基地之一,工业总产值仅次于沪京津 3 个直辖市居全国第四位。太原被列为第一批国家重点建设城市之一,全国 156 项大型骨干工业项目在太原选址建设的就有 11 项,逐渐发展成为以冶金、机械、能源、化工为支柱的重工业城市,为全省和全国的经济建设作出了重要贡献。

"二五"时期,以农业为中心的产业体系的快速恢复和发展。第一个五年计划胜利完成之后,由于对社会主义初级阶段经济发展规律缺乏科学的认识,"二五"时期经济建设指导方针出现了急于求成的倾向。1958 年夏季,错误发动了工农业生产"大跃进"运动,提出了一系列不切实际的高计划、高指标。在"以钢为纲"、

"以粮为纲"的片面发展方针的指导下,中部地区工业产业结构严重失衡,轻工业生产严重滞后,农业产业结构高度单一。

"一五"时期末,中央开始酝酿下放部分高度集中于中央政府的经济管理权力,以充分调动中央政府和地方政府发展经济的两个积极性,基本思路是完全正确的,但由于时机欠成熟,规划欠周全,"七大经济协作区"非但没能充分发挥出大国发展经济的空间优势,反而忽视了区域分工协作的意义,各区域盲目追求建立自己独立完整的工业体系。在资本、技术和人才严重短缺的背景下,各区域竞相大办"小土群"、"小洋群",涌现了一大批规模小、层次低的"五小"企业,造成了经济的严重不规模和资源的极大浪费,生态环境破坏十分严重。

三年"大跃进"的失误,导致了国家经济的极度困难局面,农、轻、重国民经济主要比例关系严重失调,农业、轻工业大幅减产,经济效益大幅度下降,人民生活必需物资极度匮乏,市场供应全国紧张,人民生活极度困难,出现饿死人现象。面对经济社会的严峻形势,1961 年 1 月 14—18 日中共中央在北京举行了党的八届九中全会,会议听取和讨论了李富春作的《关于 1960 年国民经济计划执行情况和 1961 年国民经济计划主要指标的报告》,通过《关于农村整风整社和若干政策问题的讨论纪要》。正式批准对国民经济实行"调整、巩固、充实、提高"八字方针,建议国务院根据这一方针,编制 1961 年国民经济计划,交全国人民代表大会审议。全会号召全国集中力量加强农业战线,贯彻执行国民经济以农业为基础,全党全民大办农业、大办粮食的方针。会议第一次在产业关系上提出了农、轻、重的发展顺序,强调将主要资源用于加强农业,要求全国各地各业大幅度压缩固定资产投资,大批辞退产业工人和民工，下放城市居民。中部地区各省坚决贯彻中央全会精神，把农业放在国民经济首位，大大加强了农业战线，坚决压缩工业基本建设规模，大幅度降低工业生产计划指标，精简工业部门的职工，对一大批仓促上马、不具备生产条件、效益差的工矿企业实行了关停并转。如对新建的大量中小型钢铁厂进行整顿，仅留下了马鞍山车轮厂和太钢扩建工程；对株洲、洛阳、太原和蚌埠等四个中型玻璃厂进行整顿，仅留下了株洲厂，其他厂都暂时下马。在工业内部，努力促进轻工业、采掘、采伐工业等薄弱环节的发展，建设了太原化肥厂、湖北应城碱厂、株洲氯碱厂等化工企业，形成了合肥、郑州、株洲和南昌等新的农业、轻工业机械基地。在燃料电力分配上优先保证轻工业生产的需要，降低了重工业发展速度，重建了产业结构的正常关系。由于措施得力果决，中部地区农业生产获得连年丰收，以农业为中心的产业体系快速恢复和发展，工业主要产品产量得到迅速恢复和提高，质量大为改善，品种大量开发，工农业经济效益得到显著提升。

“三五”、“四五”和“五五”时期，经济震荡中的工业体系再布局和再跃进。“三五”计划期间，全国的区域经济发展在很大程度上受国防战略的考虑所左右，强调经济建设为备战服务，区域经济发展布局和策略也基于“早打、大打、打核子战争”的准备来展开。1964 年国家提出了三线建设及“分散、靠山、隐蔽、进洞”的政策，开始陆续将沿海企业搬迁到战略后方，并在“三线”地区大规模兴建交通运输、能源工业、冶金工业、机械工业等战备工业基地，建设一直持续到 1972 年。“三线”建设的重点地区是西北和西南，以陕、甘、宁、青和晋西为布局主区域，构成西北“三线”地区；以川、滇、黔，及豫西、鄂西和湘西等为布局主区域，构成西南“三线”地区。显然,“三线”建设时期,西部已成为投资的主要重点地区,中部地区则退为其次。据统计,十年左右的“三线”建设,国家累计投资达2000亿元,各类项目2000个,建设各类基地45个,新建工业城市30座,其中大部分资金和项目都分布在西部地区。值得肯定的是,部分重点项目在中部地区的分布和建设,形成了一批新兴技术和高精尖产品基地,进而推进了中部地区工业的发展,在一定程度上提升了产业结构高度,增强了经济实力。但另一方面,由于“三线”建设的初衷在于备战,因此许多工业项目没能考虑地区经济发展的客观实际和经济发展的基本规律,远离经济发达的城镇,分散在交通不便的崇山峻岭之中,同当地的经济关联度效应极低,也严重影响了自身的经营和发展,目前大多困难重重,许多已经破产倒闭。

1966年夏天开始的“文化大革命”,中断了三年经济调整中所采取的行之有效政策和合理措施的进一步贯彻;经济建设中极“左”思想泛滥成灾,产业政策严重倒退,原有较为合理的产业结构和组织关系失去了进一步发展的环境,使经济发展的良好势头再次出现了大的波动,良好的经济发展局面被断送。由于全国性的政治动乱,导致工业生产全面下降。1967年和1968年,工业总产值分别比上年下降了13.8%和5%,90%以上的工业产品产量下降。1968年与1966年相比,钢下降41%,生铁下降35.5%,发电量下降13.2%,水泥下降37.3%,化肥下降54.3%,化学纤维下降52.5%,汽车下降55%。

“四五”计划时期,全国又开始了新一轮重工业单独发展的过程,这一时期中部重工业比重高于50%,超出了国民经济的承受能力,轻工业和农业再次受到排斥。“五小”企业重新得到政策扶持。钢铁、机械、化肥、水泥、棉纺、造纸等行业中，规模不经济状况加剧，中部各省工业自成体系，重复建设，自我封闭格局再度强化。

“五五”计划时期,中央提出了到20世纪80年代末基本实现现代化的目标,并规划在全国建设10大钢铁基地、10大石油基地、8大煤炭基地、9大有色冶金基地、30个大电站和5个大港口。基于加速经济发展的需要和与西方国家关系缓解的背景,我国开始大规模建设和更大规模的设备引进,与外方签订了上百亿美元的设备引进合同。尽管上述许多项目最终未能实施,但在三年的建设过程中,中部地区的工业经济得到了进一步的加强。这一时期中部建设的主要重大项目有:十堰的第二汽车制造厂、葛洲坝水利枢纽、武钢1.7米轧机厂、新乡化纤厂、安庆石化总厂化肥厂、洞庭湖化肥厂和湖北化肥厂,以及襄渝线、湘黔线的修建。

二、改革开放后中部地区产业体系建设的现状及分析

党的十一届三中全会重新确定了马克思主义实事求是的思想路线,全面纠正“文化大革命”及其以前“左”的错误,果断放弃了以“阶级斗争为纲”的政治理论,作出了以经济建设为中心和实行改革开放的战略决策。在邓小平同志让“一部分地区先富起来,最终达到共同富裕”的“两个大局”思想的指导下,我国经济布局战略实现了由均衡发展向非均衡发展的重大转变,逐步形成了沿海地区优先发展的经济布局总体战略,以求尽快促进国民经济的增长。在改革开放的进程中,中部地区率先揭开了我国以家庭联产承包责任制为主要内容的农村经济体制改革的序幕,逐渐走上以市场为导向的产业发展轨道。从1978年改革开放到2005年

“十五”规划完成，中部地区产业经济得到了快速协调发展，中部崛起的发展基础已经基本奠定。但是，在内外因的作用下，目前中部地区与东部沿海发达地区的发展差距悬殊，一些领域差距还在扩大，近年更是成为全国经济发展的一块洼地。

“六五”、“七五”时期，产业经济的恢复性快速增长。《中华人民共和国国民经济和社会发展的第六个五年计划》(1980—1985)是按照党的十二大提出的战略部署制定的，是继“一五”计划后的一个比较完备的五年计划，也是一个在调整中使国民经济走上持续稳步发展健康轨道的五年计划。“六五”计划的具体要求是：继续贯彻执行“调整、改革、整顿、提高”的方针，进一步解决过去遗留下来的阻碍经济发展的各种问题，取得财政经济根本好转的决定性胜利，并且为“七五”时期国民经济和社会发展奠定更好的基础，创造更好的条件。“六五”期间，我国在经济建设领域和发展过程中实现了三个具有深远意义的历史转变：一是从片面追求经济特别是工业产值产量的增长，开始确立以提高经济效益为中心，注重农、轻、重协调发展，注重经济、科技、教育、文化、社会的全面发展的理念；二是从管得过多、统得过死的僵化计划经济管理体制中，开始建设适应公有制经济的充满生机和活力的有计划商品经济新体制；三是从封闭半封闭的对外经济关系中，开始转向积极开展国际贸易和交流的开放型经济格局。国民经济建设取得了举世瞩目的成就：工农业总产值稳定增长，年均增长 11%；重要产品的产量大幅度增长，对外经济贸易和技术交流打开了新局面，出口额在世界的位次由 1980 年的第 28 位上升到 1984 年的第 10 位；基本建设和技术改造取得重大成就；科技、教育、文化事业繁荣兴旺；财政状况逐年好转，全国居民收入大幅度增长，人民生活显著改善。但也存在一些困难和问题，特别是“六五”后期，在经济形势好转的情况下，固定资产投资规模过大，消费基金增长过猛，货币发行过多，对经济稳定增长产生了不利影响。

“六五”期间，中部地区十分注重对现有企业的技术改造，积极引进经济发展需要的先进技术，有计划有重点地开展科技攻关活动。大力发展经济贸易，有效利用外资，产业经济取得了快速的恢复性增长，取得了巨大的发展成就。存在的问题在于产业基础依然薄弱、效益总体较低；工业结构不够合理，重工业比重高，初级产品多，盲目建设、重复布点现象明显；资源优势没有很好发挥，能源供应紧张；企业素质低，市场应变能力差等。

以江西省为例，“六五”期间，江西工业经济得到快速恢复，工业结构得到有效的调整。全省轻纺工业、材料工业，如南昌卷烟厂、宜春四特酒厂、赣南糖厂、景德镇陶瓷行业等都得到了有计划、有重点的技术改造，技术水平和装备水平大大提升。仅改革开放后五年间，该省就安排技术改造资金 11.06 亿元，新增产值 18.63 亿元，利润 1.98 亿元，工业产品荣获国家金、银质奖章达 26 种。包括钢、生铁、钢材、十种有色金属、机制纸、饮料酒等，都大大提前完成“六五”目标，经济效益稳步提高。农业生产条件大为改善，农业科技成果得到广泛推广应用，农业生产水平快速提高，农业在国民经济中的发展地位稳定，逐步形成了赣北鄱阳湖粮、棉、油、畜、水产区，赣西北丘陵山地粮、林、畜、茶区，赣东北丘陵山地粮、林、畜、茶、果区，赣中西部丘陵盆地粮、林、畜、油、麻区，赣中东部丘陵山地粮、林、畜、水产区，赣南山地丘陵林、粮、蔗、柑橘区等六大农业生产基地。农产品结构得到明显改善，棉花、食用油料、甘蔗、水果、生猪、水产品产值增长速度均快于粮食增长速度，一批农产品总产量、亩均量和增长速度进入全国前列，TPG—1 型陶瓷震动抛光机、烟花鞭炮、文港毛笔、万载夏布、余干皮蛋等成为全国名特农产品。

“七五”时期我国经济和社会发展的主要奋斗目标确定为：争取基本上奠定有中国特色的新型社会主义经济体制的基础，大力促进科学技术进步和智力开发，不断提高经济效益，使 1990 年的工农业总产值和国民生产总值比 1980 年翻一番或者更多一些，使城乡居民的人均实际消费水平每年递增百分之四到五，使人民的生活质量、生活环境和居住条件都有进一步的改善。“七五”期间我国改革的重点从农村转向城市，围绕增强企业活力这个中心，推进了各方面改革，改变了束缚生产力发展的体制格局，促进了有计划商品经济的发展。对外开放的规模和领域不断扩大，进出口贸易总额大幅度增长，利用外资和引进新技术取得较大进展，在全国形成了逐步推进的对外开放格局。在改革开放的推动下，国民经济和社会发展取得了新的成就。1990 年，国民生产总值、工农业总产值都超过原定五年计划的要求，绝大多数工农业产品产量都有较多增加。五年内，建成投产基本建设大中型项目 532 个，限额以上更新改造项目 354 个。能源、重要原材料的生产能力和运输、通信能力都有不同程度增长，现有企业生产技术水平多数有所提高。科技攻关、科技成果推广和基础性科学研究取得显著成果。各级各类教育事业，各项文化、卫生、体育和其他各项社会事业，也都取得了较大发展。在生产发展的基础上，城乡人民的收入水平和消费水平明显提高，消费内容日趋多样化。所有这些，为 20 世纪 90 年代我国国民经济和社会的发展奠定了比较坚实的基础。

在国民经济和社会发展取得巨大成就的同时，也出现了一些新的矛盾和问题。主要是:在经济发展和改革中都出现过急于求成,一度造成经济过热、通货膨胀;国民经济的某些方面过于分散,国家宏观调控能力减弱。

"七五"时期对中部地区发展带来重大影响的政策是我国首次提出了东、中、西三大经济区域地带划分的模式,并继续突出沿海地区的快速发展。虽然总体发展思路上表示在加速东部沿海地区发展的同时,要把能源、原材料建设的重点放到中部地区,要积极做好进一步开发西部地区的准备,要把东部沿海的发展同中、西部的开发很好地结合起来,做到互相支持、互相促进,但实践的重心仍然在于继续鼓励一部分地区、一部分企业和一部分人先富起来。国家产业政策的东倾和自身内部结构的缺陷,导致了中部六省经济地位在全国的下降,可持续高速增长能力后劲不足的问题也逐步显现。主要表现为农业生产水平落后,农产品加工程度低;工业基础产业比重过大,产业附加值率低;第三产业层次低,不能为经济提供完善的服务;非国有经济比重小,层次低。以安徽省为例,1999 年该省第一产业劳动生产率仅 3690 元/人年,只相当于东部 12 省市平均水平的 63%,全省以农产品为原材料的工业对农产品的采购额约 260 亿元左右,仅占全省 1999 年农业总产值的 21%。1999 年,安徽重工业中,采掘和原材料工业比重高于全国 7. 9 个百分点,相应加工工业却低于全国 7. 9 个百分点,原因在于工业产业结构偏向以原材料为主的初级产品,产业的附加值率难以提高。1999 年,安徽现代服务业在三次产业中的比重低于国家 0. 2 个百分点,对三次产业增长贡献低于国家 9 个百分点。全省大部分的乡镇企业因难以适应市场,成为经济增长的拖累。

"八五"、"九五"时期,产业经济持续快速发展,整体实力显著增强。以1992年邓小平同志重要谈话和中共十四大为标志，中国改革开放和现代化建设进入新的阶段。“八五”计划期间我国经济建设取得的最大成就是提前五年完成了到2000年实现国民生产总值比1980年翻两番的战略目标。1995年中国的国民生产总值达到57600亿元，扣除物价因素，是1980年的4.3倍，提前完成了“翻两番”的任务。这是一个了不起的成就，在中国经济发展史上是一个重要的里程碑。在整个“八五”计划期间，中国经济年均增长速度达11%左右，比“七五”时期的年均增长高出近4个百分点，经济波动不到5个百分点。统计资料显示，在我国已经执行的10个五年计划中，“八五”计划是中国历次五年计划中增长最快、波动最小的一个五年计划。“八五”期间第一产业产值年均增长4.1%，第二产业产值年均增长17.3%，第三产业产值年均增长9.5%，一、二、三产业的产值结构由“六五”末期的28.4∶43.1∶28.5和“七五”末期的27.1∶41.6∶31.3转变为“八五”末期的20.3∶47.7∶32.0。政策性金融和商业性金融分离、分税制等经济体制改革取得突破性进展，新的宏观经济调控框架初步建立，市场在资源配置中的作用明显增强。以公有制为主体、多种经济成分共同发展的格局已经形成，对外开放总体格局基本形成，对外开放的范围和规模进一步扩大，形成了由沿海到内地、由一般加工工业到基础工业和基础设施的总体开放格局。以上海浦东为龙头的长江地区的开发开放，成为“八五”期间对外开放区域布局的一项重要举措。中国对外开放的县市超过1100个，兴办了一大批经济开发区和13个保税区。

“八五”期间，中央提出要按照“统筹规划、合理分工、优势互补、协调发展、利益兼顾、共同富裕”的原则，正确处理沿海与内地、经济发达地区与较不发达地区之间的关系。在全国快速发展的大背景下,中部地区经历了经济和社会发展的历史黄金期。国民经济持续快速增长,整体实力显著增强;农业综合生产能力上了一个台阶,农村经济结构出现了转折性变化;工业生产快速增长,工业结构调整取得了明显进展;固定资产投资成倍增加,重点建设力度进一步加强;基础设施建设取得突破性发展,电力、交通、通信等瓶颈制约大大缓解;科教文卫社会事业蓬勃发展,人民生活发生了阶段性的变化。以湖南省为例,"八五"期间,年均增长11%,是历史上发展最快的。粮食、棉花、油料、肉类、水产品、水果等主要农产品产量基本翻番,工业总产值由713亿元增加到2545亿元,按可比价格,年均增长19.2%,钢铁、煤炭、发电、十种有色金属、水泥、化肥等大幅增长。基础设施和基础产业建设步伐加快,五年累计完成社会固定资产投资1657亿元,投资的重点主要是能源、交通、水利、邮电、通信等方面。五强溪水电站、华能岳阳电厂、石门电厂、株洲电厂扩建、洞庭湖一期治理、江垭水利枢纽、黄花机场、张家界机场、石长铁路、主要干线公路改造和10座大型城市桥梁、湘江航道整治、邮电"165"工程等项目的建设,以及湘钢、涟钢、衡管、株冶、湘氮、资氮、岳化总厂、湘潭化纤等企业的改造扩建,使经济发展的"瓶颈"制约得到一定的缓解,一批重要短线产品的生产能力不断扩大。特别是电力、交通、邮电通信建设取得了显著成绩。"八五"期间,该省已与132个国家和地区建立贸易关系,五年进出口总额达114亿美元。实际利用外资27.5亿美元、新增合资合作和外商独资企业3700多家,接待入境旅游人数由8.5万人增加到17.7万人,旅游外汇收入由1000万美元增加到6500万美元。农作物新品种培育、计算机研制与开发、超硬材料、精细化工、资源深度开放、节约能源以及某些领域的基础理论研究等方面取得了一系列重大成果，“八五”期间共完成科技成果7789项。新产品新技术交易会签订技术合同7.3万份，实现金额28亿元。高新科技产业的成长壮大，促进了产品的更新换代和整个经济素质的提高。经济生活中存在的主要问题：一是产业结构层次低。二是水、电、路等基础设施和基础产业对经济的“瓶颈”制约依然严重。三是国有企业改革滞后和生产经营困难。四是地区之间、行业之间、城乡之间发展差距扩大，部分社会成员之间收入差距悬殊。五是区域宏观调控力度不够。表现在资金使用比较分散，以致部分重点项目建设未能达到国家计划要求。

“九五”期间，面对错综复杂的国际国内经济环境，国家实行扩大内需的方针，果断实施积极的财政政策和稳健的货币政策，抑制了通货紧缩趋势，克服了亚洲金融危机和国内有效需求不足带来的困难，国民经济继续快速发展，经济运行质量与效益不断提高，综合国力进一步增强，国内生产总值年均增长达到8.3%。主要工农业产品产量位居世界前列，商品短缺状况基本结束。粮食等主要农产品生产能力明显提高，实现了农产品供给由长期短缺到总量基本平衡、丰年有余的历史性转变。工业结构调整取得积极进展，信息产业等高新技术产业迅速成长，淘汰落后和压缩过剩工业生产能力取得成效。服务业持续增长，就业岗位增加。基础设施建设成绩显著，“瓶颈”制约得到缓解。经济体制改革继续深化，社会主义市场经济体制初步建立。国有大中型企业改革和脱困的三年目标基本实现，调整和完善所有制结构取得重大进展，市场体系建设全面推进，宏观调控机制进一步健全。全方位对外开放格局基本形成，对外贸易和外资利用规模扩大、结构改善、质量提高，开放型经济迅速发展。人民生活水平继续提高，消费结构改善，农村贫困人口的温饱问题基本解决。当然经济和社会发展中也存在一些突出问题：一是产业结构不合理，地区发展不协调，城镇化水平低，国民经济整体素质不高，国际竞争力不强；二是科技、教育比较落后，科技创新能力弱，人才资源不足；三是水、石油等重要资源短缺，部分地区生态环境恶化；四是社会主义市场经济体制尚不完善，阻碍生产力发展的体制性因素仍然突出。

“九五”期间，中央在确保发展的前提下，区域发展政策逐步向兼顾效率与公平方向转变，缩小区域性差距成为区域发展新主题。“九五”计划指出：从“九五”开始，要更加重视支持内地的发展，实施有利于缓解差距扩大趋势的政策，并逐步加大工作力度，积极朝着缩小差距的方向努力。中部地区在中央的正确领导和大力支持下，产业经济继续得到持续快速健康发展。经济结构不断优化，农业的基础地位进一步加强，多种经营比重提高，农业产业化进程加快。工业经过“三改一加强”，形成了一批在全国有一定影响的产品和具有一定竞争力的企业或企业集团。第三产业特别是服务业市场化、社会化程度明显提高，商贸、电信、旅游、金融、信息咨询、社区服务等行业保持了较快的发展势头。基础设施明显改善，电力、交通、通信的“瓶颈”制约基本消除，水利、城市建设等取得新进展。粮食流通、财税、金融、社会保障、住房制度和政府机构改革进展顺利，科技、教育等各项改革稳步推进。以公有制为主体、多种所有制经济进一步发展，市场在资源配置中的基础性作用明显增强。对外开放继续扩大，全方位、宽领域、多层次的对外开放格局正在逐步形成。以河南省为例，2000 年全省国内生产总值达到 5126 亿元，“九五”年均增长 10.1%，完成了预定目标。人均国内生产总值达到5440元，相当于全国平均水平的77.8%，比“八五”末提高了9.6个百分点。全省财政收入五年增长近一倍，年均增长14.1%。农业结构调整积极推进，稳定实现了增加粮食生产能力500万吨的目标。高效经济作物比重和畜牧养殖业比重进一步上升。工业结构调整取得明显成效，产业素质有了进一步提高。全社会固定资产投资保持了较快增长，五年累计完成6220亿元，年均增长13%。对外开放水平逐步提高，对外贸易和利用外资规模进一步扩大，五年出口累计63.3亿美元，比“八五”增加13.3亿美元；实际利用外资57.7亿美元，比“八五”增加23.4亿美元。

“十五”时期，产业地位的滑落和崛起希望的萌芽。“十五”时期，面对复杂多变的国内外形势，国家有效抑制了经济运行中出现的不稳定不健康因素，成功战胜了非典疫情和重大自然灾害的挑战，从容应对加入世界贸易组织后的新变化，“十五”计划确定的主要发展目标提前实现，国内生产总值年均增长9.5%。工业化、城镇化、市场化、国际化步伐加快，经济体制改革不断深化，对外贸易迈上新台阶，货物进出口总额14221亿美元，年均增长24.6%。国家财政收入大幅度增加，价格总水平保持基本稳定。“十五”时期中部地区经济进入持续较快发展新阶段，经济结构明显改善。国民经济三大产业的比例明显优化，工业成为推动经济快速增长的主导力量，农业的基础地位更加巩固，服务业繁荣兴旺，所有制结构进一步改善，城市化率不断上升。农村税费改革、行政审批制度改革、财政体制改革、投资体制改革、国有企业改革、国有资产管理体制改革等取得重大进展。开放型经济取得重大突破，外贸出口的产品结构和企业结构得到重大改善，稳定增长机制初步形成。

政务环境建设深入推进,投资软环境明显改善。

总体看,改革开放以来,中部地区经济发展取得了巨大的成就,经济总量高速增长,产业结构不断优化,固定资产投资快速扩展,产业整体竞争力大幅度提升。但横向比较,中部地区发展地位持续走低,逐步成为区域发展的一块洼地。以"十五"期间主要经济数据为例。一是 GDP 占全国比重不断下降。2005 年中部六省 GDP 总量为 37046 亿元,占全国比重的 18.8%,比 2000 年下降了 1.6 个百分点。其中第一产业、第二产业、第三产业在全国所占比重分别为 27.2%、18%、17.4%,与 2000 年比较,除了第一产业在全国的比重上升了 0.2 个百分点外,第二产业和第三产业在全国的比重分别下降了 1.3 个百分点和 1.6 个百分点。经济增长势头整体上落后于东部、东北、西部地区的发展。二是社会消费品零售总额占全国比重不断下降。从社会消费品零售总额来看,2000 年中部地区社会消费品零售总额为 7329 亿元,占全国的比重为 20.6%,2005 年中部地区的社会消费品零售总额为 13184 亿元,占全国的比重为 19.4%,比 2000 年下降了 1.2 个百分点。根本原因在于中部地区的经济发展水平普遍偏低,居民收入水平低,尤其是贫困农业人口比重大。三是进出口总额占全国比重略有下降。"十五"期间中部地区充分利用天时、地利、人和优势,近乎极致般狠抓外向型经济发展,2005 年中部地区进出口总额达到 415 亿美元,占全国的比重为 2.9%,但与 2000 年相比仍然下降了 0.2 个百分点,说明中部地区外向型经济发展任务仍然艰巨。特别是与长江三角洲和珠江三角洲两个发达区域比较,发展差距十分突出。(见表 2—2、2—3)

表 2—2　2001—2005 年中部地区与长三角、珠三角人均 GDP 总量比较

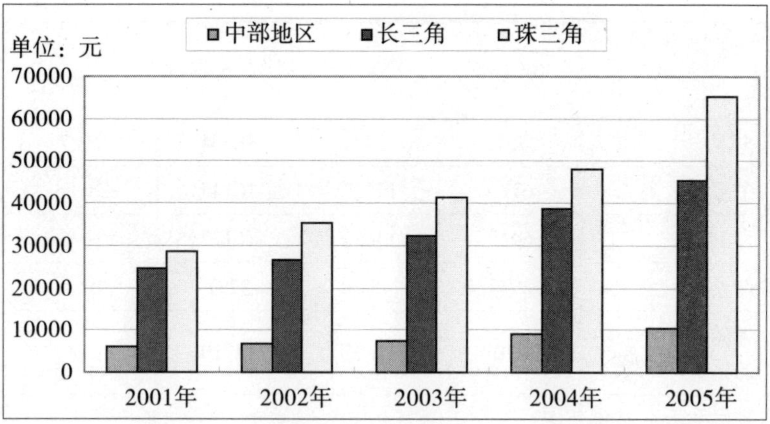

表 2—3　2001—2005 年中部地区、长三角、珠三角对外贸易总额与全国比较

单位:亿美元

年份及项目 / 区域及项目	2001 年			2005 年		
	对外贸易总额	出口总额	进口总额	对外贸易总额	出口总额	进口总额
中部地区	192.3	112.2	80.0	415.1	244.2	170.9
长三角	1381	641	740	5024	2759	2265
珠三角	1684	776	908	4107	2270	1836
全国	5097	2661	2436	14219	7620	6600
中部地区占全国比重(%)	3.77	4.22	3.29	2.92	3.20	2.59
长三角占全国比重(%)	27.1	24.1	30.4	35.3	36.2	34.3
珠三角占全国比重(%)	33.0	29.2	37.3	28.9	29.8	27.8

表2—4 2001—2005年中部地区、长三角、珠三角全社会固定资产投资与全国比较

单位:亿元

地区	2001年	2004年	2005年	2005年比上年增长%
全国	37213	70477	88604	25.7
中部地区	6723	12529	16145	28.86
长三角	6449	13633	16172	18.6
珠三角	2547	4544	5297	16.6
中部地区占全国的比重(%)	18.07	17.78	18.19	—
长三角占全国的比重(%)	17.33	19.34	18.25	—
珠三角占全国的比重(%)	6.84	6.45	5.98	—

表2—5 2001—2005年中部地区、长三角、珠三角三次产业结构比较

单位:%

	第一产业			第二产业			第三产业		
	2001年	2004年	2005年	2001年	2004年	2005年	2001年	2004年	2005年
中部地区	18.87	17.8	16.7	44.5	47.7	46.8	36.63	34.5	36.6
长三角	6.6	4.6	4.1	51.7	55.8	55.0	41.7	39.6	40.9
珠三角	5.3	3.8	2.8	49.5	53.8	50.9	45.2	42.4	46.3
全国平均	14.1	13.1	12.5	45.2	46.2	47.3	40.7	40.7	40.2

主要原因分析：一是国家对沿海地区资金和政策的倾斜。在投资政策上，据统计，1978—2000 年，国家固定资产投资大幅度向东部倾斜，比重高达 60% 左右，而中部地区仅 15% 左右；在对外开放政策上，全面优先考虑东部地区；在财税政策方面，尽管始于 1994 年的分税制，重新调整了中央与地方财政分配关系，但由于不同地区经济发展水平的不同，可供支配的财力差异很大，中部地区显然无法和东部地区相比；在金融政策上，国家在东部地区深沪两地建立了证券交易所，东部地区的上市企业数目和规模都远远超过中部地区，为东部地区筹措资金起到了相当大的作用。资金的匮乏导致中部地区极具优势的重工业技术设备更新投资严重不足，改造严重滞后。二是国家实施轻工业优先发展六大政策，中部地区大量的优势重工业被动实施大的生产调整，产品转向为轻工业、农业和生活等领域服务，丧失了自身的比较优势，而过去计划时期安排的一些高成本低效益项目的弊端也日益显现，成为经济深度发展的历史包袱。又加之国家设备和装备大规模进口倾向，使中部重工业产业雪上加霜，优势几乎完全丧失。三是东部沿海地区轻工产业后发优势所形成的强有力的产品冲击，摧垮了中部地区具有一定传统优势的轻工业基础。四是乡镇企业和非国有经济比重小，层次低。由于错失发展良机，随着买方市场的出现，大部分的乡镇企业和非国有经济因难以适应市场，成为经济增长的拖累，中东部地区农村发展差距日益扩大，最终只能沦为东部地区民工潮的重要输出地。五是 2003—2004 年中共中央、国务院相继作出了实施东北地区等老工业基地振兴战略和西部大开发战略，提出和实施了体制机制创新、生态环境保护、基础设施重点工程建设、产业结构调整、科教文卫事业发展、资金支持保障、人才队伍建设、法制建设等一系列务实的重要举措。自然，中部地区成为了资金和政策洼地。

当然,在差距面前我们不可忽视的是,改革开放以来中部地区在经济发展中那些量的积累,如基础设施的快速改善、经济发展环境的日益优化、固定资产的持续投入,等等,这些积极因素的累积,有一天必然产生积极的质变,这也正是中部地区崛起的希望所在。如表2—4所示,从固定资产投资来看,中部地区在全国所占比例相对不低,2001年中部地区固定资产投资为6723亿元,占全国的比重为18.07%,2005年中部地区固定资产投资为16145亿元,占全国的比重为18.2%,总体呈现不断上升的趋势。固定资产投资对于拉动中部地区经济的快速发展起到非常重要的作用,随着中部地区固定资产投资的持续增长,中部地区的基础设施得到不断完善,产业基础不断夯实,三次产业结构趋于合理,波动幅度与长江三角洲、珠江三角洲相当,发展势头是比较好的（见表2—5）。这一时期，对中部地区经济体系形成和产业结构发展产生较大影响的建设项目主要有：山西能源工程、三峡水利枢纽工程、黄河小浪底水利工程，淮南煤矿、淮北煤矿、豫西煤矿开发，以及清江隔河岩和湖南五强溪水电等能源基地建设；豫中平原、江汉平原、鄱阳湖平原、洞庭湖平原等商品粮基地建设；京九线、石太线、襄渝线、太焦和衡广复线、枝柳、皖赣等铁路建设；武汉长江二桥、三桥、黄河大桥，以及武汉天河机场建设；湖北磷化工、洛阳化纤、湖北黄麦岭、九江化肥、晋城化肥等化工基地建设；武钢炼钢三厂、武钢无缝钢管厂、太钢尖山铁矿、山西铝厂、中州铝厂等冶金基地建设；江西万年水泥厂、铜陵水泥厂等建材基地建设。

总体看来，尽管脱胎于一个计划经济的体制基础，尽管国民经济仍处于向市场经济转型的深化过程中，体制改革艰辛滞后，行政壁垒尚难彻底打破，使得中部六省在与沿海发达地区，尤其是相邻两大经济圈的经济互动过程中，产业的发展呈现独有的一些特点和规律，极化—涓滴效应理论、梯度推进理论、增长极理论、中心—外围理论和循环积累因果理论等区域经济研究中的许多理论在实践中难以完全吻合通行。但是，它们所阐释的种种现象和结论的踪迹却随处可见，有些在其中还体现得非常明显。我们甚至可以说，沿海发达区域效益、福利、环境等优势对处于发展中的中、西部地区资金、知识、劳动力等生产要素所产生的强大吸纳效应，正是中、西部地区步入一个阶段性恶性贫困的重要原因之一。因此，这些理论所给予中部地区区域经济深度发展，尤其是产业结构演化的启发意义是值得我们重视和借鉴的。

第二节　中部地区产业结构的进步

经济的发展,在很长的时期我们仅仅理解为一种投入产出的上升,体现为一定的量的增进,但是今天我们看到了它更丰富的内涵,而且从本质上看发展更应该是一个质和结构的问题。一个国家或地区经济发展的过程,从某种意义上讲,就是该区域产业结构不断优化和演进的过程,因为离开了结构的分析和规划,我们将无法解释发展为什么会发生？怎样发生？

一、中部地区产业结构的演进轨迹

新中国成立之初的中部地区，经济十分落后，结构也极不协调，以种植业为主体的第一产业占据绝对主导地位，第二、第三产业所占比重都很小，且多由手工业和传统服务业构成，尽管历经三年的恢复，到1952年，三次产业的比例关系仍旧为64.3∶15.7∶20。“一五”时期，在中央政府的支持和主导下，中部地区得以大力发展重工业产业，第二产业得到迅猛发展，比例快速提升，到1978年，第二产业已经接近第一产业比重，一、二、三产业所占GDP的比重分别为41.7%、40.3%、18.0%。不过相对于全国28∶48.2∶23.8的产业结构层次还是相当落后的。

改革开放以来，中部地区各省积极发展工业经济，第二产业所占比重持续上升，产业结构发生根本性变化，迅速步入二、一、三的结构层次。但伴随工业经济的快速发展，尤其是重工业的畸形发展，在计划经济的大背景下，经济的失衡和产业的扭曲也就在所难免。突出表现为农业经济发展反复，轻工业产品经常性结构短缺，交通、金融等服务产业发展严重滞后，难以满足群众生活和经济深度发展的需要。近年以来，中部地区各省着力解决经济体制转型和产业结构扭曲问题，经济得到快速发展，三次产业结构趋于合理。2006年中部地区第一产业占GDP的比重为14.7%，只高于全国平均水平3个百分点；第二产业占GDP的比重为48.4%，仅比全国平均水平低0.5个百分点，其中河南工业化的速度和效益在中部六省继续领先，已经完全实现从一个农业大省向新兴工业大省的转变；第三产业占GDP的比重为36.9%，比全国低2.5个百分点。（见表2—6）。

表 2—6　中部六省主要年份 GDP 三次产业结构变化

项目	金额 \ 省份	山西	安徽	江西	河南	湖北	湖南	六省平均	全国
1978 年	第一产业	20.7	47.2	41.6	39.8	40.5	40.7	38.4	29.0
	第二产业	58.5	35.5	38.0	42.6	42.2	40.7	42.9	52.1
	第三产业	20.8	17.3	20.4	17.6	17.3	18.6	18.7	18.9
1985 年	第一产业	19.3	42.6	40.4	38.4	36.5	42.2	36.6	29.5
	第二产业	54.8	35.6	36.6	37.6	44.0	36.3	40.8	46.6
	第三产业	35.9	21.9	23.0	24.0	19.6	21.5	22.7	24.0
1990 年	第一产业	18.8	37.4	41.0	34.9	35.1	37.5	34.1	27.5
	第二产业	48.9	38.2	31.2	35.5	38.0	33.6	37.6	42.0
	第三产业	32.2	24.4	27.8	29.6	26.9	28.9	28.8	30.5
1995 年	第一产业	15.4	29.0	32.0	25.4	25.9	31.2	26.5	20.5
	第二产业	49.9	45.4	34.5	47.3	43.1	37.2	42.9	46.6
	第三产业	34.7	25.6	33.5	27.3	31.0	31.6	30.6	32.8
2000 年	第一产业	10.2	24.2	24.2	22.6	15.5	21.2	19.8	15.9
	第二产业	51.0	42.7	35.0	47.0	49.7	39.7	44.1	50.9
	第三产业	38.8	33.1	40.8	30.4	34.9	39.2	36.2	33.2
2003 年	第一产业	8.8	17.2	19.8	17.6	14.8	19.1	16.6	15.9
	第二产业	56.6	44.8	43.4	50.4	47.8	38.7	47.0	50.9
	第三产业	34.6	36.0	36.8	32.0	37.4	42.2	36.5	33.2
2006 年	第一产业	5.8	16.7	16.8	16.4	15.0	17.6	14.7	11.7
	第二产业	57.8	43.1	49.7	53.8	44.4	41.6	48.4	48.9
	第三产业	36.4	40.2	33.5	29.8	40.6	40.8	36.9	39.4

资料来源：1979 年、1986 年、1991 年、1996 年、2001 年、2004 年、2007 年山西、安徽、江西、河南、湖北、湖南和中国统计年鉴综合计算结果。

通过表 2—6 分析，我们比较清晰发现中部地区产业结构在近

30 年发展中的一些特点。一是第一产业大幅下降。2006 年中部地区第一产业所占比重为 14.7%，比 1978 年下降 23.7 个百分点。其中山西第一产业所占比重 5.8%，下降了近 15 个百分点，中部六省最低，也低于全国第一产业 11.7% 的水平；安徽、江西、河南、湖北、湖南第一产业所占比重分别为 16.7%、16.8%、16.4%、15.0%、17.6%，分别下降了 30.5、24.8、23.4、25.5 和 23.1 个百分点，均在 20 个百分点以上。在这六省中，安徽第一产业原有比重最大 47.2%，其下降幅度也最大，现在中部六省中排名第四。二是第二产业平稳增长。2006 年中部地区第二产业所占比重为 48.4%，比 1978 年上升了 5.5 个百分点。其中山西、江西、河南第二产业所占比重为 57.8%、49.7% 和 53.8%，分别比中部地区第二产业所占比重高 9.6、1.3 和 5.4 个百分点，比全国平均水平分别高 8.9、0.8、4.9 个百分点。湖南第二产业占 GDP 比重在中部六省最低，比全国平均水平低 7.1 个百分点，与其第一产业高于全国平均水平的幅度接近，体现“农”高“工”低的特征。主要原因在于该省工业起步晚，基础非常薄弱，工业化进程滞后，工业结构也不合理，呈现明显的重型化特征。具体讲，原材料和基础产业比重偏大，深加工和制造业比重偏小；传统产业和低附加值产业的比重偏大，新兴产业和高附加值产业比重偏小。另外还存在一些制度性障碍，很多企业股权结构单一，缺乏完善的激励和约束机制，中小企业融资渠道不畅，为中小企业提供信息咨询、市场开拓、技术支持、人才培训服务的社会化服务体系不健全。当然与该省近年来注重和大力支持第三产业的发展也有一定的关联。2006 年中部地区国有及国有工业企业工业增加值 6194.32 亿元，占全国的 19.0%，其中山西、安徽、江西、河南、湖北、湖南国有及国有工业企业增加值分别是 1186.67 亿元、973.67 亿元、532.63 亿元、1420.78 亿元、1118.88 亿元、961.91 亿元，分别占全国的 3.6%、2.99%、1.6%、4.4%、3.4%、2.95%。三是第三产业加速发展。中部地区第三产业所占比重为 39.4%，比 1978 年上升了 20.5 个百分点；安徽、湖北、湖南第三产业所占比重为 40.2%、40.6% 和 40.8%，分别比中部地区第三产业所占比重高 3.3、3.7 和 3.9 个百分点，比全国平均水平分别高 0.8、1.2、1.4 个百分点，特别是湖南第三产业比重上升了 22.2 个百分点，所占比重最高，上升幅度也处于第一位。

总体而言，中部地区三次产业，历经近 30 年的发展和完善，农业的基础地位得到进一步巩固，农产品品质大大提升，供给充裕，已经成为全国极其重要的农产品生产和输出基地。工业经济体系得到进一步完善，特别是轻工业获得空前发展，市场交易活跃，物资供给极为丰富，完成了从票证时代到卖方市场，到一个适度的买方市场的历史性飞跃。冶金、机械、汽车等重工业得到快速恢复和发展，信息、通讯等高新技术产业也已具规模和影响。商品和生活服务等传统第三产业繁荣活跃，通信、能源、交通等瓶颈制约全面缓解，教育、金融、保险、旅游、物流、信息服务等现代第三产业蓬勃发展。三次产业的结构序列顺利实现从一、二、三到二、一、三，逐步向二、三、一的转换，第三产业取代第一产业，进入第二位。正如威廉·配第、考林·克拉克和库兹涅茨所揭示的，随着中部地区经济的增长和产业结构的提升，农业部门劳动力在全部劳动力中的比重处于不断下降之中；工业部门劳动力在全部劳动力中的比重则持续上升，仍然占据统领地位；第三产业的劳动力在全部劳动力中的比重大幅攀升，个别省份已经超越第二产业。

二、中部地区工业化阶段的评价

关于工业化阶段的划分标准，一些著名经济学家曾有过专门的阐述。霍夫曼根据一些国家的统计资料计算出消费资料工业的净产值与资本资料工业的净产值的比例，称做霍夫曼系数，并以此把工业化过程分成四个阶段（见本书第一章）。H. 钱纳里通过研究得出结论：工业化阶段大约是人均收入 200—3600 美元的阶段。[①] 其中：人均 GDP 在 200—400 美元之间为工业化初始阶段；人均 GDP 在 400—1500 美元之间为工业化中期阶段；人均 GDP 在 1500—3600 美元之间为工业化后期阶段。（见表 2—7）

表 2—7 人均 GDP 与经济发展阶段关系表

单位：美元

阶段	人均 GDP（1970 年）	发展阶段描述
1	140—280	初级产品生产阶段
2	280—560	工业化初级阶段
3	560—1120	工业化中级阶段
4	1120—2100	工业化高级阶段
5	2100—3300	发达经济初级阶段
6	3300—5040	发达经济高级阶段

资料来源：H. 钱纳里等《工业化和经济增长的比较研究》，上海三联书店 1989 年版。

① 王持位等编：《宏观经济运行分析》，首都经济贸易大学出版社 2001 年版。

贝尔提出的工业化阶段划分标准与钱纳里相近。他认为人均收入 200—600 美元对应的是早期工业化社会；人均收入 600—1500 美元对应中期工业化社会；1500—4000 美元对应发达工业社会。①

按照霍夫曼这个划分标准，我国 80 年代以来大体上处在工业化的第三个阶段，②中部地区大体处于工业化的第二阶段。根据 H. 钱纳里理论，我国人均 GDP 达到 200 美元始于 80 年代初期，此后人均 GDP 水平逐年增加，2006 年超过 2000 美元。按钱纳里的划分，我国最近 20 多年来处在工业化初始阶段和工业化高级阶段的后期；中部地区 2006 人均 GDP 大约为 1500 美元，应处于工业化高级阶段的中间时期。

参照以上几个经济学家的划分标准和中部六省的经济发展实际（见表 2—8），可以大致判断：中部六省目前均处在工业化发展阶段，但发展程度不一。在中部六省中，2006 年山西、河南、湖北人均 GDP 分别为 1883.1 美元、1775.1 美元、1772.8 美元，可以基本认为已进入工业化中期阶段后段；湖南人均 GDP 为 1593.3 美元，可以基本认为进入工业化中期阶段的中段；安徽、江西人均 GDP 分别为 1340.7 美元、1440.0 美元，可以基本认为处在工业化中期阶段初段。另外，从世界各国和区域发展的实践看，处在工业化阶段国家和区域的经济增长速度相对较快。比如，利用世界银行 1997 年各国数据计算，人均收入在 200—5000 美元之间的国家

---

① 彭志龙：《我国政府带动经济增长效应分析》，《统计研究》，2004 年第 2 期。

② 国家统计局国民经济核算司编：《1998—2001 中国宏观经济运行轨迹》，中国统计出版社 2002 年版。

GDP 增长率平均水平约为 4.9%，而人均收入在 5000—10000 美元的国家平均增长率为 4.2%，人均收入 10000 美元以上的国家平均增长率为 3.7%。由此看出，总体都保持了一个较高的发展速度，且不同发展阶段的经济增长率确有差别。

表 2—8 六个主要年份中部六省及全国的人均 GDP 对比表

单位：元/人

省份 / 金额 / 年份	山西	安徽	江西	河南	湖北	湖南	全国
1978	365	244	276	232	332	286	379
1985	838	646	597	580	808	626	853
1990	1528	1182	1134	1091	1556	1288	1634
1995	3379	3400	2896	3313	4162	3470	4854
2000	5137	5008	4851	5444	7188	5639	7086
2003	7435	6455	6678	7570	9011	7554	9101
2006	14123	10055	10798	13313	13296	11950	16084

资料来源：1979 年、1986 年、1991 年、1996 年、2004 年、2007 年山西、安徽、江西、河南、湖北、湖南和中国统计年鉴综合计算结果。

三、中部地区主导产业的形成

一般说来，区域经济的成长、成熟，或者说区域产业结构的演进提升，源于区域主导产业的变动，[①]也由主导产业的方向所决定。区域经济发展过程的实质就是一个区域主导产业发展与更替

---

① 孙久文：《论区域经济在国家和地区发展中的作用》，《经济问题》，2001 年第 4 期。

的过程。而一个国家或区域的主导产业,是特定的经济背景和技术条件综合作用下形成的,其作用机制与创新能力和产业结构等有着十分密切的关系。

主导产业的存在和发展是动态的、梯进的。一个主导产业在历经萌芽、成长、成熟阶段后将逐步迈向衰落,新的主导产业事实上已经应运而生。一个产业是否成长为主导产业,需要具备和满足一定的条件,受到资源分布、经济水准、产业配套、技术支持、文化结构、政策因素等诸方面的约束。但从世界各国和地区产业演进的历史经验表明,主导产业的转换都历经一个从劳动密集型向资本密集型,再向资本技术密集型和知识密集型的演变趋势。尽管各国和各地区产业结构发展所处的阶段不同,表现方式不同,但主导产业的演进和更替都是一个由小到大、由低级到高级的渐进过程。尽管在特定的历史和经济背景下,某些区域产业结构的演进在某个特定时期可以超越某个阶段,然而,从历史实践看,产业结构的发展、提升和优化具有它自身发展的规律,具有一定的层级性,能够通过努力加速转换的进程,缩短发展提升的过程,但阶段难以逾越,体现出一定的客观性。

新中国成立以来,和全国步骤几乎一样,中部六省基本上走着一条从大农业产业结构向大工业产业结构跨越,由农业省份向工业省份迈进的重工业化道路,期间经受了一些重大的困难和挫折,但努力一直没有停止,方向一直没有改变。历经50多年的工业化发展,中部六省已在原料工业、燃料动力工业、农产品加工业和高新技术领域形成了具有一定比较优势的主导产业体系和产品体系。煤、焦、铁、电是山西的“四大金刚”,占山西经济总量的70%,财政的80%以上。近年来山西在巩固煤炭、焦炭、冶金和电力四大传统支柱产业的基础上，又积极促进煤炭产业与电力、钢铁、化工、建材、交通运输产业联营，延伸产业链条，逐步培养发展了煤化业、装备制造业、材料工业和旅游业等四大新的支柱产业，这总体上完全符合山西既是煤炭大省，又是电力尤其是火电供应大省的实际情况。太钢是全国最大的不锈钢生产及冷轧薄板加工基地，9个主攻品种中已有5个在全国市场占有率位居第一，成为不锈钢企业中的“世界列强”之一。安徽致力于发展交通运输设备制造业、电气机械及器材制造业、黑色金属矿采选业、煤炭采选业，以及饮料制造业、橡胶制品业、烟草加工业、有色金属冶炼及压延加工业、电力蒸汽热水生产和供应业等，拥有江汽、奇瑞、美菱等知名企业。奇瑞公司用不到十年的时间快速实现50万辆国产自主品牌轿车生产规模并成功走向世界，创造了我国汽车工业史上的奇迹。江西形成了汽车航空及精密制造产业，特色冶金和金属制品产业，中成药和生物医药产业，电子信息和现代家电产业，食品工业，精细化工及新型建材业等六大产业集群，江西矿产资源极为丰富，尤其是铜、钨、金、银、铀。河南以铝为主的有色金属冶炼及压延加工业、煤炭开采和洗选业、电力热力的生产和供应业，以及专用设备制造业、食品加工制造业、造纸及纸制品业已具相当气候，也反映出该省有色金属、煤炭和火电的资源优势。湖北的交通运输设备制造业、石油加工、炼焦业及核燃料加工业、化学原料及化学制品制造业、黑色金属冶炼及压延加工业、非金属矿采选业、食品加工业发展历史悠远，体现了湖北在汽车、石油化工、盐化工方面的发展状况。湖南的有色金属冶炼及压延加工业、有色金属矿采选业、自来水生产和供应业、石油加工及炼焦业、非金属矿采选业。华菱湖南衡阳钢管集团有限公司是全球小口径无缝钢管产量最高、水平连铸圆管坯产能最大、产品门类最齐的企业。湖南烟草加工业久负盛名,产业贡献率高达 48.7%,这十分切合湖南目前作为有色金属基地和烟草大省的地位。近年来,湖南文化产业如火如荼,已在全国脱颖而出,前景美好。

第三节　中部地区产业结构的问题

中部地区 20 多年产业演进的历史,可以说就是一部计划组织和市场调节的综合发展史,在很大程度上甚至可以说是一部政府主导下的产业发展史。近年来,在发达国家和国内沿海发达地区大规模产业转移所输入的资金、技术、管理等先进要素的影响作用下,中部地区经济产业再次得到了快速的发展,层级不断提升,结构也总体渐趋合理,但从深层来分析,存在的一些问题仍然比较突出,需要政府和学界、商界从市场运行和制度设计等多个层面来思考和探索。

一、产业实力整体脆弱

如前所示，纵向比较，改革开放以来中部六省经济和各项社会事业发展速度加快，第一产业在全国的地位仍然巩固，第二产业发展迅速，第三产业趋于活跃，固定资产投资、基本建设投资、全社会商品零售总额等指标都呈良性增长，整个经济形势改观明显。但横向总体比较，中部六省产业能力和发展实力依然比较脆弱。

2006 年,中部六省国内生产总值 4.3 万亿元,占全国的 20.1%;第一产业 6614.1 亿元,占全国的 26.7%;第二产业

20958.6亿元，占全国的20.3%；第三产业15645.3亿元，占全国的18.9%；进出口总额539.8亿美元，仅占全国的3.1%；中部六省人均GDP12255.8元，相当于全国人均GDP的76.2%；山西、安徽、江西、河南、湖北、湖南国有及国有工业企业工业总产值分别为3048.2亿元、2835.1亿元、1969.8亿元、4421.4亿元、3540.2亿元、2628.9亿元，仅分别占全国的3.08%、2.87%、1.99%、4.47%、3.58%、2.66%（见表2—9）；国有及国有工业企业工业利润总额分别为231.7亿元、126.16亿元、106.7亿元、330.7亿元、300.16亿元、111.22亿元，仅分别占全国国有及国有工业企业利润总额的2.7%、1.5%、1.3%、3.9%、3.5%、1.3%。与此相关，2006年中部地区固定资产投资20896.6亿元，占全国的19%；社会建设总投资55579.9亿元，占全国的17%。可见就整体而言，中部六省的产业能力和经济活跃度远低于东部，略高于西部，处于全国平均水平之下。

表2—9 2006年中部六省国有及国有工业企业分析表

地区	工业总产值（亿元）	占全国比重（%）	占全国比重位次	利润总额	占全国比重（%）	占全国比重位次
山西	3048.2	3.08	15	231.7	2.7	13
安徽	2835.1	2.87	17	126.16	1.5	19
江西	1969.8	1.99	22	106.17	1.26	23
河南	4421.4	4.47	6	330.17	3.9	8
湖北	3540.2	3.58	11	300.16	3.5	10
湖南	2628.9	2.66	18	111.22	1.31	21
全国	98910.5	100.00	—	8485.46	100.00	—

资料来源：国家发展与改革委员会《中国地区经济发展年度报告》（2007）。

表 2—10　2006 年中部地区投资分析表

地区	固定资产投资(亿元)	占全国比重(%)	占全国比重位次	社会建设总规模	占全国比重(%)	占全国比重位次
山西	2255.7	2.05	19	6361.9	1.95	22
安徽	3533.6	3.21	10	10410.4	3.19	13
江西	2683.6	2.44	16	6349.3	1.95	23
河南	5904.7	5.37	5	11974.9	3.67	9
湖北	3343.5	3.04	12	11315.3	3.45	11
湖南	3175.5	2.89	14	9168.1	2.81	16
全国	109998.2	100.00	—	326297.6	100.00	—

资料来源:国家发展与改革委员会《中国地区经济发展年度报告》(2007)。

最明显的体现在于缺少具有国际、国内竞争力的现代企业和优秀企业集群的支撑和主导。主要原因在于长期规划和实践缺乏效度,在于产业转移吸纳和承接项目规模和质量的不足,在于民营经济发展仍然比较滞后,量少质低。目前,中部地区企业数量少,企业规模也小,品牌企业更少。2006 年,中部六省国有及规模以上非国有工业企业共有 44964 个,占全国企业数的 14.89%,工业产值 43538.84 亿元,只占全国的 13.75%,即企业数目比重和产值比重均低,单个企业的产值规模比企业数目比重还少 1 个百分点。从 2006 年国家工商行政管理局商标局统计的全国驰名商标所占的比例看,在 74 个驰名商标中,中部地区仅湖南株冶火炬金属股份有限公司、山西沁州黄小米(集团)有限公司、河南华英农业发展股份有限公司、江中药业股份有限公司、武汉马应龙药业集团股份有限公司、湖南东方时装有限公司、湖北宜化化工股份有限公司、河南双汇投资发展股份有限公司、加加酱业(长沙)有限公司等9家公司榜上有名，占全部驰名商标比重的12.2%；在2006年由中国名牌战略推进委员会公布的264个中国名牌产品中，中部地区的名牌产品仅武汉重型机床集团有限公司的武重WZ机床、泰豪科技股份有限公司的泰豪牌中小型发电机、安徽皖南电机股份有限公司的南华牌电机、美的集团有限公司的威灵牌电机、太原重型机械集团有限公司TZ牌起重机械、河南中材环保有限公司的中材牌除尘器、长沙中联重工科技发展股份有限公司的中联牌混凝土泵车系列、安徽省宁国市耐磨材料总厂的凤形牌磨球、黄石东贝电器股份有限公司的东贝牌冰箱压缩机、景德镇华意电器总公司的华意牌冰箱压缩机、烽火通信科技股份有限公司的烽火牌通信光缆、江西洪达医疗器械集团有限公司的洪达牌一次性使用无菌输注医疗器械、蓝星化工新材料股份有限公司江西星火有机硅厂的蓝星牌甲基环体、湖南正虹科技发展股份有限公司的正虹牌饲料、岳阳岳泰集团有限公司的岳泰岳牌饲料、江西双胞胎集团有限公司的双胞胎牌饲料、湖北双环科技股份有限公司的红双环牌纯碱、安徽丰原集团有限公司的BBCA牌饲料添加剂、山西屯玉种业科技股份有限公司的屯玉牌玉米种子、合肥丰乐种业股份有限公司的丰乐牌玉米种子、湖北宜化集团有限责任公司的宜化牌氮肥、河南省中原大化集团有限责任公司的中原牌氮肥、河南省骏马化工集团有限公司的驿马牌氮肥、安徽六国化工股份有限公司的六国牌高浓度磷复肥、湖北楚源精细化工集团股份有限公司的楚源牌活性染料、安阳市健丰食品有限公司的江顺牌焙烤食品等26个产品，不及10%。尽管中部是全国重要的农产品生产加工基地，但总体上也未能形成特色，农产品的知名品牌不多，具有竞争能力的产品仍然比较少，企业绩效不高。龙头企业数量少，尤其是高新技术企业更少。2007 年中国五百强企业名单中，只有东风汽车公司、郑州铁路局和武汉钢铁集团公司、太原钢铁(集团)有限公司、美的集团有限公司、山西省煤炭运销总公司、湖南华菱钢铁集团有限责任公司、安阳钢铁集团有限责任公司、安徽省徽商集团有限公司、河南省漯河市双汇实业集团有限责任公司、江西铜业集团公司、湘火炬汽车集团股份有限公司、大同煤矿集团有限责任公司、南昌铁路局、湖南省长沙卷烟厂、铜陵有色金属(集团)公司、新余钢铁有限责任公司、湖南省建筑工程集团总公司、安徽江淮汽车集团有限公司、江铃汽车集团公司、淮北矿业(集团)有限责任公司、阳泉煤业(集团)有限责任公司、鄂城钢铁集团有限责任公司、山西晋城无烟煤矿业集团有限责任公司、山西海鑫钢铁集团有限公司、山西潞安矿业(集团)公司、山西路桥建设集团有限公司、萍乡钢铁有限责任公司、河南安彩集团有限责任公司、昌河飞机工业(集团)有限责任公司、南昌钢铁有限责任公司、山西煤炭进出口集团公司、安徽佳通轮胎有限公司、河南新郑烟草(集团)公司、武汉中商集团股份有限公司、长治钢铁(集团)有限公司、湖北天发实业集团有限公司、中联控股集团有限公司、江西省医药集团公司、株洲冶炼集团有限责任公司、郑州日产汽车有限公司等 41 家，不及东部沿海发达地区一个省份的数目。41 家企业中煤炭、钢铁就占有 16 家，基本集中在第二产业，表明中部六省的第三产业发展比较滞后。2007 年中部入选企业的营业收入总计约为 0.56 万亿元人民币，约占 2007 年中国企业五百强的营业收入 17.49 万亿元人民币的 3.23%，说明中部六省企业的规模和实力与东部发达地区相比存在很大差距。

二、"三农"问题仍然突出

中部六省农业的比较优势相对突出，据有关资料显示，中部六省光、热、水等气候因素综合作用可形成的生物产量为2850—5000公斤/亩，经济产量1000—1750公斤/亩，在全国各农业区域中，仅略低于华南，而高于其他地区。中部地区用不到全国1/4的耕地，生产了约占全国1/3的农产品，成为最重要的农业产区之一。2006年，中部六省粮食产量15714.8万吨，油料产量1268万吨，麻类产量28.8万吨，猪肉产量1637万吨，淡水产品产量949.1万吨，分别占全国的31.59%、41.45%、32.32%、31.5%、39.5%。其他多种农产品也具有商品率高、量大质好等特点，是北京、上海、广州、香港，以及浙江、福建等沿海地区重要的农副产品供应基地。长期以来，中部六省输往省外的粮食占全国各省粮食纯输出量的50%以上，为我国用仅占世界7%的土地养活21%的人口作出了重大贡献。目前，中部地区农业资源的开发利用程度还低于东部，单产水平与东部相比，存在较大的差距，但不管从广度还是深度来看，其开发潜力都比东部大，自然条件、经济技术条件都比西部强。但与此同时，我们也看到，中部地区同样又是我国"三农"问题最为突出的地区。

一是农业人口多，贫困人口多，转移和脱贫压力仍大。2006年，中部农业劳动力为14905万人，约占全国30.4%，占中部六省全部人口的41%，而中部农业耕地面积仅为30566.5千公顷，只占全国的23.51%，人多地少，单位耕地面积负担的农业人口明显高于东部，大大高于西部地区，农业剩余劳动力近3700万人，超出东部2000万人。2006年中部地区绝对贫困人口占全国的26%，相对贫困人口占全国的31%，且主要集中在井冈山区、太行吕梁山区、大别山区、湘西山区、鄂西山区，以及淮河两岸、万安库区等边远山区、革命老区，剩余劳动力转移极其不足，压力大。特别值得重视的是，在已脱贫的人口中，部分因病、因子女上学、因遭受灾害等原因又重新返贫，其中因病返贫的比重高达40%—60%。

二是农业科技服务弱，生产增长速度慢。从产业内部配置看，中部地区第一产业的科研成果不到全部科技成果的18%，而有限的农业科技资源又主要集中于粮棉油等常规种植业上，园艺作物、特产经济作物、畜牧业和水产业领域的科技资源长期严重不足；从产业经营过程看，农业科技力量主要集中于产中领域，产前、产后科技力量匮乏，中转化和产业化等环节尤为薄弱。农业科技企业少，人力、物力贫乏，严重制约了农业的产业化和农业新技术的推广，影响了农业生产经营效益。2006年中部农业可耕地面积相当于东部的60%左右，农业总产值仅相当于东部的50%左右，增长速度缓慢，生产率偏低。

三是农田水利设施问题严重。目前绝大部分在用农田水利设施依然是20世纪50—70年代大集体时期所修建，现多已年久失修，存在大量病险隐患。据统计，江西有各类水库9286座，其中病险水库就达3428座，占水库总数的37.6%；河南带病运行的水库795个，占全省水库总数的33.9%；湖南13000座水库中，病险水库高达40%。更为严重的是，大量河流堤坝、水塘塘坝及其田间渠道已被损毁，很多地方滑坡、裂缝、渗漏，溢洪道冲毁、垮塌，农田水利设施问题十分突出。应该讲，改革开放以来，国家和地方政府也十分重视农业基础设施的投入和建设，但由于组织和督导不够，实际效益很低。

四是产业关联度小，组织化程度低。农业产业规模小，缺乏带动区域经济发展的支柱产业和骨干企业，产业链无法得到有效拓展。以湖南省为例，尽管该省第一产业比重过大，比全国水平高出7个百分点，但参加农村经济合作组织的农户不到8%，与龙头企业有直接联系的农户不到30%，真正的订单农户不到35%，导致农业和工业的互动效应不明显。

五是城乡二元经济结构体制明显。农业和农村的市场组织化和市场发育程度远低于工业和城市，信息化、服务化水平低，农业生产管理、技术、标准、市场经营等信息获取困难，城乡间生产要素的流动和配置不畅。特别是在鄂东大别山区、鄂西少数民族区等边远山区，农村经济非常落后，农民生活仍然十分贫穷，教育程度也比较低，严重制约了农业的发展。

三、工业结构性问题比较明显

中部六省是我国重要的资源和能源基地，且普遍走着一条资源依赖型的重工业化发展道路，因此，产业结构资源型、低端型、同构型特征特别明显，黑色及有色金属冶炼及压延加工业、交通运输设备制造业、石油加工、炼焦业等产业的发展成为六省共同的发展重点和方向选择，导致了一系列产业发展结构性问题。产业整体创新能力、市场应变能力和竞争力比较脆弱，又易受到国家产业政策和市场波动影响，特别是煤炭、电力、钢铁、汽车、水泥、石化等产业，都历经着大上大下的波动，产业层次难以稳步发展和提升。

一是产业高度趋同，结构畸轻畸重。长期以来，有色金属、非金属、烟草、石化、电力、汽车、食品、钢铁和化工支撑了中部经济的大半壁江山，2006年9大产业的总产值比重高达60%多，地位非常突出。但六省之间支柱产业又高度雷同,如在河南的9大支柱产业中竟与湖南有7个相同的,与江西、安徽有6个相同,与湖北有5个相同。而且就是在这样一种极为类似的产业结构中,原材料工业、重工业又占据有极其重要的分量和地位。这里有全国最大的中、厚、薄板和特殊钢基地,非常重要的铁合金基地,钢、钨、铝、铅、锌、钽、铌生产基地,水泥、玻璃工业基地,煤化工业基地等。2006年中部六省工业总产值18353.6亿元,占全国工业总产值的18.56%,其中原煤、生铁、水泥、卷烟产量达9.56亿吨、9973.44万吨、28961.5万吨、5726.04亿支,分别占全国的40.28%、24.18%、23.42%、28.32%。其他如汽车、大中型拖拉机、农用氮、磷、钾肥、化学农药等,占全国生产比例也均在25%左右,是全国最大的中型货车生产基地等。以河南省为例,采掘业、原材料工业占工业总产值的60%以上,低端产品占74%,轻工业中以农产品为原料的加工业占70%。中部地区重工业产值在工业总产值中所占比重达65%,比全国重工业产值所占比重高出5个百分点。山西重工业与轻工业的比重高达92∶8,在重工业中煤炭又占80%以上,畸轻畸重特点突出。

从积极角度看,这些产业体系的建设是中部地区经济发展的重要依托,为中部地区产业之间的整合集聚提供了可能和条件,为全球制造业转移产业的承接奠定了基础。但从产业的合理布局和总体发展看,制造业、能源、原材料等重工业和初加工产品比重过大,或者过度依赖资源、原材料工业的发展,工业增长必然依赖于生产要素的高投入和资源的高消耗。难以形成产业的辐射、产业的集聚和产业链的形成,也难以形成高加工度、高技术含量产品与最终消费品。另外,支柱产业的高度趋同,必然导致域内外市场、资源的过度竞争和非理性碰撞,难以形成一个各具特色,优势互补的经济协作体。

二是增长低端粗放,经济转型艰难。小厂、小矿、小场多,初级产品、低端产品、原材料工业所占比重大,增长方式粗放,资源可持续利用能力低,老工业基地改造任务重,资源型城市经济转型艰难。如江西省钨、铁、稀土、金等开采加工,99%是小矿、小场、小厂。河南省矿山总数5188个,小型矿山也占到96%,铝土矿回采率不足40%。湖南省每万元工业产值耗用钢材、水泥量分别达到发达国家的5—8倍和10—30倍;山西省单位GDP综合耗能超过全国平均水平1.6倍,矿产资源平均回采率为44%,3368个乡镇小煤矿回采率仅为10%—15%,每年因采煤白白排放的煤层气高达60亿立方米,相当于“西气东输”输气量的50%。低级次的利用和过度性开发,导致大批的矿场快速枯竭和塌陷,经济转型迫在眉睫而又举步维艰。江西省11个黑钨矿山中已有8个列入关闭破产计划,各类矿山坍塌点1366处,坍塌面积达35187公顷。安徽铜矿资源已经基本枯竭,铜业生产80%—85%以上矿石主要靠进口,铜陵市老城区60%—70%是采空区,近3000户居民住在塌陷区。湖南32个大中型有色金属矿山,其中25个几近资源枯竭。山西预计2005—2020年16年间,年衰减生产能力将达到8000万吨,采空区面积达5000平方公里,涉及1900个自然村220万人,且塌陷面积还以每年94平方公里速度增加。平顶山、焦作、淮南、淮北、马鞍山、铜陵、萍乡、景德镇、黄石、襄樊、十堰、株洲、湘潭等一批传统工业化重镇或资源型城市迫切需要经济转型或培育替代产业,而地方财力又难以承受,亟需中央支持。

四、社会文化事业发展滞后

改革开放30年来，随着国力、财力的不断增强，中部地区各级政府及社会各界都高度重视基础设施建设和社会事业发展，与过去相比，交通、运输、通信、教育、文化、卫生设施和水准都有了很大的改善和提升。但与发达地区相比，与中部地区经济发展需求相比，由于财政上的弱势，中部地区基础设施建设和社会事业发展难免力不从心。目前中部地区仍普遍性存在基础设施建设滞后，教育、卫生、科技等社会事业发展与发达地区相比差距拉大的现实，特别是农村地区、革命老区、贫困地区，难以适应经济发展和人民生活水平提高的需要，甚至在一些地方还相当薄弱，成为制约经济发展的一个"瓶颈"因素。加之农民收入很低，社会投资水平也不高，因此，农村地区、革命老区、贫困地区的基础设施建设和社会公共事业发展长期以来基本上处于停滞状态，局部有些许进步，但未有实质性的突破。

一是城市化进程整体缓慢。就单个城市的竞争力而言，近年来，中部六省会城市的综合竞争力排名，除武汉、太原外均有较大提高。2001年武汉、长沙、郑州、合肥、南昌、太原城市综合竞争力排名分别为16、33、45、47、46、50位，2006年则分别为22、29、37、41、38、59位。但就中部地区城市化整体进程角度看，仍然相对缓慢，次级城市间进程差异明显，龙头城市与边缘城市差异更是巨大。例如，正在构建的武汉"1+8"大都市圈，武汉一市的GDP是其他8个城市中GDP最高城市的近4倍，是最低的91倍，武汉的工业生产总值是8个城市中最高的5.56倍，是最低的18倍，这种差异严重影响都市圈内部产业转移的顺利承接，阻碍了都市圈内部经济一体化的进程。而且各都市圈内部产业同质化严重，城市间缺乏合理分工，整体性协作较差，重复建设仍然存在。

二是科技创新能力弱。总体来说，中部六省的科技投入略低于全国平均，大致处于8—19位之间，其中湖北投入最多排在第8位，山西排在第11位，江西则排在第28位，即处于全国倒数第4的位置；从科技论文、专利、国家科技成果奖和技术市场成交额和科技产业化能力看，同样稍低于全国平均水平，处于全国11—25名间。其中在科技直接产出方面，除湖北、湖南外，其他四省均在20名之外，说明中部科技直接产出能力总体较弱；但科技产业化能力除山西外却均在20名以内，又说明中部重视高新科技转换及其产业化经营。以河南省为例，根据2005年全国各地区科技进步统计监测结果，河南在全国的经济地位和科技地位是不对称的，经济总量排在全国前5位，而科技进步水平却排在全国第21位。原因主要在于研究与发展经费投入严重不足；科技人员少，每万人拥有科技人员数量不及全国平均水平的一半；企业创新能力弱，绝大多数省重点企业没有自主知识产权的核心技术；科技基础设施和科技创新基地相对薄弱，国家级重点实验室和工程技术研究中心偏少。①

三是教育卫生经费投入严重不足。中部六省，除山西外的其他省份的教育经费投入占本地GDP的份额均低于全国平均水平，人均教科文卫支出及其增长率均普遍低于全国平均水平，2006年，山西的人均教科文卫支出为534.5元，在中部六省中最高，但

① 刘建华：《从资源型经济大省迈向创新型经济强省》，《中国经济时报》2006年6月15日。

也只及全国平均的94.7%。尤其是中部地区农村基础教育和医疗卫生条件更为困难。实行“以县为主”管理体制后，由于大部分县是“吃饭”财政，县级可用财力用于基础教育的经费占了30%以上，有的县甚至在50%以上，无法保障教育的必要投入，难以满足和维持教学的基本费用。湖北农村中小学校舍危房比例达30%，2006年年底全省中小学校舍危房面积还有401万平方米。安徽现有615万平方米危房未改造，占校舍总面积的21%，每年还将增加100万平方米。河南近两年虽已改造了216万平方米中小学危房，尚有459万平方米亟待改造。教师队伍整体素质不高，结构性矛盾突出、城乡差距十分明显。城市教师总量超编，偏远乡村严重不足；语文、数学、物理、化学老师相对充裕，音乐、体育、美术、英语和计算机教师严重缺乏。不过中部六省的教育质量略高于全国平均水平，每个教师所负担的学生数、万人拥有大学教师数、高等学校以上学生数与总学生人数之比等三个指标都高于或接近全国平均水平。

中部地区农村医疗资源从硬件到软件都很差。医疗资源严重不足，医生文化和专业水平低，大量医务技术骨干严重流失，乡(镇)卫生院人员数量和质量下降。以河南省为例，该省农村平均1600人拥有1张乡卫生院的床位，2500个乡镇卫生院中，救护车、B超机、X光机、检查床等基本医疗设备，每个乡镇卫生院平均不足1台(件)，每1200人只拥有1名卫生技术人员。中部六省农村人均期望寿命较城市低近6岁，孕产妇死亡率、婴儿死亡率和5岁以下儿童死亡率都在城市的3倍以上。

近几年来，随着中央对三农问题的高度重视和税费免除、农业补贴、义务教育法、新农村建设等政策的有效实施，随着中央转移支付的不断倾斜,中部地区农村社会事业和基础设施建设方面改观十分显著。

第四节 中部崛起的战略意义

党中央国务院把中部地区发展列为今后发展的战略重点,这是在科学发展观指导下,统筹区域发展实施东西互动发展的一个重大的战略部署。它既体现了中国区域发展战略由非均衡发展向均衡发展的转变,标志着以四大区域为主要内容的区域经济协调发展战略格局的初步形成,又事实宣告了改革开放以来我国区域发展战略中梯度和反梯度发展理论主导的终结。

2006 年 4 月印发的《中共中央国务院关于促进中部地区崛起的若干意见》,明确提出了促进中部地区崛起的总体要求、基本原则、工作重点和政策措施。作为我国三大发展区域之一、国家腹地的中部地区在全国经济格局中扮演着重要角色,其主要发展方向和定位是全国主要的农业生产基地、重要的能源原材料基地、现代装备制造业及高技术产业基地和综合交通枢纽。中共中央政治局在研究促进中部崛起工作会议上指出:促进中部崛起,有利于提高我国粮食和能源保障能力,缓解资源约束;有利于深化改革开放、不断扩大内需,培养新的增长点;有利于促进城乡区域协调发展,构建良性互动的发展新格局。中部地区的发展,不仅是中部人民的利益所在,也是全国人民的利益所在;中部地区的发展,不仅是中部地区人民的任务,也是全国人民的任务。实现中部快速崛起的战略紧迫性主要表现在以下三方面。

一、中部崛起是实现全面小康社会的迫切需要

党的十六大确立了我们党在新世纪新阶段的奋斗目标,就是要在新世纪头20年把中国由目前较低水平的小康社会建设成一个惠及十几亿人口的更高水平的全面小康社会。让不同地区的人民共同分享改革开放和社会主义现代化建设的成果,是构建社会主义和谐社会的基本要求。由于种种原因,目前中部地区人民的生活水平和享受公共服务的水平还相对落后。建设全面小康的最大问题是"三农"问题,重点在农村地区,难点也在农村地区。中部地区人口密度大、农业人口多,农业劳动力转移压力大,是"三农"问题最为集中、最为突出的地区。在中部六省3.6亿总人口中,农村人口占2.44亿,农村劳动力为1.49亿,约占全国30.4%,占中部六省全部人口的41%。而中部农业耕地面积为30566.5千公顷,只占全国的23.51%,约低于西部15个百分点和东部5个百分点。中部六省是我国农村贫困人口较为集中的地区,国家扶贫开发的592个重点县中,151个位于中部六省,占25.5%。其贫困人口总规模虽然低于西部地区,但密度较高,相当于西部地区的3—4倍。2006年中部地区农村居民人均纯收入约为3275.9元,比全国平均水平低311.2元,脱贫致富刻不容缓。要实现中部地区3.61亿人口,尤其是占全国农村人口的31.2%,达2.44亿农村人口的全面小康社会,任重而道远。另外,中部地区劳动力,特别是农村劳动力相当丰富,就业问题显得相当突出。据专家估计,仅湖南一省"十一五"期间就有近1000万农村劳动力富余,需要开辟新的生产渠道。这样一些问题是关系到全面建设小康社会的重要内容和关键,如果这个群体的生活水平不能得到一定程度的

提高，将会影响全国建设全面小康社会目标的顺利实现。北京大学中国经济研究中心主任林毅夫认为，西部大开发是很必要的，但难收立竿见影之效。因此，将中部地区作为解决“三农”问题的突破口，对于实现全面建设小康社会的目标是较为现实和可行的。

二、中部崛起是区域协调发展的坚实支撑

实现区域经济的协调发展是我国全面建设小康社会的一项重要战略方针。当前,我国地区间发展不平衡的问题十分突出,经济学家胡鞍钢形象地称之为“一个中国,两种制度;一个中国,四个世界;一个中国,四种社会”①。其中得改革开放先发效应的东部沿海地区一直是中国经济高速增长的最主要的力量,西部地区随着2000年大开发战略的实施,经济也一直保持着较高的增长速度,而中部地区几乎集中体现了地区发展不平衡的诸多问题,但又肩负着承东启西、接南衔北的重要责任和义务。

中部位于我国内陆腹地,北抵北京,南近香港,东邻上海,西靠重庆,处于十字形构架的核心地带。中部地区整体上形成了以“三纵三横”干线为骨架的交通网,是全国交通运输体系的枢纽。

---

① 胡鞍钢:《中国战略构想》,浙江人民出版社2002年版,第2—3页。“一个中国,两种制度”含义是指20世纪50年代形成并延续下来的我国城乡居民的两种身份制度、教育制度、就业制度、公共服务制度和财政转移制度;“一个中国,四个世界”含义是指中国发展不平衡所形成的四个不同收入水平的地区划分:相当于世界高收入水平的地区,相当于世界上中等收入水平的地区,相当于世界中下等收入水平的地区,相当于世界低收入水平的地区;“一个中国,四个社会”是指四个发展阶段上的社会形态同时存在,即农业社会,工业社会,服务业社会和知识经济社会。

三纵由北京—广州铁路、北京—九龙铁路、北京—珠海高速公路构成，是中部南北向联系的重要运输通道；三横由连云港—兰州铁路、沪蓉高速、长江航路构成，是中部地区东西向联系的重要运输通道。这些交通干线运输能力巨大，为沿线地区，为全国经济格局的协调发展，提供了强有力的保障，在东西融合、南北对接中发挥了重要作用。鉴于此，关注中部，支持中部，加快中部崛起，已经不仅仅是中部地区发展的需要，也是我国经济区域总体布局形成均衡态势和完整结构的需要。中央经济工作会议提出，要“促进东中西互动、优势互补，实现各地区共同发展”。从我国各地区发展的现状看，实现区域协调发展，除了继续实施东部率先、西部开发、东北振兴战略外，努力促进中部地区崛起已经成为统筹区域协调发展的一个具有重大战略意义的现实课题。中部崛起是实现我国区域经济布局均衡、协调发展的坚实支撑，中部出现凹陷，东西必然失衡；中部形成梗阻，东西必然割裂。只有促进中部崛起，才能为东西互动、南北合作提供坚实的支撑点，实现中华民族伟大复兴的目标。

三、中部崛起是提高国家竞争力的重大战略

中部地区拥有长江、黄河和江汉平原、洞庭湖平原、鄱阳湖平原、苏皖平原、黄淮平原；拥有山西大同煤矿、安徽两淮煤田、中原油田、马鞍山铁矿、德兴铜矿，产业发展资源极其丰富，是我国重要的种植养殖业基地、农业商品生产基地和输出基地、水电工业基地和汽车、钢铁、化工基地。特别是近年来，中部地区的电子信息、生物制药、新材料等新兴行业呈现出蓬勃发展的良好态势，形成了一批特色鲜明的在国内甚至在国际处于领先水平的高新技术产业聚

集区。目前中国的制造业直接创造国民生产总值的 1/3，占整个工业生产总值的 4/5，为国家财政提供 1/3 以上的收入，贡献出口总额的 90%，就业人员 8043 万。而在中部地区制造业主导产业中，纺织、化学原料及化学制品、黑色金属、食品加工、交通运输设备制造、有色金属制造分别占全国总产值的 11.5%、12.1%、14%、14.8%、16.2% 和 23.8%，处于重要的地位。武汉、郑州、长沙—株洲—湘潭、合肥、南昌—九江等增长极是我国重要的制造业基地。

显然，中部崛起的意义是重大、易见的。我们面临的主要问题不是共识，而是中部能否实现快速崛起。如何实现快速崛起以缩小同东部地区发展的差距，以便适应、协调东部继续发展和西部大开发的形势要求？从某种意义上讲，中部地区在产业结构素质上存在的突出问题和发展差距，实质上正是中部地区的发展潜力和希望所在，正是发达区域优势产业的发展机遇和空间所在。中部地区所拥有的得天独厚的资源优势和极具潜力的产业基础，无疑将对发达区域的转移产业产生巨大的磁力。特别是在全球制造业加速向中国转移、沿海产业逐步向内陆转移的大背景下，中部地区的这些优势，将会在我国工业化进程中扮演十分独特而关键的角色，发展制造业机不可失。中部地区紧紧抓住新一轮国际和国内产业转移的发展机遇，加快产业结构的调整和升级，整合资源，优化结构，不仅有利于中部地区的崛起，而且有利于有效发挥中国经济的整体效率，增强国家内在竞争力。中部地区的加快发展，不仅是我国经济持续快速协调发展的一支重要力量，还将成为中国经济转型能否成功的一个重要标志。总之，中部地区的发展战略问题已经成为中国区域经济发展格局中不可回避的现实问题。但这对于中部的决策者们来说,需要的不是无奈的观望,而是可贵的清醒和务实的前行。当然也无法离开中央政府的传道、授业、解惑。

第三章

产业转移综述及分析

20 世纪 90 年代以来，世界经济环境发生了巨大的变化。全球化趋势不断深化，市场经济成为一种普遍的经济制度，科技发展日新月异，席卷全球的信息技术革命，彻底地改变了人类工作、学习、生活的内容和方式，不断调整着世界政治、经济、社会的发展格局。同样，这些变化也彻底地改变着国际国内产业转移的优势、特点和产业结构演化的背景、条件，极大地促进了世界发达国家和地区、我国东部沿海发达地区新兴产业的发展和衰落产业、弱势产业的转移，不断引发和推动着中部地区产业结构的演进和优化。

第一节 国际产业转移分析

以信息技术、信息产业为主导的知识经济革命和经济全球化的推进，使 20 世纪 90 年代的国际产业转移，尤其是启动于 2003 年年底的新一轮国际产业转移浪潮，呈现出一些新的特点和趋势。

一、国际产业转移的动态

（一）技术结构高度化成为国际产业转移的趋势

自20世纪90年代，科学技术飞速发展，科学发明和技术创新周期大大缩短，高新技术尤其是信息技术及其产业化得到全面的发展，发达国家和地区的产业结构调整进入了一个高信息化、高科技化，以及高服务化阶段，并直接推动了国际产业转移技术的高级化趋势，加速了较先进技术向发展中国家的转移。近年来，发达国家和地区在继续向发展中国家转移劳动密集型产业的同时，开始向发展中国家转移资本技术双密集型产业，在国际产业垂直型转移占主导的同时，水平转移也日趋增多。作为国际产业转移主体的跨国公司，随着产业与产业之间，产业内部之间竞争的日趋激烈，过去所主要凭借地缘或者国家市场建立起的竞争优势和经营战略已难以应对，为了在全球竞争中保持或获得持续的竞争优势，必须开始选择新的产业。因此，基于国家范畴内的产业间垂直分工的层次提高了，汽车、机械设备等一般资本技术密集型行业开始向发展中国家转移。在知识成为一个生产要素后，研究与开发（R&D）成为跨国公司价值链中最有优势的一环，而为了在经济全球化带来的竞争压力下保持优势，它们也开始对一些低价值链环节进行取舍，如把产业、产品的部分或者全部研究与开发部门转移到海外，直接开展研究、开发与营销等全面工作。即使这些环节相较发展中国家仍然是具有优势的，但市场格局的改变以及创新速度的加快，促使其必须这样做，以更好地利用海外廉价的科研力量，甚至可以吸收竞争对手在科研与开发上的外溢成果，以避免被竞争者所超越和取代。于是，在全球范围内配置生产要素资源和建立生产体系便成为获得、保持与加强竞争优势的必然选择。而发展中国家则在发达国家和地区主动或被动的转移中获得了外溢的知识和技术。

(二)第三产业成为国际产业转移的热点

20 世纪 90 年代发达国家制造业向发展中国家转移过程逐步趋于尾声,受劳动力、资金、材料、能源等资源成本的影响,以产品增加值、销售收益和资本收益最大化驱使的传统直接投资方式也逐步改变,开始从产业结构调整导向型和资源开发导向型,向技术创新导向型转变。科研活动和第三产业对外直接投资额迅速增加,成为国际产业转移中的新热点,金融、商业、电信、信息等服务业成为外国直接投资的重点。20 世纪 70 年代初期,这些部门仅占全世界外国直接投资存量的四分之一,到 20 世纪 90 年代这一比例已近一半,到 2002 年已上升到 60%,超过 4 万亿美元。与此同时,初级部门占全世界外国直接投资存量的比例由 9% 下降到了 6%,制造业降幅则更大,由 42% 降至 34%。21 世纪初,发展中国家服务业年均资金流入量约为 5000 亿美元,占发达国家直接投资总流入量的三分之二。

(三)波浪式向前扩张成为国际产业转移的规律

自 20 世纪 80 年代始,全球国际性产业转移发展加速。特别是自 20 世纪 90 年代中期起,全球的外国直接投资流入规模陡然剧增,1997 年国际直接投资额高达 4000 亿美元,比 1980 年增加 6 倍。2000 年,全球外国直接投资流入总量创下历史最高纪录,达到 1.27 万亿美元,比 1999 年的 1.08 万亿美元增长 18%,标志着跨国公司进入了一个全新的全球化经营时代。然而,进入 2001 年后,外国直接投资流入规模比 2000 年大幅度减少,使 10 年来逐年增长的情况第一次出现逆转，众多跨国公司经营业绩急剧滑坡，国际产业转移总体上呈收缩态势。主要表现为：其一，2001 年全球外国直接投资总量下降幅度近 40%，仅维持在 8000 亿美元的水平上，国际直接投资规模多年来直线上升的局面开始出现逆转；其二，跨国并购规模大幅缩水。从 1998 年，跨国并购活动迅速成为国际直接投资最主要方式，其比重达到 80% 以上，2000 年全球跨国并购规模创纪录地达到 1.1 万亿美元，但 2001 年跨国并购规模却大幅缩水；其三，发达国家之间的国际产业转移活动显著下降。2001 年，发达国家之间的国际直接投资约为 5100 亿美元，比 2000 年下降 49%。在 2001 年全球外国直接投资总规模中，发达国家所占比重下降到 67% 左右，这是自 1998 年以来的第一次下降。原因在于美国新经济热潮急剧降温和全球经济不稳定增加，以电信、网络为代表的信息领域面临前所未有的经营困难，全球性反垄断力量增强，以及恐怖事件和阿富汗战争对投资者信心的打击，使得跨国并购活动受到一定抑制，并引发国际直接投资“追随潮流”的失效。①

然而，国际产业转移活动到了 2004 年又开始全面复苏，跨国并购活动在经历了四年的低迷阶段后开始上扬，2004 年外国直接投资总量比 2003 年增长了 3% 多。主要投资母国和东道国的经济增长恢复、公司赢利改善、股票价值上扬。特别是作为外国直接投资流量的三个组成部分之一的体现较高利润的再投资回报在

---

① 美国学者尼克布鲁克早在 1973 年就提出，大企业对外直接投资过程中呈现“追随潮流效应”(Bandwagon effect)，即一旦有一个企业向国外市场扩张，同行业的其他企业为了确保国内外的市场地位，也竞相向国外扩张。正是这种效应，在并购浪潮中出现了“快鱼吃慢鱼”新现象。

2003年已恢复增长，创下新的纪录。外国直接投资的其他组成部分，如股权、公司内部借贷等在2004年也大幅上扬。

（四）增值环节的梯度转移成为国际产业转移的新内涵

在全球化和知识经济背景下，跨国公司体系内的职能分工逐步趋于集中化和专业化。跨国公司在价值链分解的基础上，着眼全球范围内，按照各国的特点和优势，分别把各个环节转移到最能增强其竞争优势的国家中去，以寻求资源的最佳配置。跨国公司母公司和子公司之间，以及子公司相互之间按照各自竞争优势分置于从研发、制造、销售到售后服务的价值链的不同环节上，通过内部垂直或水平分工体系将位于不同国家的子公司的经济活动进行分工和有机整合，使分布于不同国家和区域的生产过程之间建立起高度依存的关系，形成了一种基于价值链的国际分工新格局。在跨国公司组织的国际一体化生产体系中，各国生产能力均被纳入其中，每一个企业只是根据自己的核心能力和优势资源，从事价值链上的某一环节或某一工序。至此，各国由互不相同但相对完整产业组成的传统型产业结构，逐步转变成由不同产业的不同环节组成的新型群体结构；国际产业转移由产业结构的梯度转移，逐步演变为增值环节的梯度转移。

（五）跨国并购和项目外包成为国际产业转移的主流方式

跨国投资是进行国际产业转移的重要途径。跨国投资有两种主要方式，一种投资方式是新设投资，即所谓的“绿地投资”，另一种投资方式是跨国并购。跨国并购作为国际产业转移的重要方式，可以实现在较短时间内迅速扩张规模、占领市场，以确保和实现自身竞争优势的目标。在1998—2000年三年间，跨国并购活动迅速成为国际直接投资最主要方式，其所占比重超过80%，2000

年全球的跨国并购规模更是创纪录地达到1.1万亿美元。跨国并购现象反映了在经济市场化、信息化、全球化趋势日益加剧的形势下，国际经济竞争程度的日趋激烈，产业转移类型、市场、方向的快速轮递。在跨国并购中，大型跨国公司成为活动的主体，发展中国家成为并购热点，股本互换成为并购特别是大型并购普遍采用的融资方式，中介机构成为并购活动的重要媒介。跨国并购刺激和促进了各国国民经济的增长，但也大大强化了跨国公司对世界经济的影响力和控制力，这就使发展中国家在现行世界经济体系中的从属地位进一步强化。

项目外包（Outsourcing），是指企业依据服务协议（Service Level Agreement），将其生产运营的一个或几个非核心制造环节和非价值增值环节外包转移给那些具有专业能力的外部供应商，然后通过外购获得这些产品。企业自身则专注于具有竞争优势的业务，达到降低成本、提高绩效、提升企业核心竞争力和增强企业对环境应变能力的一种管理模式。从20世纪80年代后期开始，一股由美国刮起的“外包”之风，逐渐蔓延到日本、欧洲，成为全球企业界的一股潮流。1989年，彼德·得鲁克注意到了这种趋势，他写道：企业、医院、学校、政府、工会等各种大小组织都正在越来越多地把它们原有的文书事务、机器维护和后勤等工作分离出去。……在所有的发达国家，这一趋势正在急剧发展。目前，项目外包已广泛应用于产品制造、IT服务、人力资源管理、金融、保险、会计服务等多个领域。随着经济全球化和各国产业结构调整，国际上通过外包方式进行的产业转移发展很快，产业转移的层次也越来越高，跨国公司的外包浪潮已经从20世纪七八十年代的制造业外包、贴牌生产（OEM）扩展到软件和信息服务外包等方面的服务业外包。

20 世纪 90 年代以后,欧美企业项目外包规模年增长率达到 35%。越来越多的跨国公司通过外包将生产基地转移到发展中国家,如可口可乐、松下、西门子、飞利浦等。据国际数据公司(IDC)的统计报告,1998 年全世界的企业在服务外包方面花费了 990 亿美元,到 2003 年全球服务外包费用超过 1510 亿美元。美国在服务外包方面一马当先,1998 年,美国公司在这方面支出达 515 亿美元,大约占全球服务外包总开支的 52%,到 2003 年,美国支出 810 亿美元的外包费用,差不多要占全世界外包开支的 54%。亚太地带的外包支出从 1998 年到 2003 年以 15.1% 的年复合增长率增长。[①] 在项目外包中,最主要的是 OEM 和 ODM 的外包形式。OEM 是英文(Original Equipment Manufacturing)的缩写,直译为原始设备制造;ODM 是英文(Original Design Manufacture)的缩写,直译为原始开发。中国软件外包产业尽管近几年的发展速度非常快,但当前的总体规模仍很小。根据赛迪顾问的统计,2004 年中国软件外包服务市场规模才达到 6.33 亿美元,外包收入超过 1000 万美元的软件企业只有 8 家。2004 年中国软件外包服务市场规模仅仅是印度的 5.5%,全球的 1.9%。

(六)亚太地区成为新一轮国际产业转移的热土

20 世纪中期开始的国际产业转移,对日本经济的振兴发展,对亚洲“四小龙”的崛起和东盟国家的经济起飞发挥了关键的作用。这些国家和地区充分把握了第一、第二及第三波西方发达国家产业结构层级调整的发展机遇,利用自身的政治、社会和经济的

---

① 管政:《企业经营的一种新景象——外包潮》,www.ctiforum.com,CTI 论坛,2003 年 8 月 8 日。

比较优势,主动承接、吸收发达国家的转移产业,大力发展外向型经济,抢占国际市场,在短短30年内实现了产业结构由劳动密集型产业向资本、技术密集型产业的转换,走完了西方国家整整两个世纪才得以完成的经济发展过程,创造了辉煌的"东亚奇迹"。虽然1997年亚洲一些国家和地区遭受了金融危机打击,并受世界经济衰退的影响,但复苏较快。2003年年底,持续低迷的跨国并购活动,在经历了三年的低迷时期以后开始上扬,新一轮大规模国际产业大转移重新兴起,转移区域直指亚太地区和中国。世界三大经济体、全球500强公司,以及东南亚的许多企业,都纷纷将生产基地迁往中国。尤其是上海、江苏、浙江、广东、福建等地,外商加快投资办厂的势头强劲,新批外商投资企业每年递增40%左右。许多跨国公司逐步把集成电路、计算机和通信等高科技产品以及装备制造业的生产基地向中国转移。到2005年,我国批准外商直接投资项目44001个,中国实际利用外商直接投资金额累计达到了6224.25亿美元,连续13年实际使用外资金额位居发展中国家和地区的首位,中国吸收的外资占发展中国家吸收外资总额的1/4,成为世界上对外商投资最具吸引力的地区之一,继英、美之后,排名第三。且据科尔尼公司预测,从2002年到2017年,全球高科技产业转移累计增加值总额将达9020亿美元,其中向中国转移的累计增加值总额为1160亿美元;全球设备制造业转移累计增加值总额将达7130亿美元,其中向中国转移的累计增加值总额将为990亿美元。①

① 刘世锦、冯飞、杨建龙:《新一轮产业增长对经济带动作用能持续8年》,《上海证券报》,2004年1月30日。

目前,外商投资企业已成为中国国民经济发展的重要组成部分与推动力量,成为中国对外经济的中流砥柱。2005 年,中国进出口总额达到了 14221 亿美元,其中,外商投资企业的进出口额为 8317 亿美元,占中国进出口总额的 58.48%;出口额 4442 亿美元,占中国的 58.29%;进口额 3875 亿美元,占中国的 58.70%。[①] 毫无疑问,亚太地区正在成为世界经济增长的重心已是不容忽视的事实,世界经济正在形成北美、西欧、亚太三足鼎立的格局,一个新的太平洋世纪即将出现。与此同时,中国已经取代 20 世纪 90 年代的东南亚,成为全球化对外资最具吸引力的国家之一,成为新的"世界制造中心"。

二、国际产业转移原因

世界各国经济增长的此起彼伏,是产业在经历不同的生命阶段中,由一个国家转移到另一个国家,以及由新兴产业代替衰退产业的结果。赤松要的"雁行模式"理论、小岛清的边际产业扩张理论、弗农的产品生命周期理论、产业梯度理论和邓肯的对外直接投资折中理论等,以及各国产业演化的历史都表明,在这个过程中,产业转移总是循着阻力最小、获利最大的方向移动。在经济发展中由于生产要素禀赋的迅速变化,某些国家产业的比较劣势向比较优势转化,使总的比较优势超过原产业所在地,从而提高了在产业分工中的地位。各国劳动力、资本、技术等要素的变化影响着动态比较利益,从而构成了产业国际转移的动力基础。而且这一比

---

① 冯飞:《中国承接国际产业转移的发展阶段与基本特征》,《中国经济时报》,2006 年 12 月 17 日。

较优势的动态转移，通常伴随着技术创新、国与国之间的国际贸易和对外直接投资活动。

（一）劳动力成本优势的诱动

在市场规律的作用下，产业和生产要素一样，总是流向有利于能形成最佳结合，能获取最大投资效益的国家和地区，这也是产业国际转移活动最本质的规律。由发达国家向发展中国家产业的递次转移，在产业层次和地区层次上都体现出一种梯度。在这个梯度推进的过程中，尤其是在工业化初期及劳动密集型产业方面，劳动力成本优势成为推动产业转移的最重要因素。因为随着资本的积累和产业的扩展，有限的劳动力会变得短缺，而劳动力收入水平和生活费用却不断攀升。高成本的劳动力，意味着高成本的产品，也就意味着价格竞争的劣势。在20世纪60年代初发生的第一次国际产业转移中，韩国、新加坡、中国台湾和香港地区之所以能抓住这次产业梯度转移的难得发展机会，快速建立起自己庞大的劳动密集型产业挤占国际市场，进而完成了工业化道路和深度发展的产业基础和原始积累，创造出“亚洲四小龙”辉煌的发展奇迹，最为重要的是其廉价劳动力优势。

在20世纪70年代，日本制造业工人的月平均工资近800美元，而韩国、台湾地区都不到150美元，连最高的香港也只有日本的1/4。因此日本劳动密集型产业在劳动成本巨差的诱导下，向这些国家和地区的转移就势所必然。目前，受世界经济低迷和全球贸易滑坡的影响，国际市场供求矛盾日益尖锐，低价竞争日趋激烈，许多企业特别是跨国公司被迫转变策略，由原来依靠增加市场份额、扩大生产规模来提高收益，转而依靠降低成本来提高收益和提升竞争力。而降低成本最主要、最直接的办法，一是大量裁员，但很有限度;二是向劳动力价格相对低廉的发展中国家转移生产。作为当前世界上最具劳动力比较优势的东亚地区,尤其是中国和东盟各国,自然成为劳动密集型产业转移的一块热土。

(二)资本逐利本性的驱动

资本流动是产业转移的内在机制,资金的输出和引进、利用是产业转移的主要方式。经济的高速成长促进了社会各领域、各阶层所得的快速增加,而生产要素的不断累积,又引发了要素使用成本与报酬率之间比差的变化,一般表现为资本供给的充足和工资的上升。在产业发展中则表现为资本替代劳动的过程,即资本密集型产业的较快增长和劳动密集型产业的衰退与转移。因此随着产业平均成本的上升,利润的降低,发达国家进行劳动密集型产业的转移也就势在必然。同时,发展中国家也试图通过利用劳动力和土地成本低廉的优势,积极吸引外资,不断增加积累,促使生产要素的相对劣势向比较优势转化。从历史上看,世界制造基地共发生了5次转移:19世纪后期开始,美国的工业革命导致和加速了全球低成本制造基地从欧洲向美国转移;20世纪五六十年代开始,战后的日本把自己重建成一个低成本制造基地;20世纪70年代后期至80年代,当日本逐渐成为一个全球重量级的发达国家后,与其相邻的韩国转而成为低成本制造中心;20世纪80年代后期,低成本制造基地向快速发展的东南亚国家和我国的台湾地区转移;而在20世纪90年代,中国的改革开放、巨大的市场和低廉的劳动成本使中国成为一个强大的制造业基地。2002年,中国首次超过美国,成为全球产业移入规模最大最多的国家。

特别是在20世纪90年代末,受美国、日本等发达国家新经济泡沫破灭的影响,世界经济总体上一直处于一种衰退和萧条状态。

过度的投资造成了生产能力的严重过剩，社会产品大大超出国内市场范围内的需要，全球性通货紧缩的趋势明显加大，世界主要国家和地区的利率水平普遍降低。而许多发展中国家却因为资本少、土地廉、工资低、资源丰富且价格便宜，具有潜在而巨大的市场容量和发展空间。因此，过剩资本和过剩生产能力纷纷移往这些国家和区域，扩展市场，追逐利润。产业转移也就成为当时发达国家和地区解决上述问题，加速产业结构演化的理性选择。

（三）科学技术进步的拉动

从历史上看，科学技术每一重大进步都引发了大的产业技术革命和人类社会生产力的巨大飞跃，加速了已有产业的成熟和新型产业的涌现，进而促进了产品结构、产业结构、社会结构发生重大变革和国际性的产业转移。18 世纪中期，蒸汽机的发明和使用引发了第一次产业革命，直接导致了纺织业、交通运输业、机器制造业的建立，促进了钢铁工业、煤炭工业、建筑业等相关产业的发展，英国由一个以农牧业为主的国家迅速发展为一个工业化国家，并在 19 世纪初期，渐次形成了向美国、法国、德国以及欧洲其他国家的产业扩张和转移，使这些国家先后建立了以工业制造业为主的支柱产业，一个工业化社会由此诞生。19 世纪 70 年代，由于电力技术的发明和应用而引起的第二次技术革命促进了石油、电力、通讯等一大批新产业的相继出现，成为国民经济部门中的核心产业，形成了运输、金融、通信、行政、商业、律师、旅游等以服务性为主的第三产业的雏形，使原本只具有较低级产业结构的工业形态提高到一个新的水平，呈现出产业结构向较高形态发展的态势，也自然引发了纺织、机械制造等传统产业部门向东亚等国家的大规模转移。20 世纪中期发生的以信息、生物、材料、空间、海洋、能源等高技术发展与应用为标志和主导的科技革命，引发了一场席卷全球的科学技术发展浪潮，威力之大，范围之广，持续之长前所未有，直接导致了一大批高技术产业的建立，对原有的产业结构产生了巨大的冲击，产业结构由此形成了以高技术产业为中心的新布局。与此同时，以钢铁、汽车、石油、煤炭、建筑、化工等为代表的资源消耗型制造业，受到严重挑战，加速向具有一定产业基础的新兴工业化国家和区域转移。

另外，发达国家在研究与开发（R&D）方面的大量投入也促进了产业转移的过程。发达国家拥有雄厚的研究与开发力量，每年用于科技研究开发的费用平均占 GNP 的 3% 左右，而发展中国家用于科研的费用仅占 GNP 的 0.2% 左右，两者的科研经费相差上百倍甚至数百倍。因此，先进国家极易获得技术优势，在一定时期内与其他国家相比总存在一定的技术差距，自然也就总存在新型产业产生和旧产业转移的发展要求。

（四）经济全球化的促动

国际产业转移的背景是经济全球化。经济全球化简单说来就是经济活动的国际化过程，它是一种新的国际生产体制，包括生产、金融和科技三个方面的全球化，主导力量是跨国公司。经济全球化导致资本、技术、劳动力等生产要素在世界范围内大规模调整和重组，促使各国产业结构的关联性和互动性的增强。在全球化和经济一体化的作用下，世界各国经济越来越紧密地联系在一起，这种紧密的联系和互动，不仅体现在生产、投资和贸易等方面，而且呈现出研发、营销、服务、职业、消费全面全球化的新趋势。各国产业结构相互联系的程度也超过以往任何时候，形成了一个世界性的大产业结构，及一个世界性的经济大系统。

在一个封闭经济体系中，产业结构的调整和升级并不伴随着对外产业转移现象，只是在自身经济活动范围内产业由发达地区向发展中地区转移。而经济全球化则引发了世界范围内的经济结构大调整，加速了生产要素在国际间的自由流动和优化配置，各国产业结构的演进既置身于本区域内部的分工中，又置身于全球国际分工体系中。一国的结构变动既深受国际分工变动的影响，又反过来影响周围其他国家的结构变动，并将强弱不等地波及全区域乃至全球。它不仅促进了一些产业的整体跨国转移，更重要的是促进了同一产业的一部分生产环节的跨国转移。

经济全球化为发达国家提供了更为广阔的经济活动空间，使它们凭借各自的优势和经济实力不断扩大经济势力范围，在全球获得更大的销售、投资、劳动力和资源市场，从而引发了产业国际转移的浪潮，而这种产业结构内部严密有序的传递和跟进链条，就是国际产业转移。许多发展中国家正是利用这一产业转移的机会，积极引进资本、技术，加快本国工业化、城镇化和现代化进程。

（五）新经济浪潮的推动

新经济就是以信息技术为主导，以多门类高科技产业为支柱，在经济结构、组织、体制和运行上带有新特点的经济。新经济属于知识经济的范畴，是当代发达国家在高科技革命条件下发生的一次经济调整，是一次在经济结构、经济组织、经济体制和经济运行机制上全新变革的产业革命。新经济浪潮形成了一批与知识和信息密切相关的新兴产业即知识产业，成为整个国民经济的主导产业，并推动了世界经济结构的调整和产业结构的升级，成为新一轮传统资本和技术密集型产业外移的动因。在新经济的推动下，世界各国大力加强服务业的培育，产业结构向服务业延伸的趋势愈益明显，服务业外包和转移蓬勃发展。跨国公司纷纷将非核心的服务环节，如后勤、财务、寻呼中心、研究开发、软件设计、经营管理、金融财务分析、办公支持、售后服务等，外化为一个个投资项目或专业服务公司后再外包出去，出现了职业全球化现象，成为国际产业转移新的亮点和重要内容。如软件产业已在世界范围内出现了大规模的外包服务和价值链的延伸，形成了密切的互动和合作。20世纪70年代初，服务业仅占世界FDI存量的1/4，而2002年已上升到60%左右，估计为4万亿美元。① 同时，发展中国家也愈益重视利用高新技术改造传统产业、发展新兴产业，促进产业结构的调整和升级。由于发达国家的产业结构调整速度明显快于发展中国家，加上信息和知识传递成本的下降，也使国际间产业转移的速度加快，且被赋予更多的技术内涵。劳动密集型产业转移和资本技术密集型产业转移同时进行，国际产业转移的深度、广度、模式等日益受到信息通讯和知识扩散等因素的影响，并且表现出巨大的溢出效应。发展中国家在利用新技术改造传统产业的过程中将面临一次新的历史性机遇。

第二节　国内产业转移分析

改革开放之初，在我国投资从事加工贸易产业的主体是港商，主要生产内容是做贴牌生产，以纺织、服装、玩具、鞋帽等劳动密集型中小企业为主。经历了从“三来一补”到进料加工、从“两头在

① 胡鞍钢：《中国经济增长的现状、短期前景及长期趋势》，博客中国，2003年5月10日。

外”的作坊式生产到外商投资企业为主体的规模经营、从简单技术加工装配到机电、高新技术产品加工贸易为主的结构转换。20世纪90年代初、中期，大量台商开始到大陆投资，这些企业大都是为跨国公司从事外包服务性质的制造性企业。20世纪90年代后期以来，越来越多的跨国公司开始直接到中国进行投资，产业技术层次不断提升。进入新世纪以来，新一轮产业转移浪潮风起云涌，呈现出两大发展态势：

从国际范围来看，亚太地区成为国际资本、跨国公司的移师热土和理想投资场所。而中国由于投资环境不断改善，经济的快速发展，以及巨大市场的吸引，国际产业通过外商直接投资、项目外包、业务离岸化等途径向中国的转移明显加速，成为国际产业转移的主要承接地。世界各大经济实体、全球500强企业，纷纷将生产基地迁往中国。如日本的汽车制造业、台湾地区的电子产业、欧美的加工制造和软件产业等，各地区招商引资水平直线上升，产业结构得到调整，中国成为全球制造业转移的最大受益国，赢得了“世界制造业中心”的称谓。2005年，制造业实际使用外商直接投资额占我国实际使用外商直接投资额的70.37%。长三角是产业吸纳重镇，每年约一半的外资流入这一地区。纵向比较，中部六省产业承接力度也很大，仅湖北省2003年一年，新批外商投资企业就达504个，利用外资创下10多年来的新高。而且外商在华投资企业的国内配套率上升较快，逐步向技术含量较高的零部件和工序升级。国际服务业向中国的转移也明显加速，2003年以来，我国服务业吸纳和承接的外商直接投资继续呈快速增长态势，并出现了许多突破性进展：合同外资金额大幅上升，外商投资领域进一步扩大，外商投资结构进一步优化。从具体的行业来看，房地产、租赁和商务服务业、交通运输、批发和零售业等服务业吸收了较多的外资，一些跨国公司在中国设立了研发中心、采购中心和地区总部。

表3—1 部分国家产业结构调整和转移的重点领域简介

国别	产业结构调整和转移的主要领域
美国	农业、制造业、运输和仓储业、商业比重下降，信息、金融与保险、房地产、专业服务、教育和医疗、艺术与娱乐等服务业比重上升，服务业外包趋势明显
日本	纺织纤维、钢铁、家电、汽车、数码相机技术等
德国	化工、汽车、能源、工业设备
英国	化工、食品饮料、烟草、造纸、电力工程、机械工程、金属制造
法国	核能、汽车制造
荷兰	化工、食品、金属加工、电子工业
芬兰、瑞典	通讯
瑞士	医药、电力、化工等

资料来源：根据相关资料整理。①

进入2006年以来，国内外商直接投资继续小幅增长，外商独资企业投资增长超过平均水平，比重继续上升。外商直接投资的大型项目不断增加，电信、金融保险等重要服务业的国际并购投资增长最为迅速，并购投资的地位明显上升。但与此同时，制造业多数领域投资开始出现下降，日韩企业投资大幅度下滑，中西部地区利用外资明显减少。而未来国际产业吸纳形势更是存在许多不利和不确定因素：一是国际竞争日趋激烈，尤其是印度等周边国家吸

① 马强：《承接产业转移：以我为主共同发展》，《中国经济导报》，2007年5月8日。

引跨国公司直接投资的强大政策攻势，将对中国吸引外资形成较大竞争压力。二是国内紧缩的宏观调控政策，严格的土地管理制度，将对外资企业的投资活动产生一定的约束作用；三是人民币的持续升值，导致境外流入美元资本的投资成本上升，将抑制出口加工型项目的生产和收益预期；四是劳动力成本上升趋势，将直接影响外商、尤其是中小企业对华投资的积极性。

从国内范围看，改革开放初期，我国的非均衡发展战略使东部沿海地区依靠政策、区位与劳动力的相对优势，大规模承接了亚洲新兴工业国家转移而来的劳动密集型产业，经济得到迅速发展，产品结构、产业结构发生了巨大变化。历经十多年的成长发展，东部沿海地区那些劳动密集型和低技术产业已经趋于成熟，受资源、劳动力成本和环境、市场等综合因素影响，部分产业开始逐步向其省内发展中地区和国内中西部地区大规模的转移。根据国家统计局最新的统计结果显示，2006 年，中国人均 GDP 已经超过 16000 元，而国内经济最发达的上海市人均 GDP 已经达到 57695 元，接近亚洲新兴工业国家的发展水平。而最不发达省级行政区域贵州省人均 GDP 仅 5787 元，只相当于上海市人均 GDP 的十分之一，经济梯度已经明显产生，且仍然在不断扩大。从 20 世纪末，珠三角、长三角等地部分产业开始进行梯度转移，如广东的建材业、苏南的服装加工等。在 2004 年泛珠江三角洲经济贸易洽谈会上，香港、澳门、福建、广东四省区与中西部地区签订的投资项目中，属于传统产业的轻纺、食品饮料、电器机械、建材陶瓷等行业的项目共有 112 个，总投资 136 亿多元，占产业投资项目的 45%，表明在“9 + 2”区域合作中沿海地区向中西部地区进行产业转移势头正在逐步加强。而湖南、江西的政府高层领导更是提出了主动接受东部产业转移、打造泛珠三角地区产业转移基地的口号,还是在2004年,江西省吸纳内资就已经超过1000亿元人民币。另据估算,仅上海因申博成功,2010年前就将有数千家企业外迁,一批传统产业将退出上海。东部地区加速向中部地区产业转移的深层原因在于:

一、东部地区产业结构的滞后

改革开放之初,东部地区凭借其天时、地利、人和因素,主动吸纳国际劳动密集型产业的转移,进而一步一步奠定起东部地区工业化的坚实基础,并在快速扩张中最终成为对世界经济有着重要影响的制造业产业带和加工业中心,产业结构、产品结构都发生了巨大的变化,得到了明显的提升。但目前总体看来,东部沿海地区的产业素质、技术层级等已经大大滞后于东部地区经济深度发展的需要。从产业内部结构来看,东部地区已有工业项目多以劳动密集型产业为主,如纺织、服装、皮革制品、文体用品以及传统的机械制造业等。它们仍然在参与国内外分工中占主体地位,如长江三角洲的纺织业,尽管历经多年调整其产值仍然名列地区产业前茅。虽然近年来,电子及通信设备制造业有较快的发展,成为主导性产业,产值居于领先地位,但这些产业大多数源于香港、台湾、新加坡等地中小企业的转移,规模小、实力弱,研发能力和自主创新能力都不强,真正有自主知识产权或者核心技术的产品很少,从严格意义上讲只不过是一个规模宏大的电子产品组装基地。例如,广东的东莞、江苏的昆山都是如此。无疑,大量的“三资”企业及“三来一补”企业为地方创造了大量就业,创造了一定的财富,但这种低层级的经济格局,置身于一个全球性买方市场的背景下，已难以维持其持久的市场竞争力。近年来，我国电子产品生产规模大，出口量也大，但所得利润微乎其微，就是一个活生生的例证。

表 3—2　2005 年长三角地区国有控股工业企业主营业务收入前十名产业

单位:亿元

地区	项目	收入情况
长三角	电力、燃气及水的生产和供应业	3176.72
	化学原料及化学制品制造业	950.67
	交通运输设备制造业	570.4
	烟草加工业	532.95
	通信设备、计算机及其他电子设备制造业	469.41
	黑色金属冶炼及压延加工业	433.44
	通用设备制造业	408.52
	纺织业	248.41
	化学纤维制造业	237.32
	医药制造业	144.98
上海市	电力、燃气及水的生产和供应业	407.63
	烟草加工业	203.73
	交通运输设备制造业	123.24
	化学原料及化学制品制造业	54.59
	通用设备制造业	41.1
	印刷业和记录媒介的复制	22.84
	纺织业	21.33
	专用设备制造业	21.02
	医药制造业	18.22
	非金属矿物制造业	15.09

续表

地区	项目	收入情况
江苏省	电力、燃气及水的生产和供应业	1220.66
	化学原料及化学制品制造业	782.02
	交通运输设备制造业	348.11
	通信设备、计算机及其他电子设备制造业	336.72
	通用设备制造业	271.95
	黑色金属冶炼及压延加工业	258.43
	纺织业	180.17
	化学纤维制造业	178.43
	烟草加工业	171.82
	金属制品业	119.41
浙江省	电力、燃气及水的生产和供应业	1548.43
	黑色金属冶炼及压延加工业	160.97
	烟草加工业	157.4
	通信设备、计算机及其他电子设备制造业	129.78
	化学原料及化学制品制造业	114.06
	交通运输设备制造业	99.05
	通用设备制造业	95.47
	医药制造业	75.04
	橡胶制品业	73.75
	化学纤维制造业	56.84

资料来源：根据2006年长三角年鉴有关数据整理。

更为严重的是，东部沿海地区这种低层级经济格局的维系和发展，既加剧了全国产业结构的趋同，造成过度竞争、资源浪费，进而抑制中西部的发展，同时难以支撑其自身经济的内在增长。在历经20多年的发展之后，东部沿海一些地区目前普遍面临着水、电、原材料、燃料运输以及资金、劳动力等生产要素价格上涨，投资经营成本攀升的压力，原有的价格优势逐步丧失，企业的利润率大幅度下滑。随着国民收入的快速增长和消费结构的变化，一些传统产业、初级加工产业、劳动密集型产业和能源消耗型产业已进入产业衰退阶段。产业的生命周期性已在客观上要求东部地区将这些失去优势的产业转移出去，去承接国际一些新兴高科技、高附加值产业的转移，加快自身技术的创新与发展。而中部地区凭借其相对的区位、市场、劳动力和自然资源优势，与东部产业转移而来的资金、技术、管理经验相结合，优化和提升其产业结构，进而促进中部地区经济的发展，对于我国整个国民经济的腾飞意义又是非常重大的。

另外，应当看到，改革开放以来，中部地区各省经济社会有了极大的发展和进步，交通、通讯、能源等基础设施建设得到了极大改善，投资环境明显优化，已经初步构架起一个经济崛起的产业基础和环境支持系统，为东部地区的产业转移创造了一定的条件。事实上，以长江三角洲、珠江三角洲为代表的一些劳动密集型产业、初级加工产业和资源消耗型产业正向中部地区渐次转移，从而带动全国范围内产业结构的升级与地域分工的调整。

二、新一轮国际产业转移的促进

科学技术的发展，加速了发达国家产业结构的知识化、高度化进程。西方发达国家为了抢占未来世界经济和科技的制高点，采取一系列措施大力发展以信息技术、航天技术、生物技术等为重点的高新技术产业，相应调整和发展金融、咨讯等服务业，改造提升传统产业，将一些成熟产业向新兴国家转移，建立以知识社会和服务经济为主导的新经济结构。与此同时,国际产业转移的重心开始由原材料向加工工业、由初级产品工业向高附加值工业、由传统工业向新兴工业、由制造业向服务业转移。高新技术、金融保险、服务贸易、电子信息、房地产等领域日益成为国际产业转移的重要领域。也正是在这个大背景下,2002 年以来,我国经济运行中出现了预料之外又意料之中的“两增”现象,一是外资大增,一是出口大增。2002 年全国实际利用外资突破 500 亿美元,超过美国首次居世界第一位;出口增长达 18%,其增速是全球贸易增速 1% 的 18 倍。而在这两个大增中,沿海地区的贡献率功不可没。在 500 亿美元的外资中,仅广东、江苏两省就占了将近一半;在 18% 的出口增量中,珠三角、长三角、环渤海三个产业带对全国出口增量的贡献率达到 92%,其中广东、江苏、浙江、福建四省占全国出口增量的 73%,江苏一省出口增量达到 100 亿美元。

说意料之外在于发展的迅猛势头出人意料,说意料之中在于国际产业加速向中国沿海地区的转移又并非偶然。沿海地区既具有相对低廉的成本优势,又在改革开放的 30 年中,培养和形成了产业配套和现代物流的新优势。从产业配套优势看,近些年在珠三角和长三角崛起的众多开发区、工业小区、加工贸易区和产业带,不仅专业化分工越来越明晰,而且产业集聚特点越来越明显,并由此形成了产品配套程度很高的企业集群和新的产业集聚平台。在浙江省的 88 个县(市)中,产值超亿元的各类特色产业园区就有 519 个,总产值达到 6000 亿元,涉及 175 个行业和近 24 万家企业。江苏的 12 个国家级和 71 个省级开发区,已成为名副其实的经济增长极和外商投资的“天堂”,吴江开发区 93% 的外企从事 IT 产业,自我配套率达 90% 以上。从现代物流优势看,为了适应加工贸易大进大出和跨国公司跨国经营的新形势,近些年沿海地区大力支持、促进物流产业的发展,环境大为改善,形成了现代物流与生产企业分工合作、共生共荣的现代生产模式。仅上海外高桥物流园区国际贸易公司已超过3000家,仓储物流企业600多家;浙江有10亿以上的市场78个,超百亿元的市场就有6个。据调查,目前我国第三方物流基本集中在沿海地区,其中75%以上的收入来自长三角和珠三角。东部沿海地区较为完善的配套功能和现代物流业的发展,大大降低了产业经营运行成本,直接增强了对外资的强势吸纳能力,形成了新的"马太效应",促进了国际产业的大范围集聚,成为吸引外资的又一优势。

目前,以电子、信息、汽车为主导的国外产业形成了加速向中国东部地区转移的新态势。以江苏省为例,2005年该省电子信息产业规模以上外商投资企业达1091家,比上年增加378家,占电子信息产业类企业总数的44%;完成销售收入5352亿元,同比增长43.8%,占该省总量的82.3%;实现出口480亿美元,其中,笔记本电脑、手机、数码相机等高技术含量和自主品牌产品出口占据主要份额。信息产业已成为该省利用外资的重要领域,全行业"十五"期间累计利用外资超过100亿美元,占全省实际利用外资的五分之一以上,在软件、集成电路制造、光电显示、电子基础材料等领域引进了一大批龙头企业和研发中心,微软、朗讯、摩托罗拉等大公司都已在江苏设立研发机构。截至2005年年底,累计引进外商投资软件开发和IC设计开发项目505家,协议注册外资31.94亿美元,实际到账外资12.63亿美元。全年软件和服务出口7266万美元,其中,软件产品出口71594万美元,软件服务出口1038万美元;出口日本5434万美元,占7.5%;出口欧洲5849万美元,占8%;出口台湾地区12244万美元,占16.8%;出口亚洲其他国家26235万美元,占36.1%。与美国、日本、西欧、韩国、澳大利亚、以色列、印度等信息产业发达国家开展了广泛的交流合作,与微软、朗讯、西门子、爱立信等著名跨国公司建立了密切联系。在外资的强力推动下,沿沪宁线已形成了从昆山到南京200公里的信息产业带,形成了包括1个国家级电子信息产业基地、4个国家级电子信息产业园、5个国家级软件产业基地、8个省级电子信息产业基地和6个省级电子信息产业园为主体的区域产业集群,成为全国IT产业最集中的地区之一。而本田、丰田、尼桑等跨国公司生产基地集聚广州,使广州有望形成一个超千亿元产值的汽车基地。

东部地区在国际技术密集型和资金密集型产业转移产业的推动下,高新技术产业得到了快速发展。以广东省为例,广东高新技术企业已从1997年的693家增加到2006年的4673家,全年申请专利量90886件,比2005年增长25.8%。其中发明专利21351件,增长65.7%。专利授权量43516件,增长17.9%。全年经各级科技行政部门登记技术合同14889件,技术合同成交金额109.98亿元。高新技术产品产值15548亿元,增长30%。新增国家高技术产业化示范工程项目11项。纳入省级财政支持重点产业技术创新项目计划的重大技术装备研制项目54项,总资助金额9425万元,项目总投资9.68亿元。全省拥有被认定国家级企业(集团)技术中心(含深圳)27家,新增5家。拥有国家级工程研究中心6家。已建立省级工程研究(技术)中心408家,新建省级工程研究中心40家。统计资料显示:目前珠三角电子及通信设备制造业的产值占到全国的三成多,新型陶瓷电子元器件基片、生物工程药物、智能化节能环保型家电、电子医疗器械等高科技产品的产量均已超过全国总产量的一半。除发展高科技产业外，珠三角还充分利用发达国家和地区将部分资本密集型的重化工业向我国转移的大好时机，加大了发展以汽车和石油化工为代表的重化工业的力度。

东部沿海地区技术密集型和资金密集型产业的快速发展，极大地优化了其产业结构，传统弱势产业的生存空间越来越狭小，比较利益也越来越低，在市场利益驱动下，被迫纷纷开始向外迁移。2005 年，联合利华经过商务、工厂、人力资源、仓储运输等各方面的论证，将在中国的 HPC 总部迁入合肥，据联合利华测算，HPC 成本将降低 46% 到 48%。其他如日立挖掘机、华泰食品等企业的内迁也都取得了非常好的效益，而良好的业绩又增强了这些企业的发展的信心，并对其他企业和行业产生了比较大的示范效应。联合利华在取得初步成功后，将其在上海的 7 家工厂全部迁入合肥，连广州和阿根廷的红茶基地也关掉，迁入内地生产。另一方面，早在本世纪初，广东东莞等许多发达地区政府已经采取积极调控措施，制定产业发展规划，明确要求一些劳动密集型、资源消耗型、环境污染严重的产业限期外移。

第三节 中部地区产业转移分析

因在现有统计资料中，关于中部地区内资产业转移的情况没有直接的统计数据，对中部地区产业转移状况的研究，主要依据实际利用外资和社会固定资产投资等有关资料。

一、中部地区产业转移的概况

截至1999年,中部地区累计产业转移项目总计30745个,占全国的9%;合同利用外资金额总计356.6亿美元,占全国的5.8%;实际利用外商直接投资金额总计203.1亿美元,占全国的6.59%。进入2000年以来,国际产业转移速度明显加快,合同和实际利用外商直接投资大幅攀升。其中江西、湖南、湖北表现突出,山西、安徽、河南总量也有所增加,但所占比重却都有所下降。2006年中部地区外商转移项目总数达17608个,占全国的6.41%;利用外资总金额达130.6亿美元,占全国的17.77%;注册资本达705亿美元,占全国的7.45%。同时,东部沿海发达地区向中部地区大规模的产业转移现象开始出现,合同利用省际资金额大幅增长。

江西省是中部六省产业吸纳最好的省份,2006年该省吸纳产业转移项目982个,合同外资40.3亿美元;实际利用外资28.1亿美元,其中外商直接投资16.12亿美元,增长48.3%;外商直接投资和实际利用外资总额在全国分别名列第九和第二,人均利用外资在中部六省也名列第一,在全国名列第十一。从2003年开始,该省实际利用外资总额已连续4年居中部六省第一。2006年,江西省利用外资的质量和水平有了新的提高。丹麦AP穆勒—马士基有限公司南昌代表处、瑞士(南昌)ABB泰豪发电机有限公司、日本(赣州)江钨友泰新材料有限公司等3家具有世界500强背景的企业先后落户江西,1000万美元以上的大项目达81个。投资制造业、第三产业的外资比重扩大,进入交通、能源、基础设施、高新技术等领域的外资增多。南昌大学LED项目实现进资780

万美元,标志江西产、学、研项目引进国际资本取得突破。2006年,江西引进省外资金达700亿元,居中部六省第一,增长64%,其中有21家国内200强企业。

自2002年以来5年间,河南吸引外资的工作驶入了“快车道”,实际利用外资达到50.5亿美元,占改革开放以来该省累计实际利用外资的50%,特别是2003年以来4年间实际利用外资达到39.1亿美元,占5年来实际利用外资的77.4%。从1993年第一个世界500强企业——日本日产自动车株式会社与郑州轻型汽车制造厂、中信汽车公司合资兴建郑州日产汽车有限公司开始,到目前为止,共有爱迪生、哈斯曼、杜邦、西部资源、沃尔玛、法国圣戈班、法国达能、德国麦德龙、法国家乐福等36家世界500强企业落户河南。培育了安玻电子、新飞电器、洛阳易初、郑州日产、平高东芝、许继日立、中原内配等一批大中型骨干企业,这些企业已成为河南省工业的支柱和经济增长点。同时,2006年,河南引进省外资金也突破了1000亿元,同比增长99.4%。中国铝业、中国国电、宝钢、邯钢、广州本田、北京汇源等一批外来大企业纷纷投资河南,一批重大项目相继开工,全省亿元以上项目324个。省外资金来源最多的三个地方是浙江、广东和北京。

2006年,湖南省实际使用外资金额500万美元以上的项目141个,同比增长58.4%;实际使用外资金额25.93亿美元,同比增长24.5%,占全省实际使用外资总额的59.7%,其中,湘投国际、五凌电力、华润电力B厂、中联重科、镁镁科技等项目的实际到位外资均达2500万美元以上。引进境外战略投资者取得新进展,《财富》世界500强排名第131位的诺基亚、第152位的摩托罗拉先后落户长沙，分别在长沙设立合资企业和创新中心。截至2006年年底，在湖南投资设立外商投资企业的世界500强达到40家。引进战略投资者不仅拉动了全省利用外资的快速增长，同时带动了湖南省的技术进步，如华菱管线与世界钢铁大王米塔尔的合作嫁接了世界一流钢铁制造业技术，2006年新开发出石油用管、宽厚板、造船板等50多个新品种，“双高”产品比重达到了70%，其中半工艺硅钢等产品填补国内空白，主要节能降耗指标提前4年实现“十一五”规划确定的目标。

2006年湖北实际利用外资30.82亿美元，比加入世界贸易组织的2001年净增15.21亿美元，实际利用外资规模5年来增长近1倍。2007年湖北省实际使用外资35亿美元，比上年增长13.6%，匹配和带动的银行投资1000多亿元人民币。外商直接投资27.66亿美元，其中，高新技术产业吸收外商直接投资超过三分之一。现代服务业利用外资呈快速增长态势，如计算机和信息服务业实际使用外资比上年增长103.9%，物流业实际到资增幅达到27.6%。到目前为止，已有77家跨国公司来湖北投资，其中世界500强企业有72家。

安徽省2007年新批合同外资额500万美元以上的大项目共有137个，合同外资额25.3亿美元，大项目合同外资额占全省新批项目合同外资额的71%。其中，由美国量子基金与奇瑞汽车合资的奇瑞量子汽车有限公司是该省截至目前投资总额最大的外资项目，投资总额近10亿美元，合同外资2.3亿美元。全年新引进达能、麦德龙、欧尚、AMD和伟世通等5家世界500强企业。截至2007年年末，已有40家世界500强（海外）在该省投资设立了49家企业。

表 3—3　中国各地区实际利用外资直接投资情况

年份	实际利用外资金额(亿美元)					实际利用外资(比例)				
	地区合计	东部10省市	中部6省	西部10省市	东北三省	地区合计	东部10省市	中部6省	西部10省市	东北三省
1999	399.4	333.6	30.6	18.4	16.8	100	83.5	7.7	4.6	4.2
2000	403.3	328.4	29.6	18.5	26.8	100	81.4	7.3	4.6	6.6
2001	463.7	328.4	34.3	19.2	32.0	100	81.6	7.4	4.1	6.9
2002	524.6	420.3	44	20.2	40.1	100	81.1	8.4	3.9	7.6
2003	529.2	425.5	53.2	17.2	33.3	100	80.4	10.1	3.3	6.3
2004	605.2	466.9	61.5	17.4	59.4	100	77.1	10.2	2.9	9.8
2005	603.2	512.6	40.9	19.4	30.4	100	85.0	68.0	3.2	5.0
1997—2000	3394.4	2776.3	232.1	172.4	213.7	100	81.8	6.8	5.1	6.3
2001—2005	2730.7	2195.3	234.4	105.2	195.8	100	80.4	8.6	3.9	7.2
1997—2005	6125.1	4971.6	466.5	277.6	409.5	100	81.2	7.6	4.5	6.7

资料来源:根据商务部有关数据整理。

山西省“十五”时期累计实际利用外资 10.7 亿美元,年均增长 8.5%。投资总额在 1000 万美元以上的已投产和正在筹建的外商投资项目 166 个,项目中外方投资总额合计为 81.2 亿美元,平均每个项目 4890.33 万美元;项目合同外资额合计为 25.5 亿美元,平均每个项目合同利用外资 1536.04 万美元。2006 年,该省新批设立外商投资企业 150 家,比上年增加 65 个,实际使用外资达 13.48 亿美元,其中纳入商务部统计口径的为 4.72 亿美元,同比增长 71.53%,超过 1999 年 3.91 亿美元的历史高点。外商投资领域进一步拓宽,除传统的制造业、煤化工等行业外,在房地产、住宿餐饮、交通运输、批发零售和农业等领域都有项目分布。截至 2006 年年底,该省累计批准设立外商投资企业 2656 家,项目总投资180.5亿美元，合同利用外资75.45亿美元，实际利用外资41.36亿美元，其中纳入商务部统计口径32.59亿美元。“十五”时期大型跨国公司逐步向山西投资，现有世界500强在山西投资企业12家。

表3—4　截至1999年中部地区产业转移项目和外资情况

金额单位：万美元

省份	山西	安徽	江西	河南	湖北	湖南	全国总计
项目数	2035	4430	4964	6088	7827	5401	341538
比重	0.60	1.30	1.45	1.78	2.29	1.58	100
合同外资	333581	487782	441289	759115	873324	671230	61371741
比重	0.54	0.79	0.72	1.24	1.42	1.09	100
实际投资	130113	271583	248563	375340	548588	456507	30763071
比重	0.42	0.88	0.81	1.22	1.78	1.48	100

数据来源：外经贸部外资统计。

表3—5　中部六省部分年份实际利用外资一览表

单位：亿美元

年份 \ 金额 \ 省份	山西	安徽	江西	河南	湖北	湖南	六省合计	全国
1985	0.017	0.190	0.102	0.121	0.590	0.400	1.421	44.62
1990	0.387	0.503	0.514	0.114	1.697	2.400	5.603	102.89
1995	1.609	7.675	4.536	10.284	11.094	8.710	43.907	481.33
2000	6.319	4.152	3.278	10.390	13.036	11.084	48.260	593.56
2003	6.364	10.945	16.635	7.852	25.292	17.904	84.993	561.40
2006	13.4	13.94	28.1	18.48	30.82	25.93	130.64	735.23

资料来源：1979年、1986年、1991年、1996年、2004年、2007年山西、安徽、江西、河南、湖北、湖南和中国统计年鉴综合计算结果。

二、产业转移的主要来源国家和地区

改革开放至2006年,中部地区产业的移入主要还是来自历史、文化认同,地域邻近的港澳台地区,以及浙江、福建、江苏和广东省等地,其次有英属维尔京群岛、美国、日本、法国、德国、英国、加拿大等国家和地区。以江西省2006年产业转移情况为例,按实际投入外资金额排序,外资分别为中国香港(15.88亿美元,占56.57%)、中国台湾(3.82亿美元,占13.61%)、美国(1.64亿美元,占5.84%),以及澳门、新加坡、菲律宾、德国、印度尼西亚、日本和韩国。内资按其实际注资额占投资总额的比重排序,分别为浙江(31%)、广东(20%)、福建(14%)、上海(6%)、江苏(4%)等地。

2006年,亚洲各国(地区)客商在湖南实际投资18.38亿美元,同比增长31.5%;占全省总额的71%,比上年提高3.6个百分点。港澳台商在湘实际投资分别增长23.8%、1.4倍和45.6%,三地外资合计占全省的份额达63.9%。日本、东盟对湘投资均成倍增长,韩国对湘投资稳定增长。欧盟对湘实际投资下降80%,美国对湘实际投资亦呈小幅下降。来湘投资前五位的地区和国家为:香港(131149万美元)、台湾省(27801万美元)、英属维尔京群岛(22952万美元)、美国(13678万美元)和毛里求斯(9671万美元)。

安徽省2007年新批外商独资项目310项,占全省的59.6%;合同外资额26.7亿美元,占74.7%;利用外商直接投资17.8亿美元,占59.2%。从外商直接投资来源看,来自亚洲的实际投资额为18亿美元,占全省的59.9%。从国别和地区来看,实际投资额居前5位的分别为香港(12.6亿美元,增长79.8%)、英属维尔京群岛(5.4亿美元,增长2.5倍)、日本(2.1亿美元,增长5.9倍)、新加坡(1.7亿美元,增长3.4倍)和美国(1.3亿美元,增长1.7倍)。来自上述五个国家和地区的外商直接投资额占全省的77%。

表3—6 1982—2005年中部地区吸收外商直接投资前十五位国家/地区情况

金额单位:万美元

序号	国别(地区)	项目数	比重	合同外资	比重	实际投资	比重
	中部地区总计	19249	100	5266588	100	3279994	100
1	香港	7729	40.15	2490447	47.29	1490125	45.43
2	英属维尔京群岛	585	3.04	390719	7.42	224442	6.84
3	美国	1807	9.39	471516	8.95	241556	7.36
4	台湾省	2558	13.29	372901	7.08	209259	6.38
5	日本	583	3.03	126582	2.40	152989	4.66
6	新加坡	438	2.28	127083	2.41	165643	5.05
7	法国	123	0.64	69850	1.33	120437	3.67
8	德国	197	1.02	77868	1.48	80117	2.44
9	韩国	424	2.20	72490	1.38	55358	1.69
10	英国	261	1.36	99656	1.89	84410	2.57
11	投资性公司投资	24	0.12	152627	2.90	74000	2.26
12	荷兰	82	0.43	47583	0.90	52471	1.60
13	加拿大	468	2.43	99520	1.89	48519	1.48
14	澳门	319	1.28	80321	1.29	51191	1.35
15	马来西亚	140	0.73	51955	0.99	35243	1.07
	十五个国家/地区总计	15738	81.76	4730118	89.81	3085760	94.08

资料来源:根据商务部有关数据整理。

表 3—7　2005 年中部地区外商直接投资来源地情况

金额单位:万美元

序号	国家/地区	项目数	比重	合同外资	比重	实际投资	比重
	中部地区总计	3135	100	1414627	100	408779	100
1	香港	1494	47.66	731357	51.70	170281	41.66
2	英属维尔京群岛	142	4.53	87986	6.22	47899	11.72
3	毛里求斯	11	0.35	34893	2.47	4244	1.04
4	日本	89	2.84	22402	1.58	21662	5.30
5	台湾省	405	12.92	106230	7.51	23703	5.80
6	美国	288	9.20	96944	6.85	21409	5.24
7	新加坡	91	2.90	37615	2.66	20636	5.05
8	德国	51	1.63	21041	1.49	4987	1.22
9	韩国	57	1.82	19657	1.39	12418	3.04
10	英国	55	1.75	35103	2.48	13372	3.27
11	投资性公司投资	13	0.41	25485	1.80	8018	1.96
12	法国	20	0.64	12373	0.87	8780	2.15
13	南非	2	0.05	-21	0.00	5938	1.23
14	加拿大	93	2.97	22566	1.60	5312	1.30
15	澳门	50	1.33	10802	0.68	5501	1.14
	十五个国家/地区总计	2861	91.26	1264433	89.38	374160	91.53

资料来源:根据商务部有关数据整理。

山西省“十五”时期外资来源主要还是集中于香港、澳门特别行政区和台湾省,其中港、澳地区来晋兴办企业 129 家,台湾省来晋兴办企业 30 家;北美的美国、加拿大的工商企业在山西累计投资设立了 68 家外商投资企业;欧盟现有正式成员国 25 个,其中英国、法国、德国、意大利、荷兰、比利时、奥地利、瑞典、西班牙、匈牙利、捷克等11个成员国的工商企业在山西有投资,共累计投资设立了142家外商投资企业;大洋洲的澳大利亚、新西兰的外商在山西投资设立了19家外商投资企业;英属维尔京群岛和开曼群岛的外商在山西投资设立了32家外商投资企业。

总体来看,产业转移的国家和地区构成一直没有大的变化,外资仍以中国香港资金为主,亚洲国家和地区转移企业有较大增长;美国转移企业数量有所下降,但实际投资继续增长;原欧盟15国转移企业,尤其是实际投入资金增幅较大;部分自由港转移项目和实际投入资金成倍增长。内资仍以浙江为主,福建和上海增幅较大,广东一直比较稳定。

三、产业转移的主要行业分布

从中部地区有关统计数据来看,产业转移项目主要集中在工业项目,重点在制造业、房地产业、电力、燃气及水的生产和供应业三大领域。从1997—2006年间,中部地区这三个行业实际吸收外商直接投资金额占中部地区实际使用外资金额的比重分别为55.49%、14.74%和8.43%,其比重和达到78.66%。中部地区的居民服务和其他服务业也吸收了较多的外资,实际利用外资金额占中部地区实际使用外资金额的比重为5.23%。以上四个行业领域实际吸收外资额占中部地区实际使用外资额的比重高达83.89%。与东部地区相比,尽管中部地区外商直接投资也集中在制造业,但集中度低于东部地区。此外,中部地区租赁及商务服务业领域吸收外商直接投资所占的比重低,不到东部地区的一半。以江西省为例,2006年该省新批的759家外资转移项目中,工业项目占63.77%,比上年提高8.95个百分点;内资项目中工业项目占63.6%。仅该省109个工业园就实现销售收入627.9亿元，完成税收30.73亿元，分别增长75.93%和85.26%，形成了南昌高科、昌河汽车、萍乡汽配、袁洲医药、星火化工、鹰潭眼镜等一批特色工业园区；完成外贸进出口总额25.3亿美元，增长49.1%。因此，从某种意义上讲，中部地区的产业转移问题，实际上就是一个发达国家和东部沿海地区以制造业为主体的工业梯度转移的问题，就是一个中部地区工业结构在外力作用下演化的问题。

表3—8　1997—2005年中部地区外商直接投资的行业分布情况

金额单位：亿美元

行业	项目个数		合同外资金额		实际使用外资金额	
	个数	比重	金额	比重	金额	比重
总计	19011	100	559.21	100	353.01	100
农、林、牧、渔业	950	5.00	24.04	4.30	10.60	3.00
采矿业	357	1.90	9.26	1.66	5.72	1.62
制造业	11861	62.39	286.24	51.19	192.64	54.57
电力、燃气及水的生产和供应业	455	2.39	48.29	8.64	30.71	8.70
建筑业	464	2.44	26.02	4.65	15.07	4.27
交通运输、仓储和邮政业	168	0.88	13.07	2.34	7.20	2.04
信息传输、计算机服务和软件业	75	0.39	2.54	0.45	0.82	0.23
批发和零售业	490	2.58	5.78	1.03	3.92	1.11
住宿和餐饮业	294	1.55	6.55	1.17	1.96	0.56
金融业	7	0.04	0.64	0.10	0.63	0.17
房地产业	1749	9.20	77.23	13.81	52.60	14.90

续表

行业	项目个数		合同外资金额		实际使用外资金额	
	个数	比重	金额	比重	金额	比重
租赁和商务服务业	258	1.36	11.98	2.14	5.20	1.47
科学研究、技术服务和地质勘察业	133	0.70	3.22	0.58	1.13	0.32
水利、环境和公共设施管理业	82	0.43	4.91	0.88	1.12	0.32
居民服务和其他服务业	1492	7.85	31.50	5.63	21.06	6.00
教育	57	0.30	2.38	0.43	0.99	0.28
卫生、社会保障和社会福利业	32	0.17	0.98	0.18	0.60	0.17
文化、体育和娱乐业	87	0.46	2.40	0.43	1.04	0.29

资料来源:根据商务部有关数据整理。

从近几年中部地区产业转移在工业内部的分布情况看,工业项目的转移大部分集中在制造业,而制造业中又以加工工业占主体,原料工业的比重不大,采掘业和电气水部门的投资比重较低。从对2006年山西、安徽、江西、河南、湖北、湖南外资转移的工业项目的考察情况看,制造业的比重分别高达93.1%、94.5%、93.8%、95.5%①、95.8%、92.2%,而采掘业和电气水部门的比重分别在2%和5%左右。在制造业内部,外商投资比重较高的是服装和其他纤维制品制造、非金属矿品制造业、纺织业、电子及通信设备制造业、电气机械及器材制造业和化学原料及化学制品制造业。外商投资工业产业分布的另一个特点是:前几年轻工业的投资比重高于重工业,可是近两年的形式有所变化,尤其是矿品制造业、设备制造业发展较快。

① 河南省以规模以上"三资"工业企业为计算依据。

表 3—9　2001 年、2003 年、2006 年江西省产业转移投资总额在工业内部的分布

行业	签约项目(个)			签约金额(万美元)			实际利用外资(万美元)		
	2001年	2003年	2006年	2001年	2003年	2006年	2001年	2003年	2006年
采掘业	4	10	5	386	2190	2227	459	1716	1579
制造业	179	454	680	21924	119902	246844	19041	85628	170058
食品制造业	9	9	14	3983	960	2880	1221	968	3911
饮料制造业	7	12	9	1676	1532	8584	1149	962	1211
纺织业	8	33	21	1077	7012	9437	959	4815	6796
服装及其他纤维制品制造业	25	116	161	1346	23773	42482	1532	17757	33258
家具制造业	6	8	7	242	652	1926	367	1349	1897
石油加工及炼焦业	1	2	2	227	462	508	21	38	188
化学原料及化学制品制造业	14	21	32	616	4920	6434	909	3094	5768
医药制造业	12	5	15	926	289	14077	1126	423	1504
塑料制品业	11	9	18	1069	2456	4292	1113	3051	3982
非金属矿物制品业	14	43	58	1854	14784	17568	1945	9361	10280
黑色金属冶炼及压延加工业	2	5	1	2219	4396	13920	247	328	236
通用机械制造业	3	20	25	336	967	266	461	996	8160
交通运输设备制造业	3	8	17	389	8540	9614	3845	2349	5740
电气机械及器材制造业	8	42	56	545	5800	26002	1701	8982	19563
电子及通信设备制造业	3	46	45	248	15592	28475	1418	4862	26134
电子、煤气及水的生产和供应业	4	34	25	1669	5531	16552	247	3493	10320

数据来源：综合 2002 年、2004、2007 年江西省统计年鉴。

四、产业转移的差距及原因分析

在国际产业转移和我国加入 WTO 的大背景下,中部地区的外向型经济发展出现了一些新的积极变化,尤其是在转移产业的吸纳和民营企业的培育方面变化比较明显。但同东部沿海地区相比,中部地区经济发展步伐差距却在拉大。主要体现在如下几个方面:

一是转移产业绝对数量上的差距。分析 2006 年的相关数据,可以看出中部地区各省与江苏、广东等东部沿海省份的差距进一步拉大,引进外资的规模小、增长慢。2006 年,中部地区六省中名列第一的江西省实际使用外资 28.07 亿美元,也仅为江苏的 16.1%、广东的 19.3%,引进外资的增长幅度大大低于这些省份。而且发展极不平衡,江西、湖北、湖南三省发展很快,集聚效应越来越明显,但山西、河南、安徽三省利用外资的总量偏小,步子不快,在全国所占比重下移,对其省份经济的影响也不很明显。

二是转移产业发展速度上的差距。中部地区实际利用外资滞后,波动起伏较大。2005 年中部地区六省实际利用外资 40.9 亿美元,占全国的 6.41%;而 2005 年长江、珠江双三角实际利用外资为 378 亿美元,比上年增加 35 亿美元,占全国的 59.3%,比上年的 53.6% 提高了 5.7 个百分点。其中长三角占全国的 41.3%,比上年提高 3.5 个百分点;珠三角占全国的 17.9%,比上年提高 2.1 个百分点。相差十分悬殊,双三角地区仍是我国吸引外资最多的地区。自 2000 年,全国实际利用外资开始出现大幅度的增长,当年增长 12.72%,近年总体上保持着稳定的增长态势,但山西、安徽、河南总量虽有所增加,所占比重增幅却极小甚至有所下降。河南2000年实际利用外资103898万美元,占1.75%,但接着就是大幅下滑,此后一蹶不振,2005年实际进资51871万美元,只占中部地区的10.75%,全国的0.81%,下滑速度明显快于全国,波动幅度明显大于全国。

三是转移产业结构安排上的差距。从转移企业的来源看,转移项目主要集中来源于亚洲,尤其是港澳台地区,比重超过60%,可以说占据了中部地区外商直接投资的半壁江山,而来自欧美发达国家,特别是欧盟国家的资金额很低。不过欧美发达国家虽然总金额不高,但单个项目的平均规模却大大高于港澳台地区,且科技含量较高。从产业构成方面看,项目高度集中于第二产业,第三产业发展极其缓慢,而工业产业内部又大部分集中在制造业,尤其是加工工业的比重很高,原料工业的比重不大,而采掘业和电气水部门的投资比重较低。

四是转移产业规模聚集上的差距。东部沿海发达地区在转移产业的吸纳过程中非常注重产业的规划和集聚效应的形成。长三角的江苏省紧紧依托沪宁高速公路和长江水道,通过多年扎实的规划主导和大规模产业承接,成功建设起三大高新技术产业带:苏州—南京IT产业带、苏南沿江新材料和重化工产业带、沿江南岸新医药产业带,产值达4000亿元,占全省工业产值的24%。而中部地区近年来,尽管成功引进了一些大项目,但总体来说高新技术项目、具有产业链式集聚效应的重大项目不多,特别是世界500强、国内200强等知名企业不多。严格说来,除湖北武汉地区园区发展比较成熟外,其余各省均尚未形成大规模集聚的产业带,产业的集聚功能很弱。

表 3—10 1996—2006 年中部六省外商投资企业进出口商品总值的比较

单位:亿美元

项目 \ 金额 \ 省份		山西	安徽	江西	河南	湖北	湖南	六省平均
进出口	1996 年	1.8	6.8	1.6	6.2	11.3	3.6	5.2
	2006 年	11.2	41.3	29.6	18.4	46.6	13.4	26.8
出口	1996 年	1.3	1.5	0.6	2.2	2.9	1.1	1.6
	2006 年	6.7	21.0	12.2	11.0	20.3	7.2	13.1
进口	1996 年	0.5	5.3	1.0	4.0	8.4	2.5	3.6
	2006 年	4.5	20.3	17.4	7.4	26.3	6.2	13.7

资料来源:1997 年和 2007 年山西、安徽、江西、河南、湖北、湖南统计年鉴综合计算结果。

五是转移产业出口引导上的差距。纵向比较,中部六省的外贸出口近两年成绩斐然,结束了多年的徘徊局面,实现了较大幅度的增长。2006 年中部六省完成外贸进出口总额 354.1 亿美元,比 2005 年增长 27.8%。外贸出口三路大军齐上的格局正在形成,三资企业和民营企业出口最终势头很好。但放眼全国来看,差距仍然明显,中部地区六省出口总值仅占全国的 3.64%,占中部地区 GDP 的 0.8%,也只相当于江苏一省的 21.7%、浙江一省的 32.9%、广东一省的 11.6%。

在经济全球化、一体化的今天,对于中部地区这样一个发展中地区来说,外资规模、结构及发展速度方面的差距,将对其产业发展和整体崛起形成极大的制约。从短期看,资金缺口、技术缺口得不到应有的补给,发展弱势进一步强化;从长远看, 影响对外开放

表 3—11 部分年度中部六省海关出口贸易的比较

金额单位:亿美元

项目	金额＼省份	山西	安徽	江西	河南	湖北	湖南	六省平均
1996 年	金额	9.4	13.1	8.5	12.4	15.3	13.5	12.0
	增长(%)	-18.0	-5.6	-18.3	-8.6	-22.9	-7.9	—
1998 年	金额	8.9	14.8	10.2	11.9	17.1	12.8	12.6
	增长(%)	-20.8	-4.2	-8.6	-7.3	-11.1	-11.3	—
2000 年	金额	12.4	21.7	12.0	15.0	19.4	16.5	16.2
	增长(%)	47.6	29.2	31.9	32.7	28.5	28.9	—
2001 年	金额	14.7	22.8	10.4	17.0	18.0	17.2	16.7
	增长(%)	18.5	5.1	-13.3	13.3	-7.2	6.1	—
2002 年	金额	16.6	24.5	10.5	21.2	21	18	18.6
	增长(%)	12.9	7.5	1	24.7	16.7	4.7	—
2003 年	金额	22.7	30.6	15.1	29.8	26.6	21.5	24.4
	增长(%)	36.7	24.9	43.8	40.6	26.7	19.4	—
2006 年	金额	65.7	66.1	39.5	72.0	59.0	51.8	59.02
	增长(%)	19.5	34.3	52.5	26.8	29.9	22.5	—
2006 年出口总值占全国的比重(%)		0.67	0.68	0.41	0.74	0.61	0.53	0.61

资料来源:1996—2007 年山西、安徽、江西、河南、湖北、湖南和中国统计年鉴综合计算结果。

的程度,将导致整个区域产业的弱化,甚至退化。形成产业吸纳差距的突出原因表现在以下几个方面:

一是产业配套能力残缺。目前,中部各省产业集聚、企业集群的态势仍然处于成长的过程中,尚未形成有规模的块状区和特色带,集聚效益不明显,通过市场作用形成的社会化分工协作格局还没有出现。其中一个很重要的表现就是中小企业少,素质不高,产业配套能力不强,难以起到为大企业拾遗补缺的作用,许多企业的配套件仍然必须到广东、浙江等省购买补充,不仅汽车产业如此,就连纺织等低端产业也如此。武汉市服装行业每年从浙江购进的面料价值就超过20多亿元,大大加重了大企业的生产经营成本。而沿海崛起的众多开发区、产业带,都已经形成了非常成熟的产业配套企业集群,为低成本经营和市场竞争创造了条件,成为产业吸纳和滞留的重要原因之一。

二是交通运输体系建设仍存在薄弱环节。中部六省处在南北、东西运输大通道,欧亚大陆桥和长江黄金航道的“大十字架”上,铁路占全国的22.8%,公路占24.4%,货运占23.1%,客运占23.7%。从调查情况看,虽然这几年交通运输体系建设力度很大,尤其是公路建设,高速公路建设,取得了很大的进步,但仍存在薄弱环节。主要表现有:省内,尤其是很多市、县及以下公路等级不高,通而不达;水运开发受到严重制约,长江干线航道连续性差、通达性差和航运设施落后,不同河段水运利用程度仅为30%—70%;机场空运、铁路运输发展比较缓慢,机站小、布局稀,始发车少、航班少;各类运输方式、各种运力之间、各经济区、城市群之间缺乏整体规划设计,难以形成资源配置合理的现代物流体系。

三是现代物流产业滞后。当前,跨国公司的采购体系和销售网络已经实现全球布点,物资的大进大出、商品的零库存管理等对物流服务尤其是第三方物流提出了更高要求。近年来,沿海地区已经崛起和成熟了一大批现代物流企业,如港口物流、汽车物流、超市物流、医药物流、钢铁物流、烟草物流、邮政物流、粮食物流、冷链物流、石化物流、家电物流、日化物流、书刊物流等，既为加工贸易的大进大出提供了配套服务，又大大降低了产品的流通成本。而中部各省现代物流业刚刚起步，社会化、现代化、国际化程度很低，第三方物流的发展尚未破题，大型物流企业多是商贸服务企业，如郑州的粮食期货市场，新的物流业态发展明显滞后，难以满足跨国公司全球采购和全球分销对物流服务的需要，影响了外国资本的大举进入。

四是经营环境基础薄弱。从硬环境上看，高速公路、铁路、航运码头、国际机场及其航线的安排等难以满足快捷流通的需要；从软环境看，服务环境、法制环境、信用环境等方面都有许多亟待努力的问题。虽然入世以来中部地区按照 WTO 要求，加紧制定了有关法律法规和政策规定，但在具体操作上，还存在着层次多、办事难、执行难的弊病。特别是对知识产权的保护状况尚不容乐观，假冒伪劣商品充斥市场，侵犯知识产权的现象屡有发生，这无论是思想意识还是实际成效都与东部沿海地区差距很大。这些都给外资的进入，特别是外商高新技术项目和先进技术的投资和转让造成了较大的障碍。1995 年以来，跨国并购逐渐成为发达国家对外投资的主要方式，目前已占整个外国直接投资额的 85% 以上。但在我国，尤其是中部地区到目前为止，中外合资、合作经营企业仍是我国吸收外资的主要方式，占实际使用外资金额的 80% 以上，很重要的一个原因就是由于中部地区的市场体系还不够成熟，相关法律法规还不健全。

五是现有产业实力脆弱。除廉价土地、低成本的劳动力，中部地区在人才、资本、科技、环境、结构、区位、基础设施等软硬竞争力方面都不占优势，尤其是科技实力、综合区位、城市环境等较弱，尽管增长势头很猛，但现有产业和产品的市场竞争力仍然十分脆弱。以高新技术产业发展步伐走在中部六省最前列的湖北省为例，该省高新产业近年发展快，增幅大，但出口仍以纺织服装、船舶等为主。2006 年湖北省完成高新产品出口交货同比增长 72.1%，其中出口增长较快的主要高新技术产品是电子产品和新材料，两大行业的出口交货值占全省的比重分别为 44% 和 22%，但该省完成高新产品出口总额也仅 24.12 亿美元，只占全省出口总额的 38.5%。而 2006 年，江苏机电产品出口规模突破了 1000 亿美元大关，达到 1113.8 亿美元，增长 32.6%；高新技术产品出口规模接近 700 亿美元，达到 699.6 亿美元，增长 33.4%。机电产品、高新技术产品出口额占出口总额的比重分别达到 69.4%、43.6%，同比提高 1.1 个和 1 个百分点；出口增幅分别高于全部商品出口平均增幅 2.1 个和 2.9 个百分点。在高新技术产品出口中，计算机与通信技术出口占到 81.3%，出口额达到 568.7 亿美元，增长 31.0%。纺织品服装出口规模突破了 200 亿美元，达到 219.9 亿美元，增长 16.9%。其中，服装及衣着附件出口 127.8 亿美元，纺织纱线、织物及物品出口 92.1 亿美元，分别增长 16.6% 和 17.3%。另外，中部地区具有国际竞争力的知名品牌也少，在商务部公布的 2006 年年度重点培育和发展的名牌出口商品企业名单中，浙江、广东、江苏、山东占据了绝大多数份额，中部地区极少，湖北省仅美尔雅 1 家企业入选。

第四节　滞留效应和逆向转移

一、发达区域产业转移的“滞留效应”及分析

在国内区域经济发展的过程中，大多数劳动密集型产业并未如理论分析一般遵循着梯度规律有序向中西部转移。事实上，东部地区几乎在所有产业领域都仍然保持较大份额，甚至出现逆向转移现象，体现出产业转移的滞后性。例如，步入技术密集型和知识经济发展阶段的东部地区，理应主动移出一部分轻工产业，放弃部分轻工业产品市场，但由于种种原因，东部地区收缩迹象不明显，某些领域反而呈现扩张趋势，从而使全国范围的产业战略大转移和产业结构的转换与升级陷入停顿。究其深层原因，从理论层面讲，尽管存在产品生命的周期，但产业的衰退将是一个相当缓慢的过程；从实践角度讲，转移发生的条件不仅仅是一个经济梯度和生命周期的问题，还有一个转移成本因素、政策因素、体制因素、文化因素，以及产业基础、人力资源素质等问题。

（一）域内发展中地区的发展需要

我国幅员辽阔，东部沿海发达省份的面积比一些国家的面积还要大得多。在全国经济发展水平和技术的空间梯度上，不仅仅存在一个东中西三大地带的差别问题，三大地带内省与省之间的差距问题，即使在同一个省内也存在发达地区与发展中地区、城市与农村、现代产业与传统产业并存的二元经济结构，在经济总量和经济结构等方面存在很大的地区差异。例如，江苏省 2006 年国内生产总值已突破 2. 16 万亿元，人均 GDP 超过 2. 88 万元，无疑是

我国的高梯度省区。可是，江苏的苏南、苏中、苏北地区的人均GDP之比大致是5∶3∶1。面对如此明显的南北差距，无论从体制因素、开放程度、制度环境、人文环境、观念认同，以及空间邻近效应等方面看，苏南传统产业的移出，首选本省中部、北部地区中发展条件较好的农村地区和城市边缘区转移，均具有更多的合理性。据研究，东部地区沿海12个省市区，真正集聚区的面积只占1/5，因此传统弱势产业要继续取得经济增长，只需在本省小幅调整，不必进行大的空间转移。

另外，从总体上看，即使处于低梯度的中、西部省区，其中总有一部分地区或中心城市属于该省区的相对先进地区，这些中、西部省区内的先进地区多已具有较高的经济发展水平。东部产业向西转移，一般是首选中、西部省区内的先进地区或中心城市，而产业转出区与转入区之间在发展水平上有可能缺乏足够的“落差”，也使转移失去动力和实际意义。

（二）劳动力要素的区际流动

产业梯度推进转移最重要的动因在于区际经济发展的不平衡，高梯度区劳动力成本不断攀升，在市场机制的作用下，某些劳动密集型产业转移到劳动力成本相对较低的地区。然而，作为一个拥有13亿人口的大国，无论是中西部还是东部地区，劳动力资源均异常丰富。特别是我国城市化水平明显偏低，约三分之二的人口和劳动力在乡村。这支庞大的显性和隐性的剩余劳动力大军，在劳动力价格的区际差异的作用下，数以千万计地从中西部地区涌向东部沿海发达地区，背井离乡寻求生存发展的空间，形成了一支具有超强吃苦精神、超强忍耐力和超强流动性的城市劳动后备军，与城市的下岗队伍和新增劳动人口汇集在一起，造就了我国的劳动力买方市场。如北京市城乡过渡地带的外来人口总数约200万人,形成江西村、河南村、新疆村等。即使在东部地区工资水平很高(当然是指本地职工)的城市以及劳动十分密集的产业,也不愁找不到足够的廉价的劳动力,且这种局面将会在中国持续较长时期。劳动力的流入增加了东部发达地区普通劳动力的供给,劳动力价格下降,从而抑制了劳动密集型产业由优势向劣势转化的进程。劳动力的区际流动,事实上替代了劳动密集型产业由发达地区向落后地区的转移。更为严重的后果是随着劳动力大批流向东部,尤其是高素质人才的流失,大大制约了中西部地区劳动生产率、产品的质量和技术水平的提高,使得单位产品的工资成本反而有可能上升,而且,这一买方市场还注定是长期的,劳动力供过于求的矛盾也异常突出。

(三)产业集聚的效应

美国当代经济学家弗里德曼的产业集聚效应论主张,某种产业在一个地区集聚,由于市场信息、产业关联和产业集聚优势的存在,各产业的前向、后向、旁侧关联产业也会向该地区集聚,形成一个稳定的产业链。改革开放20多年来,东部沿海发达地区集聚了大量的劳动密集型产业,成为了"世界工厂"。如长三角的绍兴化纤、温州皮鞋、宁波服装、台州模具、义乌塑料制品;珠三角的虎门服装、西樵布匹、南海铝材、厚街家具、东莞电子等已成为海内外闻名遐迩的产业集散点,并带动了交通运输、旅游、电子信息、房地产、金融服务等相关产业的大发展。这种产业的集聚,一方面使整个生产区域成为一个相互协作、相互依存的利益共同体,具有相对的稳定性,客观上影响和阻碍了企业个体的转移;另一方面,产业集群的强竞争性又迫使企业就地升级,促进了产业层级的自我优化。

产业集群的竞争优势使东部地区的传统劳动密集型工业技术层级不断创新、产品档次不断提高、结构不断升级换代。事实上，当把企业集群所产生的聚集资本附加在劳动密集型的传统产业上时，这时的传统产业已经变为知识密集型的产业，因为这些技术含量不高的传统产业在某一地区聚集后，专业化分工水平和协作能力的增强大大提高了传统产业的知识含量，逐渐演变为具有一定技术、隐含经验的知识密集型产业，其报酬递增优势明显。正如波特（1998）所言，现代竞争取决于竞争力，而非取决于投入或单个企业的规模。生产力取决于公司如何竞争，而非它们在何领域竞争。如果公司运用熟练的方法和技术，提供独特的产品和服务，那么，鞋业、农业或半导体产业都能产生较高的生产力，所有产业都能够运用先进的技术，所有产业都能成为知识密集型产业。

（四）行政干预

由于我国目前仍然还没有形成比较完善、成熟的市场经济体制，计划经济体制下条块分割、自成体系、重复建设、政企不分一类弊端尚未从根本上消除，政府对于社会要素资源的支配权和企业生产经营的控制权、“分灶吃饭”式的财政体制、促使人们追求短期政绩的人事体制、实际上仍可不负盈亏的国有经济的超量存在等，都严重阻碍了各类要素和企业、产业在地区间的转移。

从东部沿海各省市刚刚实施完成的“十五”计划和正在实施的“十一五”规划来看，一个最大的共性就是在产业结构调整方面，既强调积极推进高新技术的产业化，又要求大力采用高新技术和先进适用技术改造传统产业，继续把各自的优势传统产业作为支柱产业。事实上，在东部地区经济结构中，劳动密集型产业和资源型产业产值仍在45%以上。就各省来看，技术含量较高的工业产业产值占所有工业产业产值比例超过50%的只有北京、上海、天津、广东等少数省份。在一定时期内，一些劳动密集型产业和资源型产业仍将是东部沿海相关省市的支柱产业。在产业布局和区域经济协调发展方面，强调在强化中心城市地位的同时，通过制定相应的政策法规，把一些夕阳产业指定或引导向省内的落后地区。如广东省"十五"计划，明确提出要"制定产业政策，通过法律、经济、行政等手段，促使珠江三角洲地区的资源加工型和劳动密集型产业向山区和两翼地区转移，在山区和两翼地区布点建设一批大型水泥厂和燃煤电厂，同时做好环境保护工作"。而上海作为长三角的龙头，为防止产业空心化，在嘉定、青浦、松江三县划出173平方公里的土地，作为上海市区产业转移的"防火墙"，留住外资的"蓄水池"。江、浙两省正处于工业化高速发展期，两省均强调要把本地打造成世界制造业基地，其对上海转移出来产业的吸收与承接能力要远强于中部地区。因此，东部沿海发达地区大规模的产业转移浪潮的形成，对中部地区经济形成强大的辐射和带动作用尚需时日。

（五）环境成本

成熟的市场制度和产业发展环境是产业优势区位变动最重要的因素。我国虽然在制度变革方面取得了很大进步，但是地区间制度的规范性方面存在很大差异，由于投资及经营环境的不善，导致产业转移在某些中西部地区成本不降反升，使得产业转移变得不经济、不可行。这主要表现为两个方面，一是制度环境成本。东部产业转到中西部，将涉及征地、建房，开办新企业，或者与当地企业合资、合作,会涉及人员选聘、原辅材料采购、零部件配套生产、产品储运与销售等一系列问题,将会涉及工商、税务、检验、环保、治安、司法等方方面面。由于部分中西部地区在思想观念、政府效能、管理水平、法制环境、社会诚信等方面存在着这样那样的缺陷,在产业转移过程中致使多项不合理成本明显上升。尤其是那些主要以“吃拿卡要”形式出现,人们无法事先控制的高额的交易费用,使得某些产业的转移望而却步,或者进而复退。二是要素环境成本。中部地区在区位条件、基础设施、劳动力素质,资金融通,以及产业配套能力等方面,与东部地区的差距也是影响产业转移的重要环境成本因素。中部地区在劳动密集型产品生产上有潜在的比较优势,而要把这种潜在的优势转化为现实的优势,关键不是如何发挥自己之所长,而是如何弥补自己之所短。因为,在要素自由流动的大背景下,要素供给方面的优势很难进一步扩大,如果不能缩小制度环境和基础设施上的差距,中部地区就很难获得对东部沿海地区的比较优势。

(六)技术的创新与基地建设

这是产业转移“滞留效应”的关键所在。主要包括用高技术的生产改造低技术生产,用高技术含量产品替代低技术含量产品或丰富系统传统工业基地的产业功能。前者如纺织、钢铁工业,都属于人类工业化初期主导产业,在发达国家高技术的发展浪潮中,早已失去了昔日的辉煌地位。但是“二战”结束后,发达国家凭借其科技优势,通过对化纤的研究与开发,创新生产用料,突破了单一农业原料的制约和依赖,在产品开发上紧跟市场需求,发展功能型、卫生保健型和高技术含量型产品,赋予纺织工业以新的增长活力。1992 年,世界化学纤维产量达到 2113 万吨,首次超过天然纤维的产量。[①] 美国、日本的钢铁工业通过科研与技术创新，不断开发高技术产品，始终处于钢铁产业的领先地位，至今仍然是世界特种钢材的产品生产与输出基地。传统工业基地的改造，对于世界经济生活来说，是一个永恒的主题和普遍的现象，沉积了许多的经验和教训。比较成功的范例如德国鲁尔工业基地在煤钢生产的基础上，大力发展汽车、电子、纺织、食品等新的产业部门，使鲁尔由原来较为单一的产业结构，转变为以煤钢生产为基础，机械、化工、电子、纺织等多部门相结合的综合性工业基地。美国东北部老工业基地加强了对汽车、钢铁工业的技术改造，实现传统产业生产的现代化，大幅度地降低生产成本，提高产品质量，增强传统产品的市场竞争能力，大幅度压缩地区比较优势完全丧失、增长潜力枯竭的传统工业部门。英国的纺织、食品、普通机械等老工业基地，调整工业布局，严格控制老工业城市的发展规模，引导新建企业和老工业企业向城市边缘地带迁移，在不发达地区开拓新的工业中心，逐步改变老工业基地工业布局过于密集的状况，20 世纪 80 年代以来，英国在伯明翰、曼彻斯特等城市周围建立了 20 多个新的工业园区。美国纽约等特大工业城市工业企业也大量迁往城市边缘，建设卫星城市，城市中心则成为科技、文化、金融中心。

二、发展中区域产业逆向转移现象及分析

由于发达区域与发展中区域之间经济发展水平上存在着明显的差距，一般性的产业难以实现由发展中区域向发达区域的转移。从现实情况来看，发展中区域向发达区域的产业转移主要包括以

① 陈其林：《产业结构变动的基本因素》，《中国经济问题》，2004 年第 4 期。

下几种情况：

（一）以特色产业和专有技术为依托的产业转移

从某种意义上说，发展中区域所拥有的这种专有技术，实际上就是一种垄断性产品，其他国家和地区很难仿制，即使对一些发达国家和地区而言，同样具有较强的技术优势。如中医中药、古典园林、地方菜系、地方特色产品等行业，这些都是我国或某区域所专有，目前已经在很多发达国家和区域设立了生产、销售和服务机构。①

（二）以消费市场为导向的产业转移

由于东部沿海地区经济发展水平高，市场容量大，人才资源丰富，市场指向性产业仍会继续向东部集聚。如石化工业作为原材料工业，在布局上具有较强的消费地指向性，而原油和天然气等化工原料则通过管道等运输方式输往消费地区。目前，从三大地带来看，我国的石化工业90%集中于东部地区。

（三）以个别具有竞争力产业为依托的产业转移

发展中区域虽然在整体经济发展水平上落后于发达区域，但是经过一个时期的发展，可能在个别产业上具备了与发达区域竞争的实力，为了占领发达区域的产品市场，也会以个别具有竞争力的产业部门为依托向发达区域进行产业转移。

（四）以寻求自身所不具备的先进技术等为目的进行的战略性投资

出于区域经济发展战略的考虑，发展中区域可能会在发达区域投资兴建科研机构、技术开发型企业，并购具有较高科技水平的

① 娄晓黎：《产业转移与发展中地区经济现代化》，中国优秀博硕士学位论文全文数据库，2004年。

企业,或与之合资建厂、兴办企业。这种投资一般都带有非常明显的目的性:一方面可以获取最新的高科技,另一方面可以借此来拉动本区域产业升级与产业结构高度化,从而促进区域经济的发展。从前两种产业转移类型来讲,在发展中区域都能够找到与移出产业相同的产业;而后一种产业转移类型,有的可能是对发展中区域某一产业链的上游环节的投资,有的则可能在发展中区域找不到与投资领域相一致的产业,从严格意义上讲,有些已不能算做是典型的产业转移。由于区域间经济发展水平差距的存在,从发展中区域向发达区域进行的产业转移一般都规模较小、数量不多。

(五)以发展环境为导向的产业转移

据朱广平与石凤琴 2002 年的一项研究发现,从 1981—1999 年 20 年来我国东部地区的经济增长率快于中西部地区的经济增长率;而财政税收收入的增长却基本出现了相反的格局,即西部地区的财政税收增长率远快于东部地区,中部地区的财政税收增长率多数年份也是快于东部地区,形成了我国区域经济增长和财政收入增长逆向变动的格局。导致这一格局形成的原因是由于我国不同行业、不同产业、不同产品的税收负担苦乐不均,不同所有制企业的税收负担高低不一和税收政策的地区差异。从边际消费倾向分析,平均收入较低的中西部地区居民的边际消费倾向要高于平均收入较高的东部地区居民的,也使取决于边际消费倾向的乘数作用呈现在中西部要强于在东部。但多年中西部的税收增长快于东部的税收增长现实,客观上造成了中西部地区消费和投资超额缺口。①

① 朱广平、石凤琴:《中国地区经济增长与财政收入增长逆向变动格局研究》,《经济评论》,2002 年第 1 期。

在市场经济条件下，任何经济要素都是在追逐其自身利益最大化的前提下流动的。随着经济全球化进程的加快和要素市场的建立，使劳动力、资本、技术等经济要素在更大范围内的流动成为可能，在一个国家内部流动障碍则更趋减弱。由于发达区域较发展中区域在技术水平、管理水平、基础设施和市场条件等方面都具有明显优势，这使得任何要素的边际生产率都远远高于发展中区域，对经济要素的吸引力更强，客观上呈现出经济要素向发达区域的空间集聚，这种要素集聚更多的是游离于产业之外而单独存在。在我国20世纪八九十年代出现的“孔雀东南飞”现象、至今仍方兴未艾的东西部地区之间的“民工潮”现象，是人才、劳动力游离于产业之外向发达区域的流动。受待遇、人居环境等条件的限制，中部地区大中专学生回乡率很低，到企业工作更少，在待遇和事业留人方面缺乏长久吸引力，80%的人才去了沿海发达地区和大中城市。而在资本市场上，资金向发达区域集聚的特征则更为显著。截至2006年年末，全国东部、中部、西部、东北四个地区境内上市公司分别为811家、236家、276家和111家，与上年相比，东部增加了38家，而中部仅增加6家。新增上市公司和A股市场筹资也主要集中于东部地区。2006年东部地区上市公司A股市场筹资额达到1525.8亿元，中部地区仅259亿元。H股筹资更是集中于东部地区，中部地区稍有突破而已。据中国人民银行上海总部2007年7月31日首次发布的《中国区域金融稳定报告》指出，从投放区域来看，新增贷款仍然集中在沿海发达地区和各省市的发达地区，欠发达地区和县域经济融资相对困难。从行业结构来看，2006年贷款发放主要集中在制造、电力、建筑、交通和房地产业；从客户结构来看，授信亿元以上的大型企业集团贷款余额以及新增贷款占全部贷款的比重继续上升，大客户信贷集中度进一步提高。数据显示，金融机构的资金继续向中心城市、优势地区、大客户、某些行业集中，同时对新农村建设、县域经济和小企业信贷投入相对不足。

第四章

产业转移对中部地区产业结构的效应

产业转移与产业结构的演化是世界上所有国家、所有区域经济发展和工业化过程的基本内容。基于经济梯度的产业转移,对于发达地区来说,移出产业多是在本区域已经丧失了比较优势,而在发展中区域又具有比较优势的产业,是产业优势的一种充分利用或产业优势的再利用。对发展中区域而言，却又往往是新技术、新机制，甚至是一种新产业的引进和萌芽。从实质意义上讲，产业转移是发达区域和发展中区域之间的一种经济互动，即发达区域向发展中区域的产业扩散和发展中区域向发达区域的要素集聚。

尽管许多学者认为,随着时间的推移,发达区域对发展中区域之间的这种互动的结果必然会导致发达区域与发展中区域之间经济发展的融合、协调和均衡,但笔者以为这个结果是不确定的,离开了政府的有效干预,单纯依靠市场机制的自发作用是难以想象的,而且整个过程将是漫长的。

第一节　产业转移对产业结构的总体效应

产业转移在中部地区经济发展中所发挥的作用是积极的、显著的、深远的。它填补了过去中部地区长期以来存在的巨大资金和技术缺口,有力推动了中部地区基础设施的建设、产业集群的发展，促进了产业的升级和技术创新，扩大了出口，创造了大量的就业机会，加快了市场化和国际化的进程，同时引进了先进技术和管理理念，培养了一批熟悉国际规则的管理人才，进而推动了中部地区经济体制改革和开放型经济发展，增强了跨越式发展的动力。

一、加速了产业的资本创造

如前所示,产业转移项目本身给中部地区经济发展注入了巨大的资金,极大地促进了中部地区工业化、城市化、产业化的进程,在经济社会发展中发挥出越来越大的作用。以江西省为例,“十五”计划以来坚持以大开放为主战略,以“三个基地、一个后花园”为战略定位的发展思路,对接长珠闽,融入全球化,优化招商引资的环境,搞好工业园区建设,发挥工业园的集聚效应,使江西成为外商投资的乐园。2000 年江西实际利用外资只有 2.27 亿美元,到 2006 年实际利用外资达 28.07 亿美元,比 2000 年增长 11 倍,比上一年净增 3.84 亿美元,增长 15.9%,三大产业实际使用外资比 2000 年依次增长 45.8 倍、13.4 倍、6.9 倍。利用外资规模的稳步扩大,在一定程度上缓解了江西建设资金不足的问题,推动了基础设施建设、产业集群发展和产业结构升级,扩大了出口,增加了就业机会。产业转移在资本形成方面更具意义的还在于通过其前向、后向和旁侧关联带动效应刺激相关上游产业、下游产业以及金融保险、技术培训、法律顾问、建筑服务等旁侧产业的快速发展，形成产业的集聚，进而推动整个区域经济的振兴。① 如法国 PSAB 标致雪铁龙集团、日本日产汽车公司、日本本田汽车聚首武汉所形成的武汉汽车产业集群，武汉光谷的光电子产业集群、武汉轻加工产业集群等。据研究表明，1 美元的直接投资将会导致 3 美元的资本形成。事实上，即便是在利用产业转移资金改造中部地区传统工业项目过程中，企业自有资本保持不变也是极少的。

表 4—1 部分年度中部地区外商投资企业年末注册登记项目和资金利用情况

金额单位：亿美元

地区	企业数(户)				投资总额(亿美元)			
	2000 年	2001 年	2003 年	2006 年	2000 年	2001 年	2003 年	2006 年
山西	959	827	760	905	48.27	49.35	61.19	111.00
安徽	2216	2055	2034	2436	91.44	92.08	116.44	183.01
江西	2246	2284	2939	4276	68.76	73.79	136.67	231.63
河南	3004	2401	2403	2813	113.59	100.73	126.28	233.22
湖北	5123	4443	4031	4230	166.70	141.43	176.76	279.61
湖南	2316	2080	2337	2948	73.06	65.67	102.14	212.54
中部地区合计	15864	14090	15264	17608	561.82	523.05	719.48	1251.01

数据来源：综合 2001 年、2002 年、2004 年、2007 年中国统计年鉴。

① [美]W. W. 罗斯托《经济增长的阶段》认为，主导产业部门对其他产业有一种“扩散效应”。

表 4—2　中部六省部分年份全社会固定资产总投资一览表

单位：亿元

省份 / 金额 / 年份	山西	安徽	江西	河南	湖北	湖南	六省合计	全国
1980	28.2	17.3	18.8	34.0	35.5	32.2	137.8	910.9
1985	91.7	80.7	44.09	127.0	102.9	83.5	438.1	2543.2
1990	123.4	123.0	70.8	206.1	144.4	124.2	668.5	4517.0
1995	295.6	532.5	284.2	805.0	826.5	524.0	2972.3	20019.3
2000	625.2	866.7	548.2	1475.7	1421.6	1066.3	5378.4	32917.7
2003	931.73	1093.92	975.40	1553.95	1460.77	1160.24	7176.01	41929.5
2006	2255.7	3533.6	2683.6	5904.7	3343.5	3175.5	20896.8	10998.2

资料来源：1979 年、1986 年、1991 年、1996 年、2001 年、2004 年、2007 年山西、安徽、江西、河南、湖北、湖南和中国统计年鉴综合计算结果。

表 4—3　部分年度中部六省 GDP 总量及增长情况

单位：亿元

省 份 / 金 额 / 项 目		山西	安徽	江西	河南	湖北	湖南	六省平均
2000 年	GDP 总量	1644	3038	2000	5138	4276	3692	3298
	增长率(%)	7.8	8.3	8	9.4	9.3	9	8.63
2001 年	GDP 总量	1780	3290	2176	5640	4662	3983	3588.3
	增长率(%)	8.4	8.6	8.4	9.1	9.1	9	8.77
2002 年	GDP 总量	2018	3554	2450	6169	4976	4341	3918
	增长率(%)	11.7	8.9	10.5	9.5	9.1	9	9.78
2003 年	GDP 总量	2457	3972	2831	7049	5402	4639	4391.67
	增长率(%)	13.9	9.2	12.7	10.8	9.4	9.6	10.93
2006 年	GDP 总量	4752.5	6148.7	4670.5	12496	7581.3	7568.9	7203
	增长率(%)	11.8	12.8	12.3	14.4	13.2	12.2	12.78

数据来源：综合 2001 年、2002 年、2004 年、2007 年中国统计年鉴。

从以上图表可以看出，中部六省从20世纪80年代初期开始利用外商直接投资，实际利用外资从1985年的1.42亿美元到2006年的130.64亿美元，增长了近100倍，几乎每年都呈上升趋势。在产业转移的刺激和拉动下，中部地区固定资产投资和GDP获得跳跃式的增长，分别从1985年的438.1亿元和1356.5亿元，到2006年的20896.8亿元和43218亿元，分别增长了47.7倍和31.9倍。

二、促进了产业的技术升级

20世纪80年代初期以前，中部六省基本上处于一种封闭型、内向化的工业化发展模式，以重工业为主体，以生产少许中低档次产品的轻工业行业为补充，产业结构严重失衡。加之缺少竞争压力和技术进步的刺激，技术和产品更新极其缓慢。20世纪80年代中期，中部地区开始呼应世界产业结构大调整的趋势，鼓励和吸引外商投资，但总量仍然很少，多为低技术含量的加工组装产业。直到20世纪90年代后期以来，随着高技术及其产品生命周期的缩短，发达国家主导产业加速由资本密集型向知识、技术密集型升级，一些新兴工业国或地区也同步实现由劳动密集型向资本技术密集型产业的迫切转换，产业结构转移步伐加快，我国电子及通讯设备制造业、化学原料及化学制品制造业、普通机械制造业等成为外商投资的主要行业，其中电子及通讯设备制造业的增幅尤其突出。一些跨国公司基于本土化战略的全面实施，大量聘用中国的高级人才，一批原创型技术研发基地开始投向了中国，通用电气、大众、IBM、微软、杜邦、拜耳、爱立信、摩托罗拉、惠普等一大批跨国公司先后在我国设立了研发中心。联合国贸发会议《2005年世界投资报告》称,自1993年摩托罗拉在中国设立了首家外国研发中心以来,外国在华研发中心已达到约700个。这反映出我国承接国际转移产业的重点已经逐步从劳动密集型加工业转向了资本与技术密集型加工业。这一时期,在中部地区强力地宣传和推介下,一些产业转移主体,将注意力渐次从东部沿海移向具有丰富资源、广阔市场和廉价劳动力的中部地区,甚至越过东部地区直接进入中部地区。尤其是近年来,伴随东部沿海发达地区产业升级换代的需要,中部地区逐渐成为劳动密集型产业和一些具有较高技术含量制造业转移的理想选择。

产业转移推动中部地区技术进步的效应主要体现在四个方面:一是提高了产业项目的技术进入门槛。转移主体为占据较大的市场份额,获取更多的经营利润,转移项目多为资金、技术密集型的高新技术和新兴产业项目,即使转移项目为劳动密集型产业,企业也必然比中部地区现有同类企业拥有更高的资金和技术密集程度,进而提升了中部地区整个经济领域的技术能级。二是提高了产业领域的技术和管理素质。在转移项目管理本地化战略驱动下,转移主体大多十分注重对项目技术管理人员、普通员工先进技术和管理经验的培训,大都投入了巨额的雇员培训费用,而这些员工在工作期间积累的各种技能和管理素质,最后又借助于人才流动和信息传递产生广泛的技术扩散效应,从而提升整个区域的技术和管理素质。三是提高了企业的创新能力。一些大型转移项目在中部地区建立研究与开发机构,给中部地区整个企业提供了直接学习和借鉴的机会,从而提高他们的研究和创新意识与能力。四是促进了域内企业劳动生产率的提高。外资企业更为先进的技术和管理经验,对域内同类企业既产生了显著的示范效应,又加剧了域内市场的竞争程度,对域内同类企业形成了显著的竞争效应,外资企业进入中部地区产生的双重效应增强了域内企业技术进步和提高劳动力生产率的外部压力。

三、提升了产业的整体竞争力

产业的转移直接或间接地促进了中部地区产业结构的优化。无疑,不少的转移产业在发达区域属于失去竞争优势的夕阳产业,但必须肯定的是其生产函数一般来说仍然先进于移入区域该产业的生产函数,并且符合移入区域的相对比较优势,有助于高效率地使用本区域的生产要素,优化域内资源配置,促进区域产业发展质量的改善,而且更大量的移入产业代表的是一种新型技术、新型设备、新型组织。在移入产业项目中,与国有、集体工业经济相比,机电产业项目比重明显较高,其中尤以电子及通讯设备制造业、交通运输设备制造业更为突出。以江西省为例,2006 年,江西外商直接投资在三大产业的分布为:第一产业 1.7 亿美元,占 6.2%;第二产业 19.2 亿美元,占 68.2%,其中制造业吸收的外商直接投资达 17.0 亿美元,占全部外商投资的 60.6%,占第二产业的 88.5%;第三产业 7.2 亿美元,占 25.6%。随着外商直接投资经营领域的逐步放宽,外资投向逐步由轻工、纺织、机械、化工等传统行业向医药及医疗器械、光纤电缆、光学、计算机集成电路、电子信息、住宿和餐饮业、物流、人才中介、租赁和商务服务业等高新技术领域、服务贸易领域转移,且进入高速公路、桥梁等基础设施建设,外商投资产业结构日趋合理。

先进产业的大量移入,与之俱来的是适用性技术和适用性产品,先进设备、技术和管理机制等优势要素在中部地区各经济产业，尤其是工业经济中的扩散和渗透。而优势技术要素的积累沉淀，极大地促进了产业的改组和提高，渐次引发了产业项目、产业整体和产业链技术比重质的飞跃，推动了区域新的主导产业或支柱产业的形成，完成了新一轮产业的转换升级，并最终大大提升了域内企业和产业整体的竞争力。具体表现为：

一是大量先进项目的移入，使中部地区产业中拥有先进技术的部门大幅增加，从而使区域产业结构体现出高级化的趋势。二是拥有新技术和新组织方式的先进项目的移入，意味着一种新的生产函数的导入，借助于信息的传输和人员的交流，诱导和推进了较低层次工业部门的升级转型，从而逐步提高产业整体的技术和组织集约化程度。三是移入项目在资金、技术、人才、市场、营销等方面的竞争优势，打破了中部地区原有产业的低效垄断局面，改善了中部地区产业的市场结构，并迫使原有部门创新观念、技术和机制，以提升其竞争力。四是利用产业转移对中部地区企业的兼并与收购，将低质量的资产存量变成高质量的资产存量，实现产业内部的资产重组，完善了产业组织和市场竞争，提升了企业的市场竞争力。五是利用产业转移提升中部地区关联产业存量资本和新形成资本的质量。尤其是一些外资企业在购买和使用零部件和原材料时，对其质量、技术和性能有着较高的要求，并可能提供相应的技术标准和技术援助，从而提升中部地区其他关联产业的技术与产品竞争力。六是转移企业创造、发明的一些新产品和新产业，弥补了中部地区市场的一些空白，加速了产业结构调整和升级的步伐，促进了相对完整的产业体系链的形成，提升了中部地区产业的整体实力和国际竞争力。20 世纪 90 年代以来，中部地区外贸出口大幅度增长，很大程度上得益于转移企业出口的快速增长。

十多年来,正是这些与产业转移而来的生产技术、经营理念、管理模式、市场机制、营销方法、机器设备等先进要素的注入和发酵,特别是在成熟市场经济体系中发展壮大的外商投资企业先进技术和经营管理经验,对中部地区国有、民营企业经营机制的转换产生了很好的示范效应,它们所具有的强大市场竞争力,迫使和加速了它们的蜕变和重生,一大批国有民营企业和行业正是在生存竞争中脱胎换骨,重新焕发出生机与活力。如机械、电子、汽车、化工、轻工、纺织、医药等许多行业,产品得到更新换代,技术、工艺和生产管理水平明显进步,国际市场竞争能力大大增强,有些产品或行业甚至发展成为具有较强国际竞争力的产品或行业。如大规模集成电路、程控交换机等高新技术产品,对中部地区高科技产业的发展具有重要意义。

总之,产业转移整体性地提高了中部地区产业经济的技术装备水平和经营管理水平,整体地提升了中部地区在区域经济分工中的地位。但是也必须清醒看到发展中隐含的一些问题。由于历史的原因,中部地区和全国其他地区一样,必然走着一条工业化、社会化、城镇化三位一体的建设发展过程,要尽快实现工业化,也要相应推进社会化和城镇化进程。随着中部地区经济的迅速发展、资金的快速积累、人民生活水平的不断提高,以及国内经济拉动因素从出口向内需的转型,产业吸纳作为资金补充和出口拉动的功能必然逐步趋于弱化,而缺乏有效调控的产业转移也愈益暴露出其固有的缺陷与弊端,给中部地区产业结构高度化、产业经济国际化,以及社会文明、生态文明建设等带来了一系列挑战。

(一)产业发展的结构性失衡

如第三章所述,产业转移项目在中部地区主要集中于第二产业中的工业部门,工业部门内部又高度集中在制造业。而外商投资于制造业,主要得力于外资的技术结构的先进性,但技术的先进性带来的主要是产品结构的调整,对于产业结构的调整却缺乏明显意义。产业转移对第一产业的投资近年略有增长,但规模很小;对第三产业的投资近年有极大的发展,但总体比重仍然偏低,且主要集中于关联效应较低的房地产业。原因在于商业、房地产、金融保险业等,尤其是房地产业,较之于通讯、交通运输、地质勘探等基础设施部门和科教文卫部门,具备预期效益较好和投资风险小的特点。

中部地区房地产业在外资的推动下,经历了从无到有,从小到大的产业成长过程,是工业以外唯一实际使用外资比重超过两位数的产业,一直到现在,外商对房地产的热情仍然持续高涨。2007年7月《中国区域金融稳定报告》中指出,虽然2006年中部地区房地产开发投资增速过快的势头得到初步控制,但部分省份房地产开发投资速度依然偏高。数据显示,2006年中部地区多数省份房屋销售价格普涨,仅山西省房价有所下降,安徽省、河南省的房地产开发投资增速分别达到38.7%和49.8%。2006年年末,中部地区银行业房地产开发贷款余额1089.2亿元,同比增长50.9%,超过全国平均水平16.6个百分点。

无疑,产业转移项目的结构性倾向对中部地区三次产业已有的结构性偏差起了推波助澜的作用,成为区域工业经济过度扩张和第三产业发展严重滞后的重要因素。这种产业结构性的失衡加剧了域内产业结构的同构化和过度竞争,挤压了区域民族产业的市场空间，直接导致了域内工业消费品的相对过剩和生产能力的大量闲置，一大批技术、经济实力处于劣势的域内企业陷入经营困境，相应也影响了移入企业的经济效益。与此同时，第一、第三产业在内无政策支持，外无资源注入的背景下，与工业经济之间发展水平和市场竞争力差距的扩大是必然的，而这种于社会经济发展需求的滞后，又反过来阻碍区域要素禀赋的积累和区域产业结构整体升级空间的拓展。

（二）产业层级固化和技术依赖

长期以来，中部地区产业转移项目一直是以劳动密集型产业为主，投资规模小，技术含量低。来自亚洲发达国家和地区，尤其是占据实际投资规模50%左右的港澳台地区的投资，绝大多数属劳动密集型出口导向产业转移性质，主要目的是利用中部地区的低工资和低生产费用以维持其原有的出口市场。其次是属于污染转移性质，如印染、皮革、化工原料和制品以及水泥等建筑材料工业。再次是着眼于占领中部地区市场的项目。相对而言，西方跨国公司的投资行为更体现了其生产全球化的战略部署，跨国公司在世界各地如何选点部署建立生产制造基地、技术开发中心和运营服务中心，既服从于本身利益最大化的目的，也结合当地的优势条件。根据中部地区当前的条件，对外资的吸引力仍主要局限于巨大的潜在市场、廉价的劳动力、土地资源和超额利润回报率，以及其他一些特质资源的获取，尽管近年来在合资领域广度或深度方面逐步有所发展，但基本上仍处于初级层次。因此，这一合作层次的基本状态，既反映了产业转移主体投资行为的特点，也反映了中部地区企业在技术层级和经营管理水平方面与西方大公司之间的较大差距。客观讲，此类产业项目的转移有助于中部地区劳动就业等经济社会问题的解决，也能从中获得一定的现实经济利益，但是，它无法提供推动区域经济长期发展所需的动力和后劲，很可能导致中部地区的产业技术层级固化在一个较低的水平上。而从以往转移产业承接的实践经验看，那种以市场换技术的思路客观操作上难度较大，很多情况下只是一相情愿。在跨国转移活动中真正的创新性技术，即对于有关产品乃至产业起关键作用的核心技术，如高级芯片、软件、卫星等制造技术是不可能转移的。即使在经营业绩较好的汽车行业，技术的合作也遇到很大的阻力。国际产业转移规律及其实践表明，发达国家转移技术主要取决于实现更有利于自己的市场分工和产业结构调整的需要，只有当一项技术所产生的产品达到成熟期时，才会产生转让的动因，任何一个市场主体，永远不会通过转让高新技术来培植和提升自己的竞争对手。另外，在合资、合作过程中，由于转移产业和企业与中部地区技术开发能力差距的悬殊，合资、合作后，域内方原有的技术开发能力又往往被淘汰和废弃，转而依赖转移方提供的技术，从而造成域内技术开发能力的萎缩和对他方技术的严重依赖。

韩国经济学家金泳镐根据本国产业转移的经验，提出了一个技术二重差距理论，来说明产业转移中存在的固有技术级差。技术二重差距表现在技术的低转移差距和低熟练差距。前者是指发达国家向发展中国家转移的是相对过时的技术，后者是指发展中国家缺乏技术熟练的工程师和工人。对于转移技术的吸收能力不足，金泳镐假设移出国的技术指数为 100，移入国的技术指数为 60，而转移技术的指数为 80，转移技术指数低于移出国技术指数 20 单位，即为低转移差距，而移入国的技术指数低于转移技术指数 20 单位，即为低熟练差距，当移入国经过技术模仿达到 80 单位技术指数时，移出国的技术指数已经升至120单位，技术差距将长期存在下去。

因此，产业移出地与产业转移目的地之间的技术差距将是长期存在的，如没有强有力的政策调控，始终停留在消极利用其转移的低层次产业，忽视自身产品的开发与技术的创新，必将导致中部地区产业结构技术层级的长期矮化和固化。当然，如上所述，目的地消化吸收高新技术及其装备人才的相对缺乏，也从客观上制约了核心技术的吸纳。

（三）环境污染和资源浪费

在产业转移过程中，一些高污染、高消耗性产业也纷纷移入中部地区，如制革、印染、电镀、杀虫剂、造纸、橡胶、塑料等，造成局部地区的环境恶化和经济的不可持续增长。特别是近年来，一些发达国家为减小本国的环境压力，从能耗、环保、税收等方面对高耗能项目进行限制，加上《京都议定书》生效后，这些国家为完成减排温室效应气体的任务，越来越多地将高耗能的制造产业向发展中国家转移。而我国由于缺乏严格的产业准入限制，正逐渐成为世界高耗能产业转移的中心之一。中部地区在环保意识上没有东部地区强，发展区位上又比西部地区优，自然逐步成为国际和国内高耗能产业转移重地。中部地区环境污染，资源浪费问题突出的表现：一是受传统的粗放型经济增长方式的束缚，产业发展拼投入、拼消耗，低产出、低质量、低效益成为困扰中部地区经济发展的突出问题。二是开发区、工业园缺乏建设规划，散、杂、多、滥。各省都有几百甚至上千个省、市、区县、乡镇级工业园区，以及数量众多的村级工业园区和工业大院，大的几平方公里、几十平方公里，小的不足一平方公里，且布局不合理，土地集约利用度低，不但加大了基础设施建设成本，也难以形成合理的产业布局和企业集聚效益。更为严重的是，各市、县（区）、乡（镇）之间为争夺投资者，竞相压低土地价格，比拼优惠政策，土地浪费和抛荒现象极为严重。三是移入的原材料工业企业多为生产工艺落后、技术含量低、产品附加值低、资源消耗大的老企业、小企业，一方面是普遍性的技术、管理落后，耗料多、耗能高、耗水大，另一方面是重复建设多，挤占市场，浪费资源。四是一些转移企业直接从事危险废物的进口、加工和处置，甚至将淘汰的、严格禁止使用的污染环境的产品、技术和设备，通过投资方式转移到中部地区，以旧顶新，以次充好，严重污染了中部地区的水质、大气和耕地，所在地居民的健康因此受到损害。五是矿产资源盲目开采，掠夺式开采，滥采滥挖，采富丢贫现象恶劣，“大矿大开、小矿放开、有水快流”，资源破坏严重，产量无法控制，也影响了市场的稳定。六是缺乏严格的环境建设规划和政策实施，工业排污、排废带来的水源污染、大气污染和土地污染问题十分严重，生态环境恶化的趋势没有得到根本性遏制。山西 13 个城市被列入全国 30 个空气污染严重的城市。河南二氧化硫年排放量居全国第一位，每千美元 GDP 排放污染物的二氧化硫是发达国家的 7 倍多，是江苏、广东、浙江的 1 倍多。湖南城市酸雨频率高达 76.4%，除一个城市外所有城市都受到酸雨污染。江西赣州、鹰潭、抚州、上饶、景德镇等城市，酸雨频率也达 60%—80%。更令人痛心是，在中部地区，目前工业污染已经由城市迅速扩展到农村，小造纸厂、小水泥厂等规模小、污染程度高的转移企业的吸纳和发展，使不少地区的环境污染达到了历史上最严重的程度，且没有引起政府和群众足够的重视，不仅对中部地区的生态环境造成了严重破坏，而且极大损害了其可持续发展的基础，给人口素质和生活质量的提高留下了许多难以消除的隐患。山西受污染地表河流长达 3753 公里，其中劣五类污染河道占 67.2%，主要是煤矸石和矿井废水造成的。山西省在 1993—2003 年 11 年间因煤炭开采，使 40 余万亩水浇地变成旱地。江西省在矿产资源的开发中，累计堆积废石量 12.85 亿吨，尾砂 11.53 亿吨，土地和植被破坏面积达 9.4 万公顷。江西年均排放酸性废水 5900 万吨，城市垃圾无害化处理率为 40.3%，约 50% 建制镇未建成符合规范要求的供水设施，城镇生活污水处理率仅为 10%。湖南枯水期严重污染的四五类劣质水占 40%，洞庭湖泥沙沉积率高达 74%，“八百里洞庭”只剩 500 多公里，湖泊面积由建国初期的 4350 平方公里减少到目前的 2625 平方公里，减少了近 40%。河南全省几大水系受严重污染河段达 2938 公里，占 36.9%。湖北主要湖泊水库受污染的三类以上水体近 70%。在三峡库区，生活污水集中处理率不到 10%，生活垃圾无害化处理率不足 7%，各支流沿江城镇生活污水和垃圾基本未作处理。淮河近几年治污下了很大气力，但污染仍然十分严重。黄淮海地区也几乎有河皆污。

（四）平等竞争机制的扭曲

按照 WTO 规则，要求对外资企业实行国民待遇。但长期以来，中部地区和其他一些经济区域一样，把吸引外商投资作为解决区域经济发展资金缺口的重要途径，将吸引外资作为头等大事，最主要的政绩指标之一。各级政府争相低价供地、减免税费、降低审批标准和简化审批手续，普遍地给予外资企业实行各种超国民待遇，世界罕见。超国民待遇对市场经济平等竞争机制的扭曲，对内资企业产生了很大冲击，对外资进入也产生了错误的导向。第一，超惠政策大大增加了内资企业的竞争成本,竞争地位遭到削弱,挤占了内资企业在相关产业的发展空间,并促使一部分内资外逃,以"外资"的身份重新流回域内,享受超惠待遇。由于域内企业在分工中处于劣势地位,往往只能主要从事加工环节,技术含量与附加价值都较低,容易步入发展的恶性循环中。第二,外资企业由于超惠政策而获得超高的回报,扭曲了区域,尤其是国家对外资的实际需求,在当前国内资金过剩的情况下,还将进一步诱致外资大规模进入。第三,在超惠政策的背景下,外商企业即使没有先进的生产技术与管理经验的支撑,仍能够获得一定的市场竞争力,这弱化了外资使用和开发先进技术的内在动力,也降低了外资进入的门槛。从 2005 年分行业外资工业在我国工业总产值中的比重来看,外资工业的总产值占全国工业总产值的平均比重已逾 30%,超过平均比重的行业有 16 个行业,尤其是在 6 个比重超过 50% 的行业中,除电气机械及器材制造业、电子及通信设备制造业属于资本技术密集型产业外,其他均属于资源和劳动密集型产业。第四,在超惠竞争环境下,域内传统品牌受到前所未有的排挤,并已导致了一批品牌的消亡。另外,在中外合资经营过程中,中方品牌和商标权虽作价估值,但在实际生产经营中,这些品牌和商标往往被搁置、弃用。而市场的竞争实质就是一场品牌的竞争,民族品牌的消亡就意味着民族产业竞争力的消失,就意味着外企垄断势力的进一步强化,也就意味着民族企业在迈向国际市场的过程中失去了基本而核心的支撑,只能永远停留在以获取微薄加工费用为目标的外包加工工厂的地位,永远在全球产业价值链中居于末端。

中部地区产业转移过程中存在的诸多问题,原因主要在于以下四个方面。

从主观上看，对产业政策贯彻不力，引资心情迫切，盲目追求数量的增长，而对产业转移的项目规模、结构和技术则基本上没有实质性的控制。主要表现在以下几个方面：一些地方和部门对引资的长期成本和效益缺乏清醒的认识，没有明确的经济发展和产业结构调整思路；把引资发展成为地方竞争的焦点，一度陷入狂热式政策优惠大战误区；对产业转移主体的资信和实力缺乏调研，盲目签订协议，或对签订的协议缺乏管理和监督。这是产业转移项目分散、重点不明、结构不合理的主要原因。

从客观上讲，中部地区正处于市场经济体系从发育到成熟的过程中，政策和法规尚欠完善，要素和产品市场尚欠成熟，政府和社会治理尚欠规范，知识产权保护尚欠严格，这些市场条件使大多拥有较高技术水平的大型工业企业缺乏信心和吸引力。而就这一阶段中部地区吸引产业转移的政策而言，主要手段又恰好是以减免税费为主的优惠政策，于是产业转移的项目绝大部分是以短期盈利为目的的短平快项目和试探性项目，在规模和技术层次上都处于较低水平也就不足为奇了。这是造成产业转移项目规模小、技术水平低、结构不合理的重要原因。

从转移来源看，大规模的产业转移主要是来自历史、文化认同，地域邻近的港澳台地区以及浙江、福建、江苏和广东省，这类产业在中部地区的产业转移中起到了很好的示范和带动作用，至今在中部地区的产业转移仍然占据 70% 以上的比重。但这些资金从总体上看规模较小，结构技术简单，多为这些地区和省份产业结构调整中替换下来的项目。与此形成鲜明对比的是美国、日本和欧共体各国的跨国公司在中部地区的产业转移比重不大，从而形成了目前产业转移中产业项目层次偏低的局面。

从转移动机看，由于产业转移是基于转出区域产业结构调整的需要，受产业转移规律的支配和利益主体的影响，转移的动机主要是中部地区广阔的市场、廉价的劳动力和丰富的资源，以谋求市场份额和高额回报，其目的与转入区域产业结构调整目标自然存在一定的冲突。在利益最大化动机的驱动下，产业转移的方向必然是投资少、风险小、见效快、效益好的产业和部门，而不是那些投资多、回收期长、风险大的上游工业项目投资。在产业转移的过程中，大多中小型投资者倾向于加工工业，以尽可能快地获取短期高额利润，而一些大型企业和跨国公司则主要谋求建立自身的劳动密集型产业和高污染基地，从而构筑其全国或全球经营战略。如虽然《中外合资经营企业法实施条例》明确规定造成环境污染的项目不予审批，《外资企业法实施细则》也作了类似的规定，但仍有不少外资企业利用中国环境管理、引资可行性分析与审批中的漏洞，尤其是中部地区各级政府招商引资的迫切心理，从国外或东部沿海发达区域向中部地区大量转移具有较高污染的产业、生产技术和设备等，这些废弃物的进口与再利用对周边环境造成了重大环境污染，严重损害了社会公共利益。

另外，中部地区在吸纳产业转移过程中，无论硬件建设还是软件建设方面，与发达地区比较都还存在较大差距，需要不懈地推进基础设施建设，观念革新、政府改革、政策完善、机制创新和服务水平的提升，以及区域密切协作网络的构架。下面，从农业、工业和第三产业三个方面来具体阐释产业转移对于中部地区产业转移演化的效应，进而探求产业承接的有效方略。

第二节 产业转移对农业结构的效应

对于中部地区这样一个农业大区来说,产业结构演化的一个重要内容就是第一产业在整个国民经济中相对地位的变化和第一产业内部结构的变动。前者指在三次产业构成中,农业部门的相对产值结构和就业结构的变化;后者指在农业内部结构中,种植业、林业、畜牧业、渔业等各个具体产业部门相对比重的变化。

改革开放以来,无论从中部地区第一产业在三次产业结构的比重看,还是从第一产业内部结构中各具体产业部门的相对比重看,结构的变动是比较大的。从中部地区第一产业在三次产业的相对地位来看,1978 年第一产业在中部地区国内生产总值中所占比重为 38.42%,1990 年这一比重下降到 24.12%,到 2006 年更是降至 14.7%,平均每年约下降 1 个百分点。从农业内部结构的变动来看,种植业所占比重逐年下降,2006 年与 1978 年相比,种植业在农业中所占比重由 83.4% 下降到 56.3%,下降了 27.1 个百分点,畜牧业和渔业所占比重明显上升,畜牧业所占比重 33.2%,上升了 18.2 个百分点,渔业所占比重为 10.5%,上升了 8.9 个百分点。与改革开放前相比,严重失衡的农业产业结构得到一定程度的矫正,农业内部结构顺应社会消费需求,不断提升,逐步从不合理向相对合理演化。

中部地区第一产业内部结构的这种变化是经济、社会、文化等多种因素共同作用的结果,但它与改革开放以来中部地区产业转移的吸纳和承接,由产业转移所带来的资金、技术以及观念是密不可分的。

一、产业转移在中部地区农业中的基本特点

（一）转移进度在波动中加速

改革开放以来，为增强农业的基础地位，国家一直把农业作为吸引外商投资的重点领域，积极引进国外先进技术，尤其是对中部地区这样一个农业大区，不断加大投资力度，优化农业和农村的产业结构。从总体趋势看，中部地区农业利用外资的发展是积极有效的，特别是步入21世纪以来的几年。但与二、三产业的比较看，所占比例仍然很低，而且始终在一种不稳定的波动中前行。以安徽省为例，2007年该省新批外商投资第一产业项目仅18项，合同外资6866万美元，利用外商直接投资2317万美元。而与此同时，新批外商投资第二产业项目达373项，合同外资18.9亿美元，利用外商直接投资21.8亿美元，分别占全省的71.7%、52.9%和72.7%。其中，制造业项目就349项，合同外资额17.6亿美元，利用外商直接投资18.6亿美元，分别占全省的67.1%、49.3%和61.9%。该省第三产业利用外资增势也非常迅猛，全省第三产业合同利用外资16.1亿美元，增长1.1倍，利用外商直接投资7.96亿美元，增长1.9倍，分别比全省平均增幅高70.5个和73.1个百分点。

（二）转移项目规模偏小，层次偏低

与其他行业相比，外商投资农业的金额相对比重和项目相对规模都比较小，层次比较低。从协议金额的相对比重看，在1985年至2006年间，中部地区农业利用外资协议金额占外商投资协议金额的比重最高的年份也不到10%，最低年份仅为0.9%。从项目投资规模来看，外商投资农业的项目规模均比较小，绝大多数农

业项目利用外资的金额远低于其他行业的外商投资项目的平均水平。1985年,中部地区农业利用外商直接投资项目的平均协议金额只有53.1万美元,而同期中部地区三次产业平均项目协议利用外资的金额为146.5万美元,农业项目的平均协议利用外资金额只相当于各行业平均水平的36.2%。一直到2006年,人口大省、农业大省的河南农业项目协议利用外资平均金额也只有300万美元左右,只相于三次产业平均水平的三分之一。1997—2005年间,河南省对外开放取得很大成绩,外商直接投资项目达8435个,实际投资83亿美元;而其中农业直接投资项目却仅有111个,实际投资1.1亿美元,项目个数、实际投资均占全省的1.3%,项目平均资金仅100万美元左右,显然比重偏少、规模偏小。而就在这偏小的规模下资金到位率只有47%。中部地区农业利用外商投资相对规模较小,是与目前中部地区分散经营为基础的农业经济现实所分不开的,因而与其他行业特别是与以大规模生产为特点的工业不具有可比性,但它至少在某种程度上反映了农业利用外商投资的一个重要特点。

(三)项目结构日趋优化,质量稳步提升

从外资的来源渠道看,既有联合国粮农组织、世界粮食计划署等国际农业组织,世界银行、亚洲开发银行等国际金融组织,也有双边、多边政府组织和民间组织;从外资的利用方式看,既有国际发展援助、对外借款,也有外商直接投资;从外资分布领域看,既有中低产田的改造和水利建设等基础设施项目,也有农产品深度加工和高科技含量项目。近年来,中部地区改变了以往片面追求国际援助、片面追求资金数量的做法,注重外商直接投资项目的移入,尤其是优势农业开发项目和高新技术含量项目的移入,注重资金、技术、人才、信息和管理经验的协同导入，项目结构和质量都有新的突破。

二、产业转移对农业内部结构的积极影响

（一）弥补了建设资金的不足

改革开放以来，由于经济运行机制发生了根本性的变化，市场在资源配置中的比重和范围日益扩大。在这种背景下，农业作为一种弱质产业，其吸引资金投入的能力下降，因而使得农业的资金投入力度下降。1978 年，农业基本建设投资在中部地区基本建设投资中所占的比重为 3.6%，1985 年降为 1.56%，1990 年为 1.5%，1996 年又降为 1.28%，尽管从 1997 年开始逐步有所上升，但比重仍只占很小部分。而地方政府在工业化、城镇化偏好的作用下，对农业投资力度显著下降。因此，尽管外来农业项目规模小、层级低，但一定程度上弥补了农业诸产业的资金缺口。河南省从 1982 年引进世界银行贷款华北平原第一个农业外资项目以来，先后引进各类农业外资项目 150 多个，金额达 5.5 亿美元，其中 2005 年引资 1100 万美元，弥补了河南农业建设资金的不足，改善了农业生产条件，加速了传统农业的改造。

（二）促进了农业产业化经营

产业转移对于中部地区农业经济来说，最具有革命性意义的是引进了产业化这样一种现代农业的生产方式和经营方式，打破了长期以来一家一户分散的小农经济状态。改变了过去长期存在的产、供、销相互脱节的弊端，加强了环节之间的内在有机联系，延伸了产业链条，优化了农业资源的配置，提升了农业经济市场化、社会化和集约化的水平，比较好地解决了千家万户的分散生产与

社会化大市场对接过程中的信息、技术和组织问题，提高了农业综合生产能力，推动了农业和农村经济结构的战略性调整。

（三）引入了先进技术和优良品种

20世纪末，随着众多具有相当实力的农业公司向中部地区的转移，为中部地区农业经济带来了先进的生产技术和优良品种，并通过示范和扩散作用，推动了中部地区农业产业全面的技术进步和产业升级。主要表现在以下几个方面：一是引进了粮、棉、油、蔬菜、水果、牧草、牲畜、家禽、鱼苗等优良种子、苗木品种以及种子加工技术；二是引进了地膜覆盖栽培技术、水稻旱育种植技术、温室种植技术等先进的种植技术；三是引进了小体积高密度箱网养鱼技术、机械化饲养家禽技术、饲料配方技术；四是引进了农副产品深加工技术和乳制品、婴儿食品、保健食品的开发技术，以及畜产品屠宰加工技术，为中部地区农业生产注入新的活力，加快了科技兴农的步伐，产生了显著的社会经济效益。

（四）推动了农业外向型经济的发展

外商投资农业中的许多项目是面向国内、国际市场。外商为获得较高的投资回报率，不仅带来了资金和技术，而且还积极开拓国际市场，为中部地区苗木、蔬菜、水果等农产品进入国际市场创造了有利的条件。随着外商投资企业的逐渐增多，农业外资企业出口创汇额已在中部地区农产品出口创汇中占有重要份额，外商投资企业已经成为中部地区农业出口创汇的主体。

三、产业转移在农业经济中存在的主要问题

（一）产业政策规划滞后

农业虽然是我国利用外资中一直鼓励投资的产业，但既缺乏

宏观上的指导,又缺乏政策的规划和诱导。除极少数大型种植业项目和涉及配额、许可证的项目外,都由各地自行审批。除了对外商投资的农业项目所得税在减免期后10年内可减征15%—30%这一特殊优惠政策外,没有任何政策倾斜。在目前农业比较效益低于非农产业的情况下,难以激发外商,尤其是具有实力的外商的投资兴趣,多集中于规模小、一般性的农产品加工项目。这是造成外资农业项目投资少、层次低的根本原因。

（二）产业经营模式传统

直到目前,中部地区在农业生产方式上,基本仍停留在一种小农经济状态,一家一户分散的小农生产方式。土地、劳力、资金极度分散,自耕自种,自产自销,不仅难以抗御自然风险,而且也难以抗御市场风险,更难以有效和快速实现从传统农业向现代农业的转变。因此,从某种意义上讲,与其他行业相比,农业外商投资项目和投资额相对不足,现行的经营管理模式是一个基础性原因。反过来,项目投资规模过小,资金过少,层级过低又决定了其在推动农业生产方式转变和在更深的程度上、更广的范围内推进农业产业化、集约化经营等方面所起的作用必然十分有限。

（三）产业科技实力脆弱

外商投资一般以农产品初级加工为主,知识科技含量少、精深加工少、产品附加值低,影响了农业比较效益的提高。现有的农业中外合资、合作投资项目中方多为乡镇企业,本身经济实力弱,技术水平低,人才短缺,造成合资项目先天不足,制约了外商投资农业项目的总体水平的提高。根本原因在于中部地区大中型现代农业企业少,实力弱,基础薄,而工业企业对农业领域的投资又远未形成气候。

第三节 产业转移对工业结构的效应

工业经济内部结构的调整与转换是一个区域和一个国家工业化过程中最重要的内容。工业经济的迅速发展不仅可以吸收大量的农村剩余劳动力，相对地降低农业的就业比重，促使社会人均收入水平的提高，而且可以从资本和技术两方面去进一步反哺农业，促进农业劳动生产率的提高和结构的调整与转换。同样，工业经济的迅速发展及其结构的转换升级，也为第三产业总量规模的扩张及其内部结构的调整提供了必要的支撑和基础。因此，工业的发展与结构的转换是一个区域和一个国家工业化过程中推动社会三次产业结构变动的主导力量。

一、产业转移在工业经济中的概况

中部地区产业转移对工业部门的影响最为明显，特别是在20世纪的80年代和90年代，绝大部分产业转移项目都发生在工业部门。截至2000年年底中部地区外商直接投资协议金额6760.97亿美元中，投向工业部门的为4115.34亿美元，占60.87%。其中2000年协议外资金额623.80亿美元中，投向工业的占75.05%，而在实际利用外资407.15亿美元中，投向工业的占72.64%。根据外商投资企业注册登记情况，1999年年底共有工业企业162033个，2000年年底为162885个，注册资本则由2806亿美元上升到2909亿美元，其中，外方资本由1776亿美元上升到1899亿美元，相当于累计协议外资金额的62%。工业企业外方注册资本占全部外方注册资本的62.68%。一直到近年，中部地区其他产业转移项目不断扩展，但向工业集聚的势头依然强劲，特别是制造业。在1997—2005年中部地区承接的19011个外资转移项目中，有11861个是制造业项目，占62.39%，合同资金286.24亿美元，实际使用外资192.64亿美元，分别占总承接项目的51.19%和54.57%。

外商持续较大规模对工业领域的投资，使外商投资企业的产出已经在中部地区工业产出中占有重要地位，但起点仍然比较低。2006年中部地区外商投资企业工业增加值1540.47亿元，工业增加值率32.36%，高于全国外商投资工业企业工业增加值增长幅度6.83个百分点，占全国工业增加值的6.03%；外商投资工业企业总产值达4944.01亿元，占全国外商投资企业工业总产值的4.94%；利润总额298.57亿元，占全国外商投资工业企业总利润的5.55%。

二、产业转移在工业经济中的主要影响领域

中部地区产业转移项目主要集中于制造业，而制造业又高度集中于劳动、资源密集型的加工工业，高新技术行业和特种行业。产业转移对中部地区加工工业的影响大大高于原料工业，对中部地区工业结构的高加工度化进程起了明显的推动作用。

在劳动和资源密集型领域，产业项目移入的动机主要在于中部地区廉价的劳动力、丰富的产业资源，还有较低的技术、规模门槛，易进易出，能进能退，风险较小，见效较快，自然成为东南亚和港澳台地区厂商钟情的投资区域，由此推动了整个中部地区产业经济的发展。

在高新技术领域，产业转移主要集中于电子信息技术产业、通

信产业、汽车等交通运输设备和电气机械行业。山西省外资移入电子及通信设备制造业项目在总产值所占份额已达22.3%，仪器仪表及文化办公用机械制造业等也超过37.5%，安徽省更是超过了50%。这些行业外资的引进，使得中部地区的产业技术水平得到了较快的进步和提高，既缩小了与发达区域之间的技术水平差距，也满足了域内经济发展和市场的有效需求，提升了人民群众的生活品质。

在特种领域，转移项目主要集中在医药、日用化工和饮料等几个行业。主要缘由在于这些行业核心技术的垄断性和唯一性，外商通过建立独资企业或控股企业以占据巨大的市场，获取可观的垄断利润，当然同时也为消费者提供了高品质的生活用品，但在消费倾向引导下，行业产品价格的畸高和消费水准的推升将是不可避免的。

从大工业部门的总体反映看，产业转移较大地促进了中部地区机电制造业，以及食品、纺织、化学、非金属矿物制品等加工工业的高速发展，而石油加工、冶金和电力及其他公用工业的发展受产业转移的影响程度属于中等或中等偏下的状态。产业转移对工业结构的影响更多是体现在各工业部门内部结构的变动方面，影响十分广泛。产业转移不仅为中部地区工业经济引进了大量的建设发展资金、先进的技术和设备，而且带来了先进的经营管理理念、技能和经验，促进了工业企业规模结构和经济增长方式的改善，培养了大批的专业技术和管理人才。它既引发了工业产业与产品结构的调整和升级，使工业经济的生产结构更加适应消费结构和市场结构，直接促进了中部地区工业总产值和工业增加值的快速增长，也引发了行业中加工度、附加值的提高和因价值增加而表现的价格方面更大幅度的上升。总之，产业转移有力地促进了中部地区工业企业机制的转换，总体性地提升了中部地区工业经济的品质，进而推动中部地区工业经济持续快速增长。从外商投资工业总产值和工业增加值的规模及其发展趋势看，产业转移已经成为中部地区工业经济快速增长的重要推动力量。

三、产业转移在工业经济中存在的问题

由于在较长时期内，中部地区始终处于一种资金饥渴式发展状态，各级政府在求资若渴的意识主导下，难以真正实施对产业转移浪潮及时、必要和有效的引导与调控，自然，工业领域重复建设倾向、技术考量虚化等问题普遍突出。

（一）重复建设和过度竞争问题

低水平的重复建设现象不仅在劳动密集型的加工工业中，而且在整个工业领域普遍明显。各产业主体为竞相争夺热点产品市场，生产门类不断扩大、生产能力快速发展，在许多行业中出现生产能力严重过剩局面。如中部地区消费品工业在经济发展需求和利益杠杆刺激下的盲目过度扩张现象，这其中既有域内非国有经济产业过度集中的原因，但很重要一点在于大量同类同质产业转移项目的集中涌入，起了推波助澜的作用。这既大大加剧了内部比重的失衡，也引起了工业领域的低层次竞争，造成了人力、物力的低效和浪费。尽管这种情况在近两年已经得到了较好改善，转移项目结构有所优化，可是多年来对轻工业倾斜的存量依然很大。总体来看，近年来，中部地区产业转移的主流仍然不是对该域工业经济发展具有很强带动和辐射效用的高增长率、高附加值部门，不是积极发展电子、化学、机械、交通运输设备，以及信息产业等所需

的关键和进步领域，而是大量的纺织、塑料制品、食品、矿产资源等一般性加工企业。

中部地区加工工业过度竞争局面的形成，从积极意义上讲，有利于中部地区乃至全国工业产品长期短缺局面的结束，消费资料买方市场的形成和企业产品、技术和规模结构的有效调整。但过度竞争局面的存在，一方面使大量技术、经济实力处于劣势地位的市场主体受到很大的冲击，甚至破产，造成社会资源的极大浪费，另一方面也不利于市场适度规模经济的形成。更为严重的是，过度的市场竞争，必然对处于萌芽和成长阶段的自有工业体系构成极大的威胁，影响其自身发展创新能力的培养，进而又势必从整体上影响中部地区产业结构高度化的进程。

与此相关的是工业转移项目规模、质量和实力问题。近年来，中部地区虽已成功引进了一批大的工业项目，但总体来看，这类项目还是不多，特别是世界500强，国内200强等知名企业不多，高新技术产品开发和研究项目不多，具有产业链式集聚效应的重大项目不多，难以形成有规模的经济块状区和特色产业带，集聚效益不明显，由市场资源配置作用主导的社会化分工协作格局也难以形成和成熟。中小企业素质不高，难以满足大企业的配套要求，许多企业大量的配套件还必须从广东、浙江等省购入。当然也从侧面说明中部地区经济基础薄弱，产业配套功能比较弱，吸引高质量产业转移的载体少，说明中部地区吸纳产业转移的基础依托，仍旧是传统的比较优势。

（二）转移项目技术层级问题

中部地区产业转移中的工业项目主要属加工生产性质，有技术转让内容的合作协议也主要是局限于一些技术开发机构等，具有实质意义技术转让的企业则是凤毛麟角。转移企业,尤其是跨国公司技术转移内部化倾向严重,往往将核心技术及对最新技术的开发保留在母国,移入的生产链环节,基本上都是劳动密集型的生产或装配活动。即使是技术或资本密集型的产品,从事的也是一些低技术的、劳动密集型的工序,如测试、封装和一般元件的加工。转移的所谓适用性技术多是劳动密集型的、非高科技的二流三流技术。虽然进口了一批先进设备和技术,有些项目还填补了域内,甚至国内技术空白,但从整体发展情况来看,与发展期望相距甚远。占绝对比重的劳动密集型三资企业技术档次低,为数不多的技术成熟型企业,如轿车、通讯设备制造企业虽然也转让了部分非关键技术,但对其核心技术封锁甚严,更非兴办合资企业所能获得。其惯常的做法是:第一,在尚处于幼稚阶段的产业中,抢先建立大公司或生产能力能全部满足当地需求的企业,较大地控制了发展较快的市场份额,使幼稚产业的成长受到抑制,尤其如电子与通信设备制造业中的移动通信、光通信、卫星通信等产业的产品市场,90%已掌握在外商投资企业手中,其他如某些精细化工产品也有类似情况。第二,对一些市场潜力较大,已有一定基础的产业,尽管中方力量尚较为薄弱,外商都力求与原有的一批骨干企业进行合资经营,以充分利用原有资源,包括熟练员工、企业品牌和社会资源,同时最大程度上减少市场竞争对手。在这种合资合作的过程中,我国许多名优品牌遭受遗弃,如汽车行业。第三,在合作中力求对产权取得控制或主导地位。第四,以优厚的待遇争夺当地优秀人才。

另外,高新技术产业生产的高度自动化,也从装备上保证了其核心技术的不扩散,出现产品高科技、劳动简单化现象,产业本地化率低，技术层次低，使“干中学”的效果受到影响，甚至出现合资行业和企业技术开发能力萎缩的现象。不少工业部门反映，原来承担本行业重要技术开发任务的中方骨干企业，如日用化学工业，在与外商合资经营之后，原有技术开发机构多被撤销，导致整个行业技术开发能力的严重萎缩。大部分合资经营企业未与外商签订滚动技术转让合同，相当部分企业已经缺乏生产后劲，即使少数项目签订了滚动技术转让协议，或外方承诺共同建立技术开发中心，产品新型设计往往也只是按照外方意愿开发或从境外引入，或只局限于根据当地具体条件对外方产品进行适应性改造。也有的外商只根据我国国内掌握技术的进展情况逐步转让技术，而大量的市场份额并未能真正换取到关键技术。由于技术和产品开发周期加快，生命周期缩短，单纯依靠外商投资的技术转移显然是不可能实现技术赶超目标的，反而可能陷入一种技术追赶的怪圈。

第四节　产业转移对第三产业结构的效应

第三产业是一个外延很宽泛的概念，包括的行业多、范围广，并随着科技发展不断有新的产业产生。根据我国目前的实际情况，第三产业具体分为四个层次：第一层次，流通部门，包括交通运输业、邮电通信业、商业、饮食业、物资供销和仓储业；第二层次，为生产和生活服务的部门，包括金融、保险业、地质勘探业、房地产、公用事业、居民服务业、咨询服务业和综合技术服务业，农、林、牧、渔、水利服务业和水利业，公路、内河（湖）航道养护业等；第三层次，为提高科学文化水平和居民素质服务的部门，包括教育、文化、广播电视、科学研究、卫生、体育和社会福利事业等；第四层次，为社会公共需要服务的部门。近年来,发达区域和国家第三产业项目向中部地区的移入日益扩展,增长幅度加快,影响深入。

一、产业转移在第三产业中的概况

改革开放以来,中部地区第三产业迅速发展,与现代经济发展环境相适应的新兴服务行业从无到有,发展方兴未艾,逐步形成一个完整的第三产业体系,对中部地区经济建设发挥了越来越重要的作用。据统计,1978 年中部六省第三产业所占 GDP 平均比例为 18.67%,1990 年为 28.31%,2000 年为 36.17%,2006 年达到 36.9%。在改革开放的过程中,第三产业利用外资成效显著,20 世纪 90 年代初邓小平南巡讲话之后,利用外资的步伐进一步加快。特别是最近几年,产业转移在第三产业转移的项目数量增加较快。流通业、金融业、基础设施、医药零售业、电信服务、传媒业、展览业、教育及房地产等行业的不断开放是吸引外资猛增的主要原因。自 1997 年到 2005 年,第三产业共签订外商直接投资项目 4924 个,占外商直接投资项目总数 19011 个的 25.9%;协议利用外资额 163.18 亿美元,占全部协议总额 559.21 亿美元的 29.18%,实际利用外资 98.27 亿美元,占全部实际利用外资 353.01 亿美元的 27.84%。大规模直接投资的引进,极大地促进了中部地区第三产业建设资金的形成,培养了一大批高素质管理人才和从业队伍,增加了社会就业,提升了管理和技术水平。同时,迅速改善了中部地区的投资环境,为扩大对外经济技术合作创造了有利条件;强化了市场机制和竞争机制,对中部地区市场经济的成熟起到了重要的促进作用。

表4—4 2006年中部地区第三产业增加值综合分析表

地区	第三产业增加值（亿元）	占全国比重（%）	占全国比重位次	同比增长速度（%）	增长速度位次	占全国百分比增减幅度	
						±百分点	位次
山西	1727.44	2.08	19	10.45	31	0.06	2
安徽	2471.94	2.98	14	13.01	23	0.02	5
江西	1563.65	1.88	23	10.75	30	0.05	3
河南	3721.44	4.49	8	16.98	10	-0.13	25
湖北	3075.83	3.71	12	17.04	9	-0.11	23
湖南	3084.96	3.72	11	16.83	11	-0.10	22
全国合计	82972.0	—	—	13.71	—	—	—

资料来源:2007年山西、安徽、江西、河南、湖北、湖南和中国统计年鉴综合计算结果。

二、产业转移在第三产业中的影响及原因

从产业转移项目在第三产业内部的分布及其变动情况看,产业转移对中部地区第三产业的影响主要集中于房地产业、社会服务业、交通运输业、仓储和邮电通信业、批发和零售贸易餐饮业等部门。20世纪80年代,外商对中部地区房地产业和社会服务业的投资占了整个第三产业的60%左右,从20世纪90年代以来,中部地区第三产业增加值中房地产业的比重稳定上升,社会服务业的比重大幅度提高,两者比重之和接近70%。与产业转移中这种结构倾斜有较大关系的交通运输业、仓储和邮电通信业、批发和零售贸易餐饮业也产生了较大影响。20世纪90年代以来,交通运输业、仓储和邮电通信业的投资总量、比重大幅度上升,批发和零售贸易餐饮业的投资有所下降,但房地产业仍然居高不下,节节

攀升，局部地区已经出现严重脱离区域经济社会发展的实际需要和居民消费水准，并诱导了一些消费品行业的非理性涨价，带动整个 CPI 的攀升和一定通货膨胀的出现。主要的原因和表现在于：一些政府部门在城市发展资金贫乏的情况下，纷纷放地，以地换项目，以地换设施；一些中小企业在经营举步维艰的情况下，频频卖地、出让股份；外来资金，甚至一些国际投资基金在人民币升值、房地产业高额回报的刺激下，趁机大肆收购、储备城市用地，包括一些工业园区的土地和项目。江西省 2002 年房地产转移项目实际投资额 35105 万美元，2003 年达到了 54378 万美元。由此可见，在发展的过程中，第三产业外资经济的产业结构逐步有所调整，但一直到现在，过度集中于房地产业的偏向仍较为突出。

表 4—5　2006 年中部地区房地产投资总额综合分析表

地区	房地产投资总额（亿元）	占全国比重（%）	占全国比重位次	同比增长速度（%）	增长速度位次	占全国百分比增减幅度	
						±百分点	位次
山西	247.5	1.15	24	32.35	13	0.059	13
安徽	756.9	3.51	11	51.93	5	0.592	3
江西	392.8	1.82	18	21.80	24	-0.007	23
河南	858.8	3.98	9	57.81	4	0.796	1
湖北	579.0	2.68	15	20.90	25	-0.119	27
湖南	628.9	2.91	14	27.00	16	0.017	16
六省合计	3463.9	16.05	—	37.13	—	1.28	—
全国合计	21586.2	—	—	26.25	—	—	—

资料来源：2007 年山西、安徽、江西、河南、湖北、湖南和中国统计年鉴综合计算结果。

表 4—6 部分年度中部六省国际旅游创汇的比较

单位:百万美元

年份 \ 金额 \ 省份	山西	安徽	江西	河南	湖北	湖南	六省平均
1996 年	3	58	34	73	125	101	65.7
1997 年	37	82	45	95	150	140	91.5
1998 年	38	70	43	100	88	156	82.5
1999 年	43	90	50	114	105	185	97.8
2000 年	50	113	62	124	146	221	119.3
2001 年	59	136	70	133	201	271	145
2002 年	75	124	72	145	284	311	168.5
2003 年	36	83	47	63	136	46	68.5
2004 年	81	141	80	160	192	313	161.2
2005 年	116	186	104	216	276	390	214.7
2006 年	164	227	140	274	320	503	271.3

资料来源:1996—2007 年山西、安徽、江西、河南、湖北、湖南统计年鉴综合计算结果。

发达国家和地区对中部地区第三产业的投资幅度较小,结构畸化,与我国的开放政策和中部地区的开放程度是相关联的。服务业与制造业有所不同,投资是直接进入对方市场的主要方式。一方面中部地区巨大的服务市场对发达地区相对成熟的服务业产生了非常强烈的吸引力。而另一方面,中部地区投资环境存在的制度性缺陷,诸如涉外法律、法规不健全或不透明,政府对产业转移缺乏明确的产业结构导向政策等原因,又使得外商在投资选择上倾向于见效快、收益高和风险少的项目,第三产业中的房地产业、娱乐业、商业、饮食服务业等也就自然成为外商企业投资的热点。另外作为朝阳产业、无烟工业的旅游业,已经成为所有省份大力发展的主导产业,得到快速发展。又由于服务业,尤其是消费服务业多数属于劳动密集型产业,服务业规模的扩大将十分有利于减轻域内长期存在的巨大就业压力,因此,加快服务业的发展是中部地区,乃至整个国家未来时期产业结构调整和实现经济社会协调发展的基本方向之一,应该成为当前和今后一段时期中部地区各级政府的重要课题之一,这种政策导向及其相应的鼓励性措施必将对第三产业外商直接投资增长产生积极的鼓励作用。

三、产业转移在中部地区第三产业中的特点

总体来说,目前中部地区第三产业的内部结构也同样在不断演进过程中,体现出以下几个特点。

一是投资结构不断演进。以房地产、住宿餐饮为代表的城市化建设行业绝对投资和所占比重持续攀升,信息传输、计算机服务和软件业、金融保险业投资比例大幅提升,成为当前和未来发展的热点。据统计,1997—2005 年外商投资于中部地区房地产业、交通运输、仓储和邮电通信行业、信息传输、计算机服务和软件业、批发零售业、住宿餐饮业、金融业、租赁和商务服务业、科教文卫保障服务业、水利环境和公共设施管理业的投资占中部地区外商直接总投资的 9.2%、0.88%、0.39% 和 2.58%、1.55%、0.04%、1.36%、1.63%、0.43%。而 2006 年外商在这些行业投资比重分别为 11.07%、0.71%、1.5%、2.2%、2.75%、0.1%、2.02%、1.81%、1.13%。

二是投资规模逐步扩大。1997—2005 年中部地区第三产业外商直接投资项目 4924 个,协议利用外资额 163.18 亿美元,占全

部协议总额559.21亿美元的29.18%,单个项目协议利用外资331.14万美元;实际利用外资98.27亿美元,占全部实际利用外资353.01亿美元的27.84%,单个项目实际利用外资199.57万美元。

三是投资层次渐次提高。从投资的形式来源看,国际知名大财团、跨国公司和大型商社来中部地区投资增多。良好的投资环境和高回报率,增强了外商投资的信心,合资年限延长。

四、产业转移在第三产业中的发展前景

当今世界上,一个国家和地区第三产业,尤其是服务业的发展,已经与其经济实力的提高越来越密切相关。从中部地区第三产业在国民经济中所占的比重情况看,发展差距还很明显。2006年中部地区第三产业的比重为36.9%,略高于大部分发展中国家35%的平均水平,但与发达国家60%—80%的比例相差甚远;中部地区第三产业就业人数占就业总人口的28.6%,远低于印度的55%和美国的81%;2006年中部地区第三产业增加值为82972.0亿元,只占全国的18.86%。从第三产业内部结构看,发达国家主要以信息、咨询、科技、金融等新兴产业为主,中部地区和全国其他地区一样,仍以传统的房地产业、商业服务业为主,邮电、通讯等基础性产业和金融、保险、信息、咨询、科技等新兴产业发育不足,比例趋于上升,但绝对值仍然很小。加速发展中部地区新兴服务业,尽快提高其国际竞争力显得十分迫切。就中部地区的区情和改革开放的经验而言,吸收外资不失为一条捷径,也是必经之路。

在第三产业中,商业饮食、邮电运输、金融业、公用事业及居民服务业的后关联性最强。换言之,对这些产业的需求增长受总需

求增长的拉动效果较为明显。因此,伴随中部地区经济的继续高速增长,对这些服务业的需求增长会超过企业服务业的平均水平,通过吸收外资提高这些行业的总体规模和服务水平,将有利于适应经济增长和市场消费增长的需求,并产生良性循环效果,带动社会需求进一步增长,因此,应当成为重点发展领域。

从国际背景来看,目前服务业投资已经成为国际直接投资的主流之一,随着基础设施、金融、通信、民航、旅游等在内的服务贸易市场的进一步开放和外商鼓励政策的相继出台,特别是我国政府对限制或禁止投资的第三产业领域的进一步开放,外商投资中国第三产业的积极性将进一步提高,发达区域服务业向中国的转移趋势将进一步加快,流向中部地区的部分也会明显增加,中部地区的第三产业必然成为外商投资的热点和重点。从发展方向来看,随着中部地区经济发展水平的提高,市场经济的发育和完善,对外开放范围的扩大,投资环境的改善和外资来源的多样化,产业转移在中部地区第三产业中的结构分布还会继续变化,金融保险、内外贸易、广告咨询和旅游业等生产服务性行业将会成为外商投资最活跃的领域。

第五章

中部地区产业转移承接策略

正如波特教授在其《国家竞争力》一书中所指出的，国家或地区的竞争力是通过国家或地区产业的综合竞争力来表现和实现的，国家或地区竞争力集中体现在这个区域的产业竞争力上。产业与区域是密切关联的，产业是区域的产业，区域是产业的区域，产业的成长必须依托于特定的区域，而区域的发展则离不开产业的支撑。因此，如何正确对待产业转移，对其进行必要的引导和调节，从而保持和提升区域竞争力，应该成为中部地区各级政府、各个行业普遍关注的问题。

毫无疑问，自1978年特别是1992年以来，中部地区各省以国内外产业转移为契机，以利用外来资金为手段，在促进区域产业结构合理化与高度化方面取得了巨大的成就，综合体现于传统产业得到了有效的改造，新兴产业有了长足发展，产业的市场竞争力明显增强。但是，我们也应清醒地看到，一方面，无论是转移产业的总体数量、转移产业的总体结构，还是转移项目单体规模与层级，与中部地区经济发展战略和现实需求都存在差距，与社会、环境的发展有待协调;另一方面,无论产业承接的基础建设,产业配套,还是软件服务,与转移产业的发展需求,与发达地区发展水准也同样存在较大落差。而这仅仅依靠市场自发的配置力量显然是难以弥补和完成的,必须依托政府的主导力量,充分解读和发挥好中部地区自身优势,不懈推进基础设施建设、体制机制创新和服务水平的提高,扎实做好产业规划、载体建设和环境创新三项基础工作,最终通过产业政策的合理规划和有效实施统筹自然、经济、社会、文化关系,以求产业转移与区域经济发展要求相统一,与区域产业发展方向相协调。

第一节　产业转移承接的背景和优势分析

中部六省自古以来就是物华天宝、人杰地灵的富庶之地,人口众多、物产丰富、历史悠久、文化鼎盛,在全国地域分工中扮演着十分重要的角色。无疑,中部地区目前正处于一个经济积累和发展过程中,起点低,基础薄,也累积了很多矛盾和问题,但同样优势也十分明显。中部有得“中”独厚的区位优势,得“土”独厚的资源优势,得“才”独厚的创新优势;有开明开放的发展环境,举足轻重的产业规模,分合有序的经济协作。“2006 跨国公司眼中最具投资价值的中国城市”评选结果表明,尽管目前对外资吸引力最强的 20 个城市仍然主要分布在我国东部地区,但是,“最具投资潜力城市”20 个桂冠却多数被中部地区城市摘得。当前发展中国家和新兴市场经济体成为国际投资首选地的趋势更加明显,海内外资金向环境优越地区集聚的趋势更加明显,东部沿海发达地区产业向中西部地区加速转移的趋势已经形成,外资从东部地区向中部地区转移的趋势也已经形成。中部六省重要的是立足现有产业基础和比较优势，扬长避短，将比较优势转化为产业优势和经济发展优势，在国家必要的支持下，着力增强自我发展和创新能力，这是中部地区积极参与国际和国内分工、主动承接产业转移，并在产业的互动中发展壮大自身的重要前提和基础。

一、产业转移承接宏观背景分析

立足于中部地区固有的丰富资源和产业积累，着眼日益完善的公共管理体制和经济运行机制，较之于西部省份和东北地区，中部地区同样拥有无可比拟的环境优势、资源优势和产业优势，能为国际、国内的产业转移提供一个良好的成长发展空间。

（一）中部地区正面临极其难得的发展机遇

第一，促进中部崛起已经成为中央的重大规划和重要实践。《中华人民共和国国民经济和社会发展第十一个五年规划纲要》提出，中部地区要依托现有基础，提升产业层次，推进工业化和城镇化，在发挥承东启西和产业发展优势中崛起。加强现代农业特别是粮食主产区建设，加大农业基础设施建设投入，增强粮食等大宗农产品生产能力，促进农产品加工转化增值。支持山西、河南、安徽加强大型煤炭基地建设，发展坑口电站和煤电联营。加快钢铁、化工、有色、建材等优势产业的结构调整，形成精品原材料基地。支持发展矿山机械、汽车、农业机械、机车车辆、输变电设备等装备制造业以及软件、光电子、新材料、生物工程等高技术产业。构建综合交通运输体系，重点建设干线铁路和公路、内河港口、区域性机场，加强物流中心等基础设施建设，完善市场体系。2007年5月，财政部、国家税务总局制定和下发了《中部地区扩大增值税抵扣范围暂行办法》，对中部六省大同、马鞍山、洛阳、萍乡、襄樊、株洲等26个老工业基地城市的装备制造业、石油化工业、冶金业、汽车制造业、农产品加工业、采掘业、电力业、高新技术产业实行增值税抵扣试点。对中部六省粮食生产和新农村建设、工业结构调整、社会公共事业发展等一系列支持政策和措施也相继出台。包括粮农直补、良种补贴、农机具购置补贴、农业综合开发投入、重要矿产资源勘察支持、重点资源枯竭型企业关闭破产扶持、促进企业进行自主创新和技术开发、加大扶贫、改善农村中小学办学条件、落实“两免一补”政策、加大职业教育和培训支持、支持文化卫生医疗事业发展，以及加大对财政困难县乡的财政转移支付力度等。党的十七大报告强调指出，要注重实现基本公共服务均等化，引导生产要素跨区域合理流动，推动区域协调发展；要大力促进中部地区崛起，重大项目布局要充分考虑支持中西部发展，鼓励东部地区带动和帮助中西部地区发展；要加大对革命老区、民族地区、边疆地区、贫困地区发展扶持力度；要加强农业的基础地位，加大支农惠农政策力度，增加农业投入，促进农业科技进步，增强农业综合生产能力，确保国家粮食安全，走中国特色农业现代化道路，建立以工促农、以城带乡长效机制，形成城乡经济社会发展一体化新格局；要走中国特色城镇化道路，按照统筹城乡、布局合理、节约土地、功能完善、以大带小的原则，促进大中小城市和城镇的协调发展，以增强综合承载能力为重点，以特大城市为依托，形成辐射作用大的城市群，培育新的增长极。这些指导方针和政策措施，将为中部崛起提供极为有利的发展条件。

第二，西部大开发战略的加速推进，同样给中部地区提供了综合性的发展机遇。如国家鼓励外商投资的政策，在中部地区同样适用，随着西部大开发各项政策的相继出台，中部地区开放开发的政策环境将大为改善。又如国家进行通江达海的公路、铁路干线及宽带高速信息通道建设，实施“西气东输”、“西电东送”、长江黄河源头生态治理工程等大规模的固定资产投资都要跨经或辐射到中部地区，这些建设项目不仅能够加快改善中部地区基础设施建设，改善水利、航运等条件，为产业转移承接提供一个好的硬环境，而且可以很好地拉动中部地区的产业投资需求和市场消费需求。西北地区是我国潜力最大的消费市场，而其消费结构与中部地区的生产结构相适应，多年来是中部地区传统产品的主要销售地区。随着西部大开发战略的加快实施，中部地区可获得更大的发展空间。①

第三，经济全球化的不断深入为中部地区提供了广阔的融入空间。随着中部地区市场的更加开放、制度的更趋协调、环境的更为优化，技术、产品、服务，以及其他重要生产要素向中部地区的大规模转移将更为丰富、高效，产生更大的效应，获取更多的效益。中部地区应该可以在经济全球化的过程中不断培植自身的产业基础，提升产业层级，为技术资金密集型产业转移的承接提供良好的产业依托。

(二)中部地区拥有极为丰富的自然资源

矿产资源。中部地区能源与矿产资源丰富，矿产资源种类齐全，配套条件好，开发利用成本低，是我国能源与矿产资源最富集的地带。在中部各省中矿种最多的达 160 多种，最少的也有 110

---

① 朱简：《在西部大开发中中部地区的战略定位》，《商业研究》，2003 年，总第 241 期。

多种，山西是我国能源及多种矿产资源最丰富的省区，湘赣是我国著名的“有色金属之乡”。中部资源丰度远远超过东部，资源数量、种类虽不及西部，但分布条件好，品位高，开发利用条件优于西部。而重要或稀有矿产资源的丰度也远优于东部，密度也高于西部，在全国主要矿种中，保有储量占全国60%以上的资源有12种；占40%—50%的资源有7种。储量居全国第一位的有：山西的煤、煤层气、耐火黏土、铝土、铁矾土、镓、铂，安徽的明矾，江西的铜、金、银、铷、铯、碲、伴生硫、白云岩、滑石、粉石英、铀、钍，河南的钼、兰石棉、铸型砂岩、天然碱、珍珠岩、兰晶石、红柱石，湖北的泥灰石、柘榴子石和金红石，湖南的钨、铋、独居石、莹石、海泡石、重晶石、长石。其中山西的煤炭储量占全国的三分之一，江西的铜储量占全国的五分之一，钨、金、银等均占全国较高份额。按照矿产分布及储量状况，中部六省已经形成以下三大基地，即：以山西、河南、安徽为三角的煤炭基地；以江西、湖北、湖南为三角的有色金属基地；以湖北、湖南为中心的磷化矿基地。

土地资源。中部六省地处亚热带和温热带，气候温和，日照充足，雨量充沛，拥有宜农平原、宜林山地、宜牧草场和宜渔湖泊等多种农业自然生态系统。江汉平原、洞庭湖平原、黄淮平原和鄱阳湖平原，幅员辽阔，耕作性能好，土壤熟化，多为我国农业稳产高产区。江汉平原土地面积4.6万平方公里，人口1399万人，耕地1927万亩，有效灌溉面积1701万亩，粮食产量908万吨，每年调出粮食40万吨，棉花519万担；洞庭湖区土地面积1.88万平方公里，耕地1086万亩，人口756万人，粮食产量354万吨，有效灌溉面积801万亩；黄淮平原经济区是河南重要的农业经济区和农产品出口基地，土地面积达1598万公顷，土地垦殖率达47%；淮北平原的农林牧渔业总产值占安徽全省比例41.64%，调出商品粮占安徽外调粮的56%；鄱阳湖湖区土地面积2.6万平方公里，耕地面积886万亩，有效灌溉面积751万亩，人口826万人，年产粮食量318万吨，粮食商品率达23%，棉花3.5万吨，油料22万吨。2006年，中部六省耕地面积30566.5千公顷，占全国的23.51%，粮食播种面积31327.8万千公顷，占全国粮食播种总面积的29.7%。

森林资源。除山西的森林资源较少外，中部地区的森林资源十分丰富，江西、湖南的森林覆盖率均超过50%。2006年，中部六省林地面积4541.78万公顷，占全国的15.94%。中部六省的动植物资源种类繁多，野生动植物资源占绝大多数，经济开发前景广阔。动物资源最多的湖北达700余种，最少的河南也有418种；植物资源最多的江西达4000余种，最少的山西也有1700余种。

水资源。除山西水资源较贫乏外，中部地区的水资源相对富余。中部六省的水域面积广阔，全国四大水系分布其中。长江是我国第一大水系，面积180.85万平方公里，年径流量9513亿立方米，涉及湖北、湖南、江西、安徽、河南等19省市；黄河是第二大水系，面积75.24万平方公里，年径流量661亿立方米，涉及山西、河南等9省市；淮河是第五大水系，面积26.93万平方公里，年径流量222亿立方米，涉及湖北、河南、安徽等5省；海河是第六大水系，面积26.36万平方公里，年径流量228亿立方米，涉及山西、河南等8省市。大小湖泊、水库和山塘星罗密布，在全国五大淡水湖中，中部拥有第一大淡水湖鄱阳湖，面积3913平方公里，蓄水量300亿立方米；第二大淡水湖洞庭湖，面积2740平方公里，蓄水量187亿立方米；第四大淡水湖巢湖，面积776平方公里，蓄水量36

亿立方米。它们的淡水渔业养殖条件都非常良好。2006年,中部六省水资源总量5030.8亿立方米,占全国的19.86%。

旅游资源。中部六省自然地貌发育奇特,名山大川气势磅礴,革命遗迹寓意深远,风土人情绚丽多彩,名胜古迹多不胜数。在全国五批公布的共177个重点风景名胜区中,中部六省拥有42个,是中华文化的重要发祥地,历史悠久,文化积淀丰厚,人文资源得天独厚。商业文化、中原文化、湘楚文化、庐陵文化、近现代革命史文化驰名中外。其中庐山、黄山等风景名胜区被列入《世界遗产名录》。在全国六批次公布的共2348处重点文物保护单位中,中部六省拥有706处,其中江南三大楼岳阳楼、黄鹤楼、滕王阁和洛阳龙门石窟等闻名中外。在国务院公布的第一批全国重点文物保护单位名单中的33处革命遗址及纪念建筑物中,中部地区占有9处,其中井冈山、瑞金、韶山等革命遗址闻名全国。在全国100座历史文化名城中,中部六省拥有20座,其中景德镇、开封、岳阳等历史文化名城享誉内外。文化是中部六省一个巨大宝库,近年来,借助这独特的资源,一个新的产业体系雏形已经显现。以湖南长沙为例,目前,长沙市有文化经营个体户10万家,文化法人单位2058个,其中经营和资产过亿元的文化企业就有长沙晚报集团、长沙广电集团、湘绣城等10多家,从业人员22万。2006年长沙市文化产业总产值360亿元,增加值170亿元,占全市GDP的10%,且连续5年保持20%以上的增长速度。另外,在全国45个森林及动植物类自然保护区中,中部六省有9处,其中江西的鄱阳湖、山西的庞泉沟、河南的伏牛山、安徽的扬子鳄、湖北的神农架、湖南的八大公山等自然保护区独具特色。这些资源是中部发展国际国内旅游经济的天赐优势。

(三)中部地区已经奠定一定的产业发展基础

中部地区在历经50多年的工业化进程中,20世纪五六十年代建立起来的传统基础工业,在市场经济的洗礼中得到了进一步发展壮大。改革开放以来,中部地区又集聚了以武汉神龙、江淮、江铃等为代表的汽车产业,以武汉长飞和邮科院为代表的光电子产业等一批现代高新技术制造业。尽管与国内发达地区比较,目前中部的产业整体优势还没有形成,但钢铁、造船、商贸、交通等行业的传统优势依然尚存,汽车、光电子、烟草、物流、信息服务等新的优势正在形成。特别是近年来,武汉东风总部、新武烟、武汉中百、火箭股份等总部经济的快速扩张和发展,极大地推进了中部经济的工业化进程。随着现代制造业基地和现代服务业中心建设力度的加大,中部的产业发展将步入一个加速阶段,将更有力地支撑中部经济圈的发展,为国际跨国集团高技术、高知识的产业转移提供良好的产业依托。

全国重要的农副产品生产与输出基地。中部地区各省主要处于亚热带和暖温带,气候适宜,四季分明,光照充足,温和湿润,土地肥沃,丰富的地形地貌和光、热、水、土资源,造就了多样丰富的生物物种,为农业发展提供了优越的自然条件。由于这些自然、地理和历史等方面所具有的先天优势,中部地区历来是我国的优质农产品生产基地。中部地区的耕地面积达305665.5千公顷,占全国耕地面积的23.51%,粮食播种面积31327.8万千公顷,占全国粮食播种总面积的29.7%。土地肥沃且较平整,大多是中国著名的“粮仓”或“鱼米之乡”。中部六省的湖南、湖北、江西、安徽(地处长江中下游平原)和河南(地处华北平原)是全国著名的粮棉油生产基地。以两湖平原(江汉平原、洞庭湖平原)、黄淮平原、鄱阳湖平原为主的三大平原农业区，培育了棉花、双低油菜、小麦、水稻、肉牛肉羊、水产品等六大优势农产品。2006年，粮食总产量达15714.8万吨，棉花总产量达214.8万吨，油料产量达1268万吨，分别占全国的31.59%、31.84%和41.45%。中部六省的河南、湖南、安徽、湖北、江西都是全国重要的畜牧饲养基地。2006年，肉类总产量达2278.5万吨，占全国的28.3%。家禽、水果、茶叶、水产品等农副产品在全国也占有一定的份额。从农副产品输出看，仅河南每年就有2000多万头生猪和400万活牛销往京、沪、粤等大中城市；素有"鱼米之乡"盛誉的湖北水产品已进入全国31个省（市、区）及港澳台地区；山西的榆林大枣、同川梨，安徽的黄山毛峰，江西的南丰蜜橘、赣南脐橙、泰和乌鸡、遂川狗牯脑，河南的信阳毛尖、黄河鲤鱼、中牟大蒜，湖北的武昌鱼，湖南的君山银针等特色农副产品畅销全国。

表5—1　中部六省农业产业带、产业基地与优势农产区状况

地区	产业带	优势农产品或生产基地	优势农产区
山西	雁门关生态畜牧经济区，太行山、吕梁山小杂粮及干果产区，中南部设施、高效农业，果菜生产区	优势农产品：小杂粮、干果、牧草、蔬菜	运城、临汾、太原、忻定、大同、长治六大盆地
安徽	沿江及江南水稻产区；淮北平原小麦产区；江淮稻麦产区；沿江和江淮蔬菜重点产区；淮北平原和沿江洲地棉花重点产区	优质粮油、黄牛和肉鸡、水产品、蔬菜、水果、林特产品、中药材、茧丝绸等	淮北平原农业区；江淮丘陵农业区；皖西大别山地林茶区；沿江平原农业区；皖南山地林茶粮区

续表

地区	产业带	优势农产品或生产基地	优势农产区
江西	脐橙为主的果业；河蟹优势产区；柑橘带；“双低”油菜优势棉区	果业、畜禽、水产品、优质稻、优质油料、蔬菜、茶叶、苗木花卉、中药材和速生丰产林生产基地	长江中下游；赣南湘南桂北；长江中下游产区；长江流域
河南	优质小麦生产区；优质水稻生产区；优质棉生产区；优质烟生产区；绿色奶业示范带项目；蛋肉鸡、水禽、肉牛肉羊带	食用菌、优质苹果、茶叶、桑蚕、猕猴桃、山茱萸、大枣、大蒜、西瓜、红萝卜等	豫北、豫中南；沿黄地区；周口、商丘等地；驻马店、平顶山；黄河滩区等
湖北	双低油菜产业带；优质稻米产业带；商品蔬菜产业带；水产养殖带；速生林产业带；优质三元猪产业带	优势农产品：柑橘、魔芋、芝麻、板栗、蚕茧、蜂产品、食用菌、奶类、茶叶、中药材、双低油菜	两江流域；江汉平原；江汉平原腹地；以武汉为中心向沪蓉、京珠沿线扩展的农区
湖南	食品饲料加工、竹木加工、油脂加工、肉类加工、果蔬、茶叶和特种养殖等	优势农产品：粮食、棉花、油料、苎麻、烟叶、柑橘，以及猪肉等	长沙、常德、株洲、湘潭、岳阳；洞庭湖平原

资料来源：山西、安徽、江西、河南、湖北、湖南国民经济和社会发展第十个五年计划。

全国重要的能源生产与输出地区。在能源资源方面，中部地区的煤炭、水资源总量分别占全国的39.8%和23%。如山西的大同、宁武、西山、霍西、沁水、河东6大煤田，安徽的淮北、淮南两大煤田，河南的中原、河南两大油田，河南的小浪底电站，湖北的三峡、葛洲坝两大电站等。2006年，中部六省原煤产量9.57亿吨，电力生产量6362.73亿千瓦时，分别占全国的40.33%和22.2%。河南、湖北的石油及天然气资源，江西、湖南的太阳能资源，江西、湖北、湖南的地热资源均处于全国各省市区的前列。全国最大的铀矿生产基地、最大的煤炭基地、最大的水电厂都坐落在这一地带，山西的原煤产量、湖北的水力发电量更是在全国首屈一指。从能源输出看，仅山西每年的煤炭外调量就达2.5亿吨，电力外调量也达212亿千瓦时，北京1/4的电力来自山西；而三门峡、葛洲坝、三峡等大型企业，为国家经济建设作出了巨大的贡献。三峡工程是中国最大、世界闻名的水电工程，也是促成中国南北电力系统大联网，实现西电东送的最佳电源点。其总装机容量1820万千瓦，年发电量847亿千瓦时，它将华东、华中、西南三大电网联结成一体，进而与华南、华北、山东及东北、西北的电网联结，形成全国联网。可以说，东部工业快速发展的动力之源，在很大程度上是来自于中部。

表5—2　中部六省人均电力生产量对比表

单位：千瓦时/人

省份 金额 年份	山西	安徽	江西	河南	湖北	湖南	全国
1978	358.3	178.4	143.82	184.9	200.3	181.1	268.36
1985	706	245.3	240.4	266.8	442.8	262.4	390.76
1990	1118	349	321.32	369.2	639.62	362.1	547.22
1995	1653	519.9	436.59	604	788	520.9	835.81
2000	1937	589.7	486.95	736	904.54	540.11	1073.62
2002	2170.8	733.8	589.88	949	1013.01	643.63	1291.78
2003	2912	857.3	757.23	1063	1264.94	852.89	1482.91
2006	4522.58	1201.95	1013.82	1704.11	2295.22	1190.32	2180.12

资料来源：1979年、1986年、1991年、1996年、2004年、2007年山西、安徽、江西、河南、湖北、湖南和中国统计年鉴综合计算结果。

全国重要的重工业生产基地。首先,中部地区丰饶的矿产资源为中部地区重工业经济的发展奠定了坚实的基础。中部六省以占全国10.7%的土地,拥有30%左右的矿产资源,其主要矿产资源的份额相当于土地份额的3倍。其中,占全国1/3以上储量的有贵重金属、有色金属、稀有金属、能源矿产;约占全国1/5以上储量的有黑色金属、化工原料;较低储量的如建材及其他非金属矿亦占10.8%,与所占土地份额相当。中部六省的矿产资源密度不仅大大高于东部,也明显高于西部,这就为农业、能源和原材料等基础产业,尤其是重工业的发展提供了难以替代的资源优势。目前中部地区是全国最大的中、厚、薄板和特殊钢基地,最大的中型货车生产基地,最大的重型机床和包装机械生产基地,第二大汽车生产基地等,已形成以煤炭、电力、冶金、机械、化工、纺织等为主的门类齐全的工业体系,汽车、钢铁、轻纺、水电等大的产业群和一些初具规模、实力比较雄厚的产业基地和龙头企业。2006年,中部六省工业企业数44964个,完成增加值14407.2亿元,实现利税2678.37亿元,分别占全国的14.89%、15.82%和18.53%。36个行业大类中,煤炭采选、有色金属矿采、黑色金属矿采、非金属矿采、有色金属冶炼、黑色金属冶炼、非金属矿物制品、烟草加工、食品加工、交通运输设备制造、电力蒸汽热水生产及供应、石油加工及炼焦等12个行业占全国比重较大。在重要工业产品中,原煤、钨、钢铁、卷烟、汽车、电力、炼焦、机制茶、棉纺织品等在全国占有重要份额。

二、产业转移承接微观优势分析

东部地区产业向中西部和东北地区的转移,无疑是经济、政治、社会、文化等多方因素综合作用的结果，但最为核心的还是利润的诱导。虽然从中西部及东北各省市区来看，各有其吸引外来产业投资的优势，尤其是西部、东北部省区得到中央政府给予的倾斜政策支持，在一定程度上增强了西部和东北地区对外来产业投资的吸引力，但就整体而言，中部地区与西部、东北地区相比，对吸引区外产业投资仍具有较明显的优势。

（一）区位优势

从地理角度看，无论是自然地理位置，还是经济地理位置，中部均处于东部与西部的结合部，对于人流、物流、资金流、技术流、信息流在全国范围的顺畅流动和资源的有效配置，对于全国区域经济格局的塑造和实现地区经济协调发展，有着不可替代的重要作用。

中部地区东部（安徽、江西）与山东、江苏、浙江等省接壤，紧邻长江三角洲的区域中心上海，处于上海市4小时经济圈的辐射范围之内，这对于参与国际分工、产品以出口为主的转移企业来说，在劳动力成本和其他投资条件相近的情况下，运输成本自然成为产业转移区位选择的重要考量因素，这是西部地区省份所无法相比的。南部（江西、湖南）与福建、广东、广西等省接壤，紧靠珠江三角洲、闽南三角地区和港澳地区，能较好地参与香港与内地的CEPA合作，对于出口导向型产业，以及与母公司形成企业内部分工的产业转移具有很强吸引力。西部（湖南、湖北、河南）与贵州、重庆、陕西等省接壤，是东部产业向西部转移的桥梁与纽带，也是西气东输、西电东送的必经之路，处在承东启西的重要战略地位，它一方面可以就近吸收沿海发达地带转移过来的资金、技术及管理经验，并将地带的优势产品比较便捷地输送到沿海市场甚至国际市场；另一方面又可以利用背靠西部的便利条件，把本区域及其消化的先进技术就近向西转移，既提高西部的经济素质，又输入西部优势资源和产品，弥补中部相关资源及产品之不足，促进中部地区的经济发展。北部（山西、河南）与内蒙、北京、河北等省接壤，紧靠以北京、天津为中心的环渤海经济圈，距离辽宁、吉林等老工业基地也较近。在东部大发展、西部大开发、南部大开放、东北大振兴的新形势下，中部六省起着承东启西、接南进北的作用，在全国区域经济板块中发挥着不可替代的重要作用。

从交通状况来看,中部六省处于全国水陆空运输网络的中枢,吸引四面,辐射八方。全国约46%的铁路,35%的公路和内河航线均分布在中部。除京沪、宝成及青藏铁路外，全国几乎所有的东西、南北铁路干线均经过本地带。几十条干线和几百条支线铁路与主干线融会贯通，营运里程达1.51万公里，占全国的21.0%。联结地带内外的公路干线四通八达，通车里程达35.3万公路，占全国的20.0%。境内水运以内河航道为主，“黄金水道”长江、黄河在交通运输业发展中扮演重要的角色，上百条河流与之相连，通航里程达3.21万公路，占全国的26.4%。航空港发展迅速，航空运输网络正在形成，以武汉、郑州、长沙、太原、南昌、合肥为中心的民用机场开通有国内上百条航线，可直达全国主要城市及港澳台地区，部分机场还开通新加坡、韩国等国际航线。中部地带的综合性运输网络是全国运输网络和通道的重要组成部分，也是地带内部发展经济的一大优势，对促进全国的物质流动以及产业布局的西移起着十分重要的南联北引、承东启西的作用。

（二）市场优势

占领市场是企业跨地区投资的主要目的之一。正如世界银行首席经济学家斯蒂格里茨所言："中国应当采取措施利用其庞大的国内市场，它正在成为其自身不断增长的发动机。"①中部地区的市场容量巨大，这对于转移主体来说，无疑就是一块巨大的蛋糕，意味着丰厚的利润。尽管中西部地区都属于发展中地区，但中部地区的发展水平略高于西部。中部地区较高的人口密度和经济密度，使得在有效的服务范围内能形成更大的消费市场和生产能力，有利于产业的聚集和获得规模经济，这说明中部地区比西部地区更具有良好的发展基础和广阔的发展前景。除此以外，西部为少数民族集聚地区，各民族在长期的发展过程中都形成具有各自民族特征的饮食、服饰习惯，这种特殊的消费群体和市场，基本处于一种区域性自给自足状况，加上经济发展水平较低，恩格尔系数比较高，消费市场的扩大受到限制。因此，总体而言，中部比东西部地区更具有市场优势。2006 年，东部地区社会消费品零售额增长 15.2%，速度比 2005 年加快 0.9 个百分点，中部地区增长 15%，速度加快 1.1 个百分点，西部地区增长 14.9%，速度加快 0.9 个百分点。2004 年以来，中西部地区社会消费品零售额都表现出稳定中加快增长的明显态势，2004—2006 年，中部地区年均增长速度达 14.7%，西部地区年均增长速度达 14.5%，中西部地区消费品市场增长速度的明显加快，使之与东部地区增长速度的差距持续缩小，由 2003 年的 2.5 个百分点缩小到 2006 年的 0.3

① 斯蒂格里茨：《中国第三代改革的构想》，《中国走向》，浙江人民出版社 1999 年版。

个百分点,东中西部地区增长速度表现出明显的趋同态势,而中部地区的市场优势是显而易见的。尽管目前由于中部地区的人均收入水平较低，导致购买力仍然低下，但其未来经济增长的空间十分广阔，是一个潜在的大市场。而且历经几十年的建设和发展，中部地区也已形成了一些经济基础良好、人均收入水平较高、居民消费能力较强的中心城市，如武汉、太原、郑州、长沙、合肥、南昌等。

（三）劳动力优势

劳动力是产业转移中需要考量的最重要因素,这也是发达国家高技术产业大多移往发达国家而非发展中国家的核心原因所在。在东部地区向外转移的产业中,劳动密集型产业占很大比重,而东部发达地区与中西部地区劳动力价格的较大差异是促使劳动密集型产业发生地区转移的主要原因。中部地区人口稠密,劳动力资源极其充裕,远远高于全国各省平均人数。虽然中部地区的人均收入水平略高于西部地区,但就中部地区劳动力的素质而言,远高于西部省份。在知识化、高技术化的趋势下,显然西部在人力资源方面将大大失分。据 2005 年中部地区和西部地区各省统计年鉴提供的有关数据综合计算,现有从业人员中部和西部地区受到小学、初中、高中、大学教育程度的分别为 34.2%、40.5%、40.7%、29.7% 和 12.9%、9.3%、3.3%、2.6%;受到初中以上教育的分别为 56.3% 和 41.6%。尤其是中等教育能力中部地区大大高于全国平均水平，在中部地区各省中，最少的安徽也有 775 万人，高于全国 745 万人的平均水平。尽管中部地区科技与人力资源综合发展低于全国平均水平，但与全国的差距不断缩小，湖北、山西、湖南三省已高于全国平均水平，特别是湖北武汉地区的科教实力居全国前列，高等院校、科研院所集中，各类专业技术人员荟萃，科技成果丰富。湖南有60多所普通高校，国家级重点实验室6个，国家级工程技术研究中心8个。合肥早在20世纪80年代就被定位为中国重要的科教基地，现在是中国第一个、也是唯一的科技创新型试点城市，同时还是世界科技城市联盟会员城市。拥有中国科技大学、合肥工业大学等高校59所，中科院合肥物质研究院等研究与技术开发机构275个，两院院士29人、各类专业技术人员30多万人、在校大学生约25万人、熟练产业工人20多万人，科研人才资源在全国同等城市中位居前列。南昌是全国三大职业教育中心，有83所中高等职业院校，在校生达38万人；135家职业教育培训机构，培训规模达15万人次。虽然改革的滞后使中部地区的科教资源仍未完全融于经济社会发展，但随着市场经济体制的进一步完善和科技体制改革的不断深入，中部的科技优势所形成的巨大发展潜力必将逐步发挥出来。

另外,劳动力的流动性意愿也对吸引劳动密集型产业转移的地区选择构成一定影响。从我国日前劳动力跨区域流动的态势看,主要流出地区,除西部的四川外，基本都位于中部地区。据国家统计局公告，在我国跨省流动人口中，山西、安徽、湖南、江西、河南、湖北六省占全国的近一半。可以说，考虑劳动密集产业的转移、出口，以及开拓当地市场等密切关系，中部地区对吸引以出口导向和占领市场为目标的劳动密集型、一般技术性产业都具有一定优势，而这些产业恰恰是当前东部地区所转移产业的主流。

表 5—3 2006 年中部地区就业人员受教育程度构成

单位:%

地区	合计	未上过学	小学	初中	高中	大学专科	大学本科	研究生
山西	100	1.9	19.4	56.5	14.1	5.3	2.6	0.17
安徽	100	13.6	31.1	44.4	7.2	2.6	1.1	0.05
江西	100	5.9	38.9	38.8	10.4	3.7	1.8	0.29
河南	100	5.7	22.6	57.2	10.1	3.4	0.9	0.04
湖北	100	7.6	29.7	41.0	14.1	4.4	2.5	0.60
湖南	100	4.1	32.9	45.9	11.7	3.6	1.7	0.17
全国	100	6.7	29.9	44.9	11.9	4.3	2.1	0.23

数据来源:《2007 中国人口和就业统计年鉴》,中国统计出版社 2007 年 10 月版。

表 5—4 中部六省每万人口中中等学校在校生数一览表

单位:人/万人

省份 / 金额 / 年份	山西	安徽	江西	河南	湖北	湖南	全国
1978	821.13	618.33	551.43	742.90	825.68	680.67	689.51
1985	641.67	443.81	488.06	480.11	532.01	471.61	481.11
1990	574.52	428.67	530.97	441.55	415.76	462.22	446.54
1995	576.39	547.93	552.69	533.13	480.79	520.10	511.18
2000	729.54	673.45	702.41	748.41	628.41	665.5	672.11
2002	817.10	729.03	763.43	846.19	727.29	771.36	720.55
2003	870.99	775.49	795.08	862.64	796.28	812.48	743.95
2006	1298.8	1273.9	1321.1	1275.7	1404.4	1194.8	1132.8

资料来源:1979 年、1986 年、1991 年、1996 年、2004 年、2007 年山西、安徽、江西、河南、湖北、湖南和中国统计年鉴综合计算结果。

表5—5　中部六省每万人口中高等学校在校生数一览表

单位:人/万人

省份 金额 年份	山西	安徽	江西	河南	湖北	湖南	全国
1978	8.64	6.2	6.85	3.9	10.8	6.9	8.9
1985	15.69	11.0	12.86	8.7	22.3	12.7	16.1
1990	17.7	11.03	14.98	9.41	25.19	14.4	18.0
1995	21.91	14.67	20.37	13.59	61.27	20.4	24.0
2000	38.7	29.05	35.29	28.0	93.43	38.7	43.9
2002	63.26	52.67	64.04	49.64	151.09	63.27	70.3
2003	82.67	64.39	85.64	58.85	179.2	80.63	86.3
2006	179	135.1	210.5	133.1	254.2	171.9	181.6

资料来源:1979年、1986年、1991年、1996年、2004年、2007年山西、安徽、江西、河南、湖北、湖南和中国统计年鉴综合计算结果。

第二节　产业转移承接的产业规划策略

如前所述,产业转移对中部地区三次产业结构及产业内部结构都产生了不可忽视的正反两面的效应。显然,在产业转移的结构性倾斜突出的背景下,这种结构倾斜与产业结构调整方向和内容的协调性显得意义非常。这种结构倾斜与中部地区产业结构调整的要求相统一,将有利于促进中部地区产业结构的调整;反之,则会加深中部地区产业结构的失衡状态。因此,我们有必要通过有关产业的规划和政策措施的导向,协调和一致产业转移的结构变动与中部地区主导产业的选择、技术转移和本地自主研发创新的布局、转移项目与域内相关产业的协同,以促进产业转移与中部地区经济的统筹发展，推动中部地区产业结构的整体进步。

一、以创新分工观念为内容的产业承接策略

在传统的生产技术和经济体制条件下，地域分工、产业分工是一个缓慢形成的过程，并且长期处于相对稳定状态。中部地区由于拥有丰富的自然资源和廉价的劳动力资源，致使中部产业以新兴矿产采掘业和产品粗加工业为主，而东部则以高新技术产业、深加工和最终消费品为主。进入市场机制后，尤其在全球化和知识经济背景下，基于产业链和产业内部价值链的利润分工格局已经形成。① 各国、各区域依据其自身拥有的比较优势和竞争优势成为整个全球经济产业体系和产业链条中的一环和几环，并依据其所处的地位提供不同的价值量。因此，对于中部地区来说，其产业成长和全球化过程，事实上就是一个不断培育和积累竞争优势，由非战略环节一步步向战略环节挺进的过程；其工业结构演化的概念，不仅仅是一个简单的由劳动密集型产业向资本和技术密集型产业的升级转换，而且还包含由同一产业内部的劳动密集型环节向资本密集型和技术密集型环节的升级转换。中部地区要摆脱其被动和弱势地位，就必须积极融入经济全球化的浪潮中，树立国内分工与国际分工有机结合的观念。以参与国内分工为基础，以增强参与国际分工能力为目标，形成开放型、全方位、多层次的分工格局。武汉、长沙、郑州、太原、南昌、合肥等科技基础较好的大中城市，既要注重自身比较优势，又要突破梯度转移定势，发挥后发优势，大力吸纳和承接国际转移产业，培强做大光纤、新材料、生命

---

① 参阅迈克尔·波特:《竞争优势》，华夏出版社 1997 年版。

科学等高科技开发区,在参与国际分工中加快技术进步和产业升级,逐步由垂直分工向水平分工转变,从分工下游向分工上游迈进,抢占生产分工制高点,努力创造新的竞争优势,实现对传统产业的超越,后来居上。

创新分工观念为内容的产业承接策略具体体现于操作层面,在于调整和设计产业承接制度,从技术、产业、环境等多个角度设立产业进入标准,有选择地吸收产业,以引导产业发展方向。一是依据产品的技术含量、国际国内市场发展前景、生产技术与效率水平的高低等设立技术指标,鼓励具有先进技术的外资的流入,以直接改善中部地区企业的技术结构和产品结构,促进技术溢出的实现,避免一般制造业部门因外资进入而产生过度竞争,减少外资的挤出效应,为民族产业发展创造有利空间和环境。二是设立产业承接标准,重点推动高新技术产业、制约经济发展的瓶颈产业以及产业链中研发、设计、品牌和关键零部件等环节的吸纳和承接,重点移入和壮大一批高新技术骨干企业、成长性好的科技型中小企业、高新技术改造传统产业的示范企业、科技型农业及农产品加工重点龙头企业。同时,以引进技术和管理为核心,合理控制优惠尺度,做到既鼓励投资也促进竞争。三是从资源集约度、投入产出效率和环境效应等方面出发,设立外资进入的资源消耗和环境标准。严格禁止承接那些严重污染环境而又无有效治理措施的项目、工艺和设备,杜绝小纸厂、小水泥、小火电等项目移入。对一些区域发展需要而又缺少配套技术治理污染的项目,必须同时引进先进环保设备。在限制甚至禁止环境不友好产业和企业进入的同时,积极鼓励外资流向资源消耗低、投入产出比高、环境污染小的集约型工业和环保产业,鼓励外商向清洁能源、清洁生产技术、生态农业开发、国内危险废弃物处置和利用，以及国内高污染产业和企业的技术改造等领域投资，以保证承接政策与可持续发展目标的一致性。①

二、以壮大主导产业为目标的产业承接策略

主导产业（leading industry，dorminant industry or triger industry）是现代经济发展的驱动轮，也是形成合理的区域产业结构的核心。从某种意义上来说，区域产业结构调整的过程也就是主导产业的选择过程。它们是同一过程的两个不同方面，而不是两个不同的发展阶段和过程。在区域经济体系中，主导产业通过其前后向关联与旁侧关联能够对整个经济增长和产业结构高度化发挥明显的主导性作用，即能够确实地将其活跃的增长势头、优势的技术创新、卓有成效的制度创新广泛而深刻地扩展到整个经济体系中去。区域经济发展的历史表明，经济的整体发展与主导产业的存在与发展有着很大的相关性。在其他条件相同的背景下，在一个没有主导产业、各个产业平行推进的区域里，区域经济不可能取得快速健康发展。

如前所述，国家对中部地区发展的基本定位是全国商品粮和优势农副产品生产加工基地、能源生产基地、重要原材料生产基地、有竞争力的制造业和高新技术产业基地、劳动力资源开发和输出基地、重要的文化和旅游基地。中部六省在半个多世纪的经济发展进程中，已在有色金属冶炼及压延加工业、交通运输设备制造

① 魏后凯、刘长全：《中国利用外资的负面效应及战略调整思路》，2006 年 8 月 25 日。

业、能源业、农产品加工业等领域形成了自身的主导产业群，成为中部地区崛起的重要支撑。这也是中部地区产业转移的依托，产业移入必须紧紧围绕壮大这些主导产业积极实行差别化的承接政策来进行。包括设置差别化的市场准入标准，通过给予特别的土地、信贷、财政贴息和税收刺激等政策支持，鼓励主导产业项目及其相关项目的进入，限制非主导产业，尤其是资源消耗高、能耗高、排放高、产品档次低的一般性产业和产品的进入。如山西省紧紧围绕主导产业的发展在“十一五”期间出台一系列政策重点开放煤化工产业、装备制造业、材料工业、旅游业、高新技术产业、特色农业和农畜产品加工业、服务业、基础设施、社会事业、传统优势产业技术提升改造等十大领域。

表5—6　山西省“十一五”期间十大重点开放领域

项目	内容
煤化工产业	甲醇及衍生物、乙炔化工、粗苯加工、化肥、煤焦油深加工、煤制油以及煤层气和焦炉煤气多联产利用等
装备制造业	载重车和汽车零部件、矿山机械、重型机械、铁路和轻轨机械、纺织机械、基础机械、煤化工和环保设备，精密铸锻件、铝镁合金和铝材深加工等
材料工业	以煤矸石、粉煤灰、工业废渣为原料的新型水泥和新型墙体材料、钕铁硼材料、纳米材料、耐火材料、高岭土材料、高性能陶瓷和纤维材料、磁性材料、硅锰合金等有色金属新材料，以及绿色环保、清洁材料的生产技术
旅游业	旅游景区开发与经营，旅游基础设施和服务设施建设
高新技术产业	电子信息、生物技术和新能源等
特色农业和农畜产品加工业	食品加工、中药材加工、生物制品、规模种养以及玉米、小杂粮、干鲜果等农畜产品加工

续表

项目	内容
服务业	物流、金融、证券、中介和信息咨询等现代服务业以及会展、房地产、设计装饰、文化娱乐和社区服务等新兴服务业，批发、零售、仓储业、宾馆、餐饮等传统服务业的改造提升
基础设施	供水、供气、城市污水和垃圾处理、旧城改造项目、道路和桥梁等
社会事业	医院、学校、城市公共交通等
传统优势产业	煤炭、焦炭、冶金、电力传统优势产业的技术提升改造

表 5—7 山西省“十一五”期间开放优惠政策

项目	内容
减、免、退税政策	对设在山西的国家鼓励类外商投资企业，在现行优惠政策执行期满后 3 年内按减 15% 的税率征收企业所得税，企业投资总额内购买的国产设备，购买国产设备投资的 40% 从购置设备当年比上年新增的企业所得税中抵扣。外商投资企业购买 2000 平方米以上，农业领域购买 1000 平方米以上商品房用于办公、经营的，按 3% 的税率缴纳契税。对设在山西的外商投资企业，经营期在 10 年以上的，从开始获利年度起，免征地方所得税 5 年。其中，对从事鼓励类项目、优势产业的外商投资企业，免征地方所得税 10 年；对经省政府确定为大型骨干企业的外商投资企业，免征地方所得税。外资企业的外国投资者，从企业获得的利润再投资该企业，或投资开办其他外商投资企业，经营期不少于 5 年的，经省级税务部门批准，退还其再投资部分已缴纳所得税的 40%；直接投资开办、扩建产品出口型或先进技术型生产企业，全部退还其再投资部分已缴纳的企业所得税。

续表

项目	内容
工业园区政策	对开发区、重点工业园区、新型产业基地内的企业,所上缴的企业所得税、增值税的地方留成部分中,其当年增长幅度超过全省财政收入平均增长的部分,3 年内按不低于 50% 的比例,由各级财政建立专项扶持资金,用于园区、基地、开发区的基础设施、研发中心建设以及对企业家、高级管理人员、技术骨干的奖励。基地内的企业研究开发新产品、新技术、新工艺所发生的各项费用,可按税规定在计算缴纳企业所得税前据实扣除。园区和基地内的建设项目可享受优惠的土地政策。
扶持项目政策	国家产业政策和山西省产业发展规划的鼓励类外商投资项目,优先安排和保证建设用地。外商投资文化、教育、医疗卫生等社会事业,可按规定减收土地使用费。外商投资循环经济、资源综合利用、高新技术和环保项目,享受优惠政策。外商投资大中型公共设施建设项目,投资供排水、垃圾处理、污水处理等环保和公益性项目,当地政府采取适当的方式给予补贴。

在有色金属冶炼及压延加工业领域,重在依托中部地区丰富的有色金属矿产资源,按照"有偿使用、市场运作、产业集聚"的原则,开放金属矿产开采权,以鄂钢、冶钢、美菱集团、株洲冶炼厂、舞阳钢铁、安阳钢铁、烙耐集团、长城铝业、金龙钢业、芜湖钢铁厂、安徽铜陵、萍乡钢铁、南昌钢铁等有色金属冶炼企业为基础,积极引进在有色金属深加工行业具有国际先进水平的大型企业,重点引进和发展延长产业链、提高附加值的矿产资源精深加工项目,实行强强联合。促进探矿权、采矿权和原矿产品向冶炼企业倾斜,向深加工企业倾斜,向优势企业倾斜,积极利用国内外雄厚的资金进行

有色金属资源深度开发，以提升中部六省冶金、机械和有色金属加工业的国际竞争能力和赢利水平，使中部地带成为全球黑色冶金、有色冶金和机械工业产品的重要供应基地。以改造为重点，通过加速先进技术的引入，淘汰落后工艺、装备和产品，优化工艺流程和技术装备结构，降低生产成本，提高装备水平，严格限制和逐步淘汰矿产资源输出型、粗放利用型项目。对符合国家产业政策和区域规划导向的重大矿产资源深加工项目，按照权限优先核准或备案，优先纳入重大项目调度范围，优先给予基建投资和技改贷款贴息资金支持。对属于国家产业政策鼓励类的矿产资源深加工项目，按照国家有关政策法规，执行相关设备税收优惠政策。通过改组、改造和联合多种形式，带动或兼并中部地区各省的中小型机械企业和冶金、有色企业，组建跨省区、跨行业、跨所有制，甚至跨国界的具有国际竞争力的机械和冶金集团公司。同时，积极引导武钢、江西铜业等竞争优势明显企业走出去开拓国际市场，充分利用国际资源；鼓励域内有实力、有条件的国有企业和民营企业到国外开展商业性矿产勘察开发，开展国际交流与合作，积极开发利用国际铜、铁、煤、镍等战略矿产资源。如对在国外自主开矿、将矿产资源运回域内进行深加工的企业，从矿产资源占用费中给予运费补贴；设立国外资源开发等合作风险勘察专项资金，建立国外资源开发合作信息服务体系。

在交通运输设备制造业领域，扩大与日本丰田、美国福特等跨国公司的合作领域和规模，加快发展汽车工业，扩大整车生产规模，形成具有国际竞争力的汽车产业基地，积极参与国际竞争与国际分工。依托东风集团、神龙汽车、长丰集团、郑州宇通、郑州日产、少林客车、江淮汽车、上汽奇瑞、江铃汽车、昌河汽车等加快对外合资合作和技术改造，引进国外零部件企业和技术，整合现有零部件企业资源，大力发展汽车零部件产业，提高关键零部件整体竞争能力。适应市场消费需求，大力开发节能、环保和新能源汽车，形成具有自主知识产权的核心技术和民族品牌。对低油耗、低排放、小排量汽车的转移和建设项目，在贴息、政府补贴和建设用地等方面予以优先扶持。积极发展汽车贸易和服务产业，运用信息网络平台，建设武汉、郑州、南昌、合肥汽车储运、批发、零售中心，形成全国汽车物流集散地。鼓励发展汽车金融保险业，扩大汽车消费信用贷款规模，建立面向全国的汽车技术、售后服务体系，形成维修保养、服务连锁网络。

在能源业领域，总的一条是坚持节约优先、合理开发、多元发展的原则，通过国家支持、省际联合、外资投入等多种形式，优化生产和消费结构，构筑稳定、经济、清洁、安全的能源供应体系，为中部地区、为国家经济建设和社会发展服务。具体而言，一是立足于丰富的能源资源，积极移入国际先进技术和实力企业，对煤炭行业的重点矿井进行改造，提高安全生产管理及装备水平，提高资源综合开发利用水平，变资源优势为产业优势和经济优势，不断延伸产业链条，提高能源原材料产业的效益，实施综合经营战略，促进行业可持续发展。二是按照优化结构、适度超前的原则支持多元投入建设大型煤炭基地和大型水、火电站，大力发展电力工业，鼓励煤炭企业联合重组，鼓励煤电联营或煤电运一体化经营，调整、改造、重组中小煤矿，引导形成若干产能亿吨级的企业，保持供需基本平衡。三是建立节能奖惩机制和落后产能退出机制。对企业节能实行差别化政策，单位能耗达到国际先进标准的，予以奖励；严格一般性能耗高企业移入，对火电、钢铁、水泥、铁合金、电石、焦炭、平板玻璃、造纸、酒精等行业的落后产能坚决予以淘汰，对不按期淘汰的企业，坚决依法关停。四是优化电源配置，努力提高现有大机组的利用效率，关停小火电机组，加快城市和农村电网改造，提高电网覆盖面和供电质量，尤其要通过以三峡、葛洲坝及小浪底水电站为主，以吉安华能火电厂、万安水电站等为补充建设发展华中电网，并为实现以华中电网为中心的全国联网做准备，为全国电网的调频、调峰发挥重要作用，为中部地区各省经济发展提供充足而稳定的能源，也使电力工业成为中部地区发展中关联度最高的产业之一。

在农产品加工业领域，以社会主义新农村建设为契机，巩固、完善、强化支农惠农政策，积极争取国家农业扶持项目和农业综合开发资金，增加粮食直补、良种补贴、农机具购置补贴和农资综合补贴，增加对粮食、油料、生猪生产企业的奖励补助，继续稳定粮食最低收购价政策，以调动农民、农业生产企业，尤其是外资进入农业产业化建设的积极性，提高农业生产效率。积极争取国际农业项目援助和资金支持，帮助农业龙头企业进行良种培育、加工技术改造和提升，形成一批符合产业布局、有一定规模和市场竞争力、辐射带动能力强的龙头企业群。依托两湖平原（江汉平原、洞庭湖平原）、黄淮平原、鄱阳湖平原为主的三大平原农业区，积极导入农业先进科技，大力培育棉花、油菜、小麦、水稻、肉牛肉羊、水产品等六大优势农产品，优化农业产品结构，发展高产、优质、高效、生态、安全农产品，重点发展优质专用粮食品种、经济效益高的经济作物、节粮型畜产品和名特优新水产品。鼓励农业产业化企业利用优质资产、优势产品、优良品牌等对外招商，实现强强联合。以襄樊正大公司、银欣集团、天荣集团、旺旺食品、金健米业、莲花集团、春都集团、漯河双汇、郑荣集团、丰原集团、共青城等为载体，积极吸纳发达国家和地区的农业集团公司，构建科研、生产、营销体系和经济利益体，围绕材料、原料和能源三个方向，进行农产品系列深度加工，提高农产品的国际国内市场竞争力，发展壮大跨国集团公司。大力开发和加强商品粮、棉、油、糖、肉基地建设，种子工程项目建设，农业服务体系建设，农业综合开发、农业关键和重大技术的开发与推广，以及节水旱作农业等的推广，以推进中部地区农业的产业化经营，推进中部地区农业向商品化、专业化、现代化的转变。建设生态型绿色农产品加工基地，建立农林牧结合式的产业新体系，把农产品加工业培育成新的支柱产业，使中部成为全国乃至整个亚洲的水稻、小麦、玉米、大豆、鲜奶、鲜蛋、鲜肉、鲜禽、水产及木材等优势农产品出口的供应基地。探索建立农产品主产区与农产品销售区之间的良性互动机制，采取资本金注入、投资补助、财政贴息、税收优惠等措施，支持外资参与农村流通设施建设和物流企业发展，加快建设一批布局合理、设施先进、功能完备、交易规范的农产品批发市场，构建以农副产品流通、农资连锁经营、日用消费品连锁经营、再生资源回收利用四大经营服务网络为主要内容的农村现代流通服务体系。大力发展农村各类流通服务组织、农民专业合作组织、农产品运销专业户和农村经纪人队伍，支持粮食、供销、商贸、邮政、通讯、医药、文化等企业积极开拓农村市场。积极发展农村电子商务、网上交易等新型农产品流通业态，提高中部地区农业经营效益。激励中部地区农业实力企业“走出去”，搞好对农产品出口的信贷、保险和检验检疫服务，加快农产品出口的通关速度。加快完善农产品质量安全标准体系，加强农产品生产环境和产品质量检验检测，加大对农业生产资料生产经营和农村食品药品质量安全监管力度，实行农产品市场准入制度，强化农产品质量安全的市场服务。

三、以培育新兴产业为目标的产业承接策略

从目前中部地区新兴产业发展现状看，医药制造产业、光电子信息产业科技含量高，具有一定或明显的比较优势；信息服务业、金融保险业、房地产业、现代物流业、旅游业等也与中部地区区域经济发展水平呈明显的正相关关系，产业成长性良好。应该按照产业集聚、规模发展和国际合作的方向，积极进行技术引进和产业承接，以促进产业从加工装配为主向自主研发制造延伸，推进自主创新成果产业化，新兴产业规模化，引导形成一批具有核心竞争力的先导产业、一批集聚效应突出的产业基地、一批跨国高技术企业和一批具有自主知识产权的知名品牌。

在生物与医药产业领域，依托中部地区丰富的医药资源和生物技术优势，切实加快医药生产企业的重组联合，积极移入高新技术、先进适用技术和实力机构，加快对传统医药产业的改造，大力发展现代中药和生物医药产业，着力提高自主研发能力，全面完成企业 GMP、GSP① 的改造。重点以生物技术和中药现代化为切入点，采用生物技术、化合物提取和筛选技术、标准化检测技术，促进医药工业的高新技术化，开发有自主知识产权，能进入国际市场的单一成分、单味或复合药物中成药。加快推进中药材种植 GAP②、

① GMP：Good Manufacture Practice for Drugs 的缩写，药品生产质量管理规范；GSP：Good Supply Practice for Drugs 的缩写，药品经营质量管理规范。

② GAP：Good Agrioulture Practice for Drugs 的缩写，药材生产管理规范。

中成药生产 GMP 标准化和现代化,加快现代中药产业化,实施一批产业化示范项目,构建现代中药工程技术平台,加快与国际接轨,提高和扩大中药的国际竞争力和出口创汇能力。充分利用中部地区丰富的畜禽资源和技术优势,面向健康、农业、环保、能源和材料等领域的重大需求,重点发展生物医药、生物农业、生物能源、生物制造,提高现有生物医药产品技术水平。促进化学原料药向制剂转移,普通制剂向缓释、控释等高科技新型制剂转移,积极发展预防性药品及保健类的药品,加快产品结构调整。围绕生物技术制药和生物制品制药,加快开发和引进基因重组技术、单细胞融合技术、酶工程和现代生物发酵技术,重点发展生物疫苗、基因工程药和生物中药,扩大人工胰岛素、人生长素、干扰素、干细胞等生物药品生产。应用现代生物技术,加快在食品、医药、环保等行业的技术融合和渗透,大幅度提高相关产品的技术水平。

在光电子信息产业领域,围绕发展光电子信息、新材料、新能源等具有比较优势和特色的高新技术产业,根据数字化、网络化、智能化总体趋势,积极招揽跨国公司和国际专业研究机构入驻中部地区,加快湖北沿江高新技术产业带及长沙、南昌、合肥、太原、郑州等高新开发区建设,大力发展集成电路、软件和新型元器件等核心产业,重点培育光电通信、无线通信、高性能计算及网络设备等信息产业群,建设软件、微电子、光电子等产业基地,推动形成光电子产业链。开发信息产业关键技术,增强创新能力和竞争力,延伸产业链。加强"武汉·中国光谷"等高新技术产业成果与传统工业的联系和整合,运用先进信息技术对传统产业进行技术复合、设备改造、产品嫁接,推进机电一体化,大幅度提高传统产业的品种、质量、节能降耗和生产效率,提高产业和企业的核心技术水平与竞争力。加快现代信息基础设施建设,不断发展完善信息网络,加快基础电信网络建设和改造速度,加大农村通信网络建设力度,不断推动电信网络向宽带化、数字化、综合化和智能化方向发展,为经济社会的信息化提供高速便捷的基础电信网络平台。加强信息资源开发和管理,强化公共信息资源共享,实现电信、电视、计算机三网的融合统一,在全社会广泛应用信息技术,提高计算机和网络普及应用的程度,培育新的产业竞争优势,有重点地把某些高新技术产业培植成为区域支柱产业。

在服务业发展领域,总体思路是坚持市场化、产业化、社会化、国际化的方向,以新兴服务业为先导、现代服务业为核心、传统服务业为基础,积极拓展生产性服务业,丰富消费性服务业,不断提高第三产业在中部地区经济中的比重。实施积极财税、土地、物价等政策,放宽外资准入领域,建立公开、平等、规范的行业准入制度,提高第三产业非公有经济比重,支持服务业关键领域、薄弱环节、新兴产业和新型业态的发展。围绕武汉、长沙、郑州、太原、合肥、南昌等中心城市,加快服务业改革和产业化改组,健全服务业标准体系,推进服务业标准化,进而完善服务功能,提高服务水平,扩大就业容量,辐射带动中部地区服务业快速发展。强化交通运输、商贸流通、餐饮、公用事业、农业服务等传统服务业的改造提升,提高服务质量和经营效益,大力发展信息、金融、保险以及会计、审计、咨询、法律服务、科技服务等中介服务业,充分发挥服务业对生产的支撑作用,促进现代制造业与服务业有机结合、互动发展。适应居民消费结构升级趋势,积极发展房地产、物业管理、社区服务等需求潜力大的产业,扩大短缺服务产品供给,满足多样化的服务需求。突出抓好教育培训、文化、旅游、体育等基础设施、基础项目建设和文化产业园区建设，鼓励教育、出版、报业、广播影视、动漫等产业发展，大力吸纳和扶持文化旅游龙头企业，重点发展，整体推进，提高产业集中度和集约化经营水平。努力把文化旅游业培育成区域新的支柱产业。鼓励多元化投资主体进入物流领域，积极推进铁路、港口、航空和大型物流企业的战略合作，合理配置运输资源，促进多式联运发展。积极引进国际知名物流企业，重点推进货运枢纽中心和物流集聚区建设。加速构建物流公共信息平台和物流法规政策平台的建设，积极推进工商企业的规模化、连锁化经营，分离企业物流职能，逐步形成服务全国的现代物流中心区。

四、以促进城市群发展为目标的产业承接策略

加快城市群发展，带动本国或区域经济发展，提升经济竞争力，是发达国家工业化进程中的一条重要经验，也是一些发展中国家和地区经济发展的重要途径。城市群模式是大中小城市网络化发展的重要空间整合模式，它是以大城市为核心，由中小城市有机结合而成的一体化发展区域。不同层次、不同结构和不同功能的大中小城市之间通过交通网络、商品网络、技术网络、资金网络、人才网络、旅游网络、文化网络、信息网络等紧密联系，形成相互分工、互补、交流和竞争的网络体系；通过机制创新、利益协调、政策联动和制度建设一体化，实现经济、社会、文化、生态协调发展目标。城市群具有创新能力强、经济效益好、经济势能高、带动效应大等优势，是区域经济发展中的增长极。相对于东部沿海地区来说，中部地区缺少特大城市的拉动，但是，目前中部地区也已形成武汉城市群、中原城市群、长珠潭城市群、皖江城市带等若干重点

城市群，这些城市群的形成，对于集聚中部地区生产要素，实现集约式发展起到了重要作用。

产业转移背景下的城市群发展，一是合理规划城市群的总体布局、发展规模、功能定位和主导产业。协调区域城乡建设和基础设施建设的空间布局，协调区域城市建设、国土资源利用和生态环境的保护整治，协调城乡第一、第二、第三产业的发展，协调城市群内部各城市以及城市群之间的产业布局，努力形成布局合理、富有个性、优势互补、互为促进的大中小城镇发展格局。如在武汉城市群内，黄冈市定位为城市圈内以农副产品加工为主要方向的轻型工业城市和“职业教育工厂”，咸宁市定位为城市圈乃至华中地区新的重要能源基地，黄石市是开放的口岸中心城市，鄂州市做中国“药谷”，潜江市重点发展盐化工制造业，天门市着力打造全国最大的纺织机械基地、外用药基地和全省最大的汽车零部件生产基地，孝感市则全方位融入武汉，建设工业协作配套基地、农副产品加工供应基地、商贸物流集散基地、旅游休闲度假基地。二是加快建设高新技术产业聚集地和先进技术研发中心。加大引资、引技、引企力度，大幅增加高技术产业的比重，促进资源主导型、劳动密集型产业向技术、资金密集型产业协调发展转变，发展成为先进制造业基地、科技创新基地、纺织、食品、化工和医药工业基地、汽车零部件基地。把工业发展的重心放在关键技术研发、核心部件制造、产业龙头和品牌培育上，在全国范围内发展配套产业集群。目前，在郑州与开封的产业带上面，密布着郑州高新技术产业开发区、郑州汽车工业基地、郑州现代物流中心、郑州先进制造业基地、郑州经济技术开发区、郑州出口加工区、中牟汽车零部件工业园区、中牟汽车工业基地、杏花营工业园区、开封经济技术开发区等

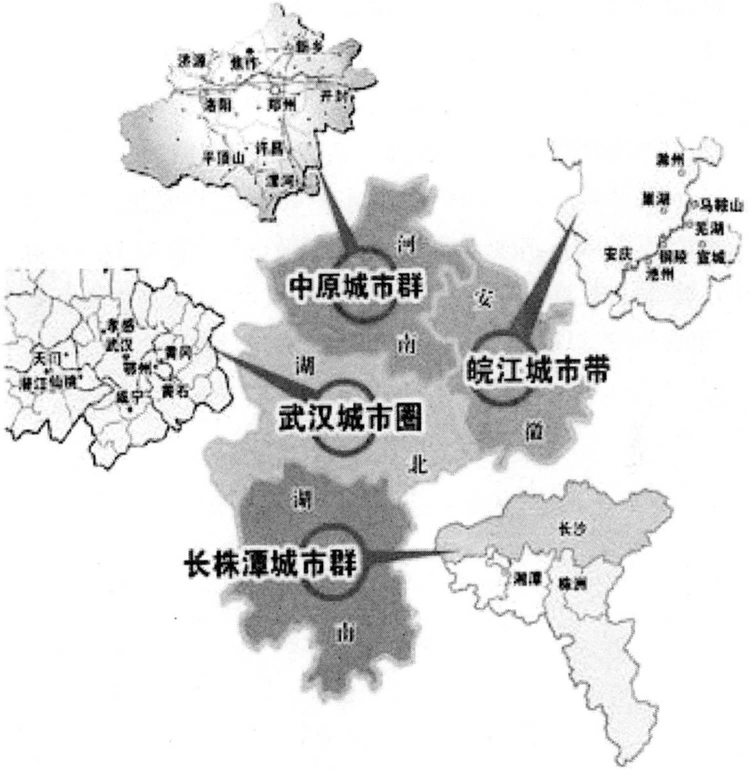

资料来源:《国家批准武汉城市圈和长株潭城市群为综合配套改革试验区》,中国招商投资网,2008 年 1 月 9 日。

10 余个产业群落。三是加快宜居城市建设步伐。积极鼓励、支持、引导各类社会资本、外来资金参与城市道路、桥梁、交通、通讯、水电气和园林景观建设,促进商贸、物流、金融、信息等现代服务业的繁荣,注重挖掘城市历史文化内涵,切实提升城市发展功能和发展品位,努力营造一大批经济繁华、文化活跃、生活便捷而又空气清新、生态优美、赏心悦目、环境一流的园林型、生态型城镇。四是强化武汉、长沙、合肥、太原、郑州、南昌等区域性现代中心城市的发展功能和定位。进一步增强中心城市对区域经济的影响力和带动力,形成中心城市—中小城市—中心镇和农村的梯度链,把区域内各个经济单位、各个地区紧密地联系在一起,构成合理的产业发展链、技术扩散链、市场分工链,促进区域内经济结构的不断调整和升级,培育具有强大竞争力的组团式城市群,使城市的规模效应、聚集效应、辐射效应达到最大化,进而推动整个中部地区区域经济高速度、高效率、高水平的发展,使它们在整个中部以至全国经济的发展中发挥非常重要的作用。

表5—8 2006年中部地区主要城市群基本情况

项目	武汉城市群	中原城市群	长株潭城市群	皖江城市群
主要城市	武汉、黄石、鄂州、孝感、黄冈、咸宁、仙桃、潜江、天门	郑州、洛阳、开封、新乡、焦作、许昌、平顶山、漯河、济源	长沙、株洲、湘潭	马鞍山、芜湖、铜陵、池州、安庆、巢湖、宣城、滁州
面积(平方公里)	812.4	862.3	630.23	392.19
人口(万人)	3125.46	4094.91	4046.20	2358.46
人口占全省比例(%)	54.9	43.6	63.8	38.6
地区生产总值(亿元)	4599.79	7084.38	5650.94	2781.12
GDP增长速度(%)	14.4	15.5	13.1	14.5
城镇化水平(%)	45	40.66	41.32	40.2
二产从业人员比例(%)	45.9	46.7	44.2	41.6
三产从业人员比例(%)	50.4	52.5	53.7	55.1
固定资产投资增长额(亿元)	2142.52	3380.56	2369.61	1447.39

续表

项目	武汉城市群	中原城市群	长株潭城市群	皖江城市群
固定资产投资增长额占 GDP 比例(%)	23.4	40.2	24.7	34
固定资产占 GDP 比例(%)	46.6	47.7	41.9	52
社会消费品零售额(亿元)	2165.65	2217.05	2130.08	783.74
实际利用外资(万美元)	262597	132525	214199	91341
进出口总额(万美元)	1016137	754225	681355	644792
对外开放程度(%)	9.9	3.7	8.8	5.1
每万人大学生数(人)	282.07	190.59	174.12	98.28
人均科技教育投入(元)	251.36	236.67	204.27	248.29

第三节 产业转移承接的载体建设策略

在区域经济一体化的发展背景下,居沟通南北,连接东西地缘优位的中部地区对外,可加紧融入长三角和泛珠三角经济圈,积极参与西部大开发,构架区域经济发展协作网络。对内,应做实和完善省际协作、园区发展,企业培育等载体建设工作,这是中部地区优化产业发展环境,促进国际国内转移产业吸纳和承接的重要工作环节。

一、经济协作和发展机制建设

当前,跨区域合作正成为日益走向成熟的中国经济发展的新态势。有效建立起一个中部地区与其他国家和地区，中部地区与东、西部地区，尤其是中部地区各省市之间的联动协作机制，是中部地区崛起的一项极为重要的工作。

(一)构建中部六省联动协调机制

一是建立中部地区经济发展联盟。为推动中部地区产业经济富有成效的合作，建立高层次、全方位的组织平台，重点研究和协调经济发展规划及实施问题，进而推动中部六省在规划、主体、项目、产业、资源等方面的联动，整合区域优势，推动跨地区、多功能、外向型企业集团的共同组建，推动产业的互补与合作，进而提升中部地区经济创新发展的整体能力。如湖南的汽车零部件生产和湖北、江西、安徽的汽车整车生产，河南、湖北的石油化学工业等。二是完善中部地区的利益协调机制。加强中部六省企业、行业协会等和政府间的沟通与合作，防止区域恶性竞争和同构冲撞，促进产业的集聚和规模经济的发展，以能力和优势为基础，以角色的定位和转变推动中部地区各省合理分工、密切协作、协调发展。如在化学原料及化学制品制造业的发展方面，河南可以石油化工为主，而湖北则重在磷、盐化工；在电气机械及器材制造业发展方面，河南突出电机制造方面优势，湖北可偏重于专业电线电缆、光缆及电工器材，而安徽则可偏重于家用电器制造。总之，中部六省应深入挖掘相似产业的内部优势，拓宽合作的领域，从而使得中部地区的竞争与合作并存，在竞争中谋求合作，在合作中共同发展，形成竞争、合作、发展的良性循环态势。三是构建中部区域经济发展信息网络和交流平台。促进中部区域间信息联通、信息共享和信息传播；定期举办中部论坛，集合学术界、产业界、政府部门的力量，对中部创新发展的重大问题进行深度研讨和交流，从不同层面上为中部六省的发展提供思想和智力支持。国家促进中部六省经济崛起的36条政策措施出台后,中部六省省委书记、省长首度齐聚中部论坛郑州会议,谋划构建优势互补的产业协作体系。紧接着,首届中部投资贸易博览会在长沙拉开帷幕,中部六省无一缺席,此举被视为中部省份交流合作的实质性动作。2008年4月28日,第二届中部投资贸易博览会在郑州开幕。

(二)完善中部六省要素市场的高效融通机制

加快建设和完善中部六省商品、人才、资金、信息、技术等要素市场信息网络和交流平台,培育以产业要素市场为重点的区域大开放、大流通和大市场格局,着力构建三级要素市场:侧重于武汉、长沙、南昌、合肥、郑州、太原等中心城市产业资源配置的区域整体市场;侧重于产业专业重点要素供需流动的区域次市场;侧重于产品交易的区域基层市场。通过六省之间的协调机制,对区域要素市场进行集成,进而形成一个开放有度、竞争有序、结构合理、统一高效的华中大市场体系。

(三)畅通与发达地区地方政府的合作机制

根据市场规律和平等互利原则,大力加强和发展中部六省与东部、南部地区的交流与合作,实现资源、信息互补与共享,促进经济共同发展。充分发挥各级、各类合作协调机构和民间组织的作用,明确职责,理顺关系,完善行使职能的各种手段,做好各层级、各形式合作的规划、组织、协调和服务工作,积极开展经贸、科技、社会、文化合作交流活动,大力发展旅游业。加快连接东部、南部,以及西部、北部地区的交通运输通道建设,完善地带间交通体系,加强通信、能源、水利、环保等基础设施建设的区域协调与合作,为全面融入和参与长江三角洲、泛珠江三角洲的经济系统奠定好的基础。

（四）重视产业结构演化与经济社会整体发展的协调机制

把产业经济发展问题置于区域经济社会进步的整体规划之中，按照科学发展观要求，统筹工业经济与第一、第二、第三产业，工业经济与劳动就业，工业经济与环境保护，工业经济与社会文明的协调发展，走出一条具有中部地区产业经济发展特色的可持续发展路子。

二、基础设施和工业园区建设

比较完善的基础设施建设是产业转移的基本条件，比较成熟的工业园区建设是转移产业的基本依托。

（一）基础设施建设

按照适度超前的原则，加快交通、能源、水利、通信等基础设施建设和基础产业发展，为中部工业化提供强力支撑。

在交通方面，充分发挥中部地区的区位优势，在中央支持下加强铁路主枢纽、公路主骨架、水运主通道建设，构架横连东西、纵贯南北的交通大通道和现代化的综合交通运输体系。加速建设普通铁路、高速公路、县乡高等级公路和乡村公路，增加路网密度，提高路网质量和结构的合理性，着力建设中部地区与三大经济区域之间、中部六省之间的综合交通运输大通道，增强中部地区经济的辐射能力，发挥沟通东、中、西，承接南、中、北的桥梁通道作用，服务全国经济交流。积极发展高速铁路、城市轨道交通和管道运输，加快建设以武汉、郑州为主，以各支线机场为辅，能满足中部地区经济发展，特别是旅游事业发展需要的国际航空运输网。加强沿江枢纽港口建设和内河航道治理，发展水路运输。加强输油气管道建设,形成管道运输网。继续建设和完善综合运输系统,不断增强综合运输能力,引导各种运输方式之间既相互竞争,又相互协调,互为补充,从而建立起统一、开放、竞争、有序的运输市场,使中部地区综合交通体系不但能满足国民经济发展的现实需要,而且适度超前。着力发展农村、农民急需的生产生活基础设施建设,加强农村公路建设和改造力度,实现域内所有乡镇通水泥路或柏油路;加强农村信息网络建设,发展农村邮政和电信,实现村村通电话、乡乡能上网。按照节约土地、设施配套、节能环保、突出特色的原则,做好乡村建设规划,引导农民合理建设住宅,保护有特色的农村建筑风貌。加快实施农村饮水安全工程。

在能源方面,进一步加强中部地区能源建设,改善能源结构,配合国家建设"西气东输"和"南水北调"中线工程,加快中部用气工程和用水工程建设。继续遵循"因地制宜、多能互补、综合利用、讲求效益"的方针,积极发展沼气、太阳能、风能,特别是有调节性能的水电等能源。优化能源结构、提高能源利用,促进企业提高能源供应质量和利用效率,提高清洁、高效优质能源比重,减少煤矿炭终端消费数量,推进能源各行业的结构调整,实现能源均衡发展,提高能源工业总体发展水平,建设生产稳定、供应充足、结构合理,具有一定外输能力的能源供应体系。重点加强电网建设,继续安排好农网和城网的建设,加快县域电网改造,提高县域电网的稳定性和承载力,满足县域经济社会发展用电需求。加快高电压等级电网建设,加强并完善220kV电网,加快500kV骨干网的建设,优化水资源配置,解决工业发展电源水源不足问题。加强节能管理,提高能源消费效率,开发清洁能源,避免和减少能源开发利用引起的环境污染,保护生态环境,促进能源与经济发展、社会进步协调发展。

在水利方面，坚持水利与经济社会发展水平、速度相适应、相协调并适当超前的原则，统筹兼顾各行业对水利的需要，科学制定并积极实施中部地区水利建设总体规划和各大江河流域规划。标本兼治、综合治理，兴利与除害相结合、开源与节流并重、防洪与抗旱并举，正确处理防洪除涝、水资源开发利用、水土生态保持、水资源保护的相互关系。加快长江、黄河、淮河、洞庭湖、鄱阳湖等大江大河大湖治理，搞好中小水利工程维护和建设，抓紧主要江河控制性工程建设和病险水库加固，加强城市防洪工程建设，提高防洪调蓄能力。提高各级政府对水利建设的投入力度和宏观调控能力，搞好水利设施配套建设和经营管理，加快现有灌区改造，发挥市场对资源配置作用，吸引国内外资金投入水利建设。深化改革，理顺体制，完善法制，建立适应社会主义市场经济条件的水利设施投入、价格和管理等良性的运行机制，促进水利事业全面发展。加强水资源的规划与管理，搞好江河全流域水资源的合理配置，协调生活、生产和生态用水，做好上下游、地表地下水调配，控制地下水开采。大力推行节约用水措施，完善取水许可和水资源有偿使用制度，实行用水总量控制与定额管理相结合的制度，健全流域管理与区域管理相结合的水资源管理体制，探索建立初始水权分配制度和水权转让制度。积极发展节水型农业、工业和服务业，建立节水型社会。抓紧治理水污染源，加大黄河、淮海等水土流失重点地区的防治力度，减少泥沙下泄，建立水土流失动态监测网络和信息系统，实现水资源的可持续利用。

在通信信息方面，抓紧建设中部地区信息基础设施，继续建设宽带高速传输网络，大力发展高速互联网，推进电信网、广播电视网和计算机网的三网融合。加速促进信息技术和信息产业发展，增强产业的技术创新能力和信息化装备能力，集中力量在集成线路、软件、新型电子元器件与电子信息材料、计算机与信息处理、现代通讯与网络、音频视频与多媒体、电子专用设备与电子测量仪器、信息安全、信息服务与系统集成等9大信息技术领域取得突破，实现中部地区信息技术、信息产业和其他高新技术产业的跨越发展，为国家信息安全和经济命脉关键技术的突破作贡献。大力推进信息技术在中部经济各行各业的应用，用信息技术和高新科技改造和提升现有传统产业，普及电子商务，加快电子政务，促进中部地区经济和社会服务信息化。积极推进广大农村和山区从电话业务为主向现代信息服务业务为主的转变，从传统的窄带电话通信网向宽带高速信息通信网转变，提高农村通信网络覆盖面，促进通信网络的综合化、宽带化、智能化，从而改善外来投资者的通讯条件，避免市场信息阻滞。另外高度重视信息资源的开发、利用和管理。

（二）工业园区建设

工业园区是指工业企业相对聚集，具有比较完善的基础设施和配套服务体系的工业制造生产区域。工业园区具有产业聚集和辐射效应、集工业化和城镇化功能为一体，是工业化、城市化协调发展的必由之路。改革开放以来，特别是近几年来，作为城镇建设新区、体制创新试验区、经济发展新增长极的工业园区在中部地区得到了迅猛发展，大大地促进了中部地区工业化的进程。

中部地区工业园区建设总体上是积极的、健康的，对推进中部地区工业化、城市化进程、促进经济发展和社会进步发挥了越来越大的作用。但不容忽视的是，也有一些地方由于缺乏经验、认识上的偏差或操作能力不强,政策执行不到位,在工业园区建设发展中存在一些突出问题。如对园区重开发,轻管理,低服务的问题;土地利用率和集约化程度低,多征少用、征而不用的问题;拆迁群众补偿、安置不到位,生活缺乏保障的问题;园区间无序竞争、不计成本的问题;资源浪费,环境污染的问题;人才匮乏的问题,等等。但深层次的核心问题主要在于以下几个方面:园区功能定位不准,专业分工不明,布局欠合理,缺乏总体规划;园区产业建设与地方经济发展战略整体方向脱节,园区规划与建设实践脱节,缺乏产业政策的有效调控;对入园项目的结构、规模和技术缺乏实质性的控制,入园项目关联度小,集聚效应不明显;园区产业技术层级低和园区开发建设管理体制行政色彩过浓。归结为一点,就是园区规划缺失。对此,中部地区在产业转移吸纳和承接的过程中,非常重要的一点就是要切实提高政策水平和操作水平,统筹规划、相互协调,加快形成产业配套体系,加强科学规范有序的管理,提高工业园区的集约化经营水平、园区产业层次和整体竞争力,以充分发挥园区的聚集辐射功能、示范作用和体制机制创新功能作用。

一是工业园区开发建设与区域发展规划相统一。把加快园区开发建设规划工作作为优化区域生产力布局,提升区域竞争力的突破口来抓,坚持高起点、高标准。注重与区域经济发展的长期规划、中期规划和近期规划有机结合,与工业化、城市化、产业化建设发展规划有机结合,与环境保护和生态建设规划有机结合,明确园区产业的功能结构、主导产业和产业发展布局,并严格实施和整体调控。切实增强工业园区自我发展的动力和活力,促进企业向园区集中发展、向关联特色产业聚集发展,形成一批主导产业突出、集聚效应明显、竞争势头强劲，且分工协作、布局合理的产业群、产业园和产业链。安徽省“十一五”期间就规划建设30个规模较大、设施配套、功能齐全、服务高效、创业成果显著的示范性创业基地，基本建成创业辅导体系、创业培训体系、创业信息体系、创业融资担保体系等4大创业服务体系。

二是工业园区开发建设与区域产业结构演化相统一。以区域资源和产业优势为基础，依据区域产业结构合理化、高级化的演化方向，促进园区产业结构的转型和升级，进而提升整个区域的经济竞争力。注重提升入园项目的技术层次，适度控制低技术的劳动密集型企业的引进，建立促进工业企业技术进步的产业技术政策。注重改善入园项目的主体结构，有限制地放开大型企业和跨国公司的经营和兼并收购领域。注重调整现行园区产业的组织结构，把发展大公司和大企业集团作为当前产业结构重组的主要内容，使之在技术水平、经营规模和管理水平上具有参与国际竞争的实力。

三是工业园区开发建设与园区专业功能定位相统一。工业园区的专业功能就是园区的个性、品牌和发展竞争力。应该紧紧围绕特色型、效益型、生态型和创新型园区建设，依据区域经济发展规划和区位优势、产业优势、资源优势，科学界定好园区的专业功能定位、产业布局和主导产业、主导产品。依据主导产业和主导产品的前向、后向、旁侧的产业关联性①，围绕主导产业和产品的成长、发展和服务，明确工业园区产业吸纳和发展的门类、结构、规模

① ［美］W. W. 罗斯托《经济增长的阶段》认为，主导产业部门对其他产业有一种“扩散效应”。

和方向。依据园区规划和相关支持保障措施，调控园区项目的移入和产业延伸，落实环保和生态措施，完善配套服务和基础设施。依据产业集聚的发展规律和区域实际，加强区域同类产业和优势资源的整合，培植、发展规模优势。不断提升园区集约化发展水平，切实增强工业园区自我发展的动力和活力，进而构架一个主题突出、布局合理、竞争势头强劲、具有较强集聚和辐射效应的工业园区格局。

四是工业园区开发建设与市场化管理模式发展方向相统一。用市场精神改革园区现行政府主导模式，导入公司制开发管理理念，将园区的建设由政府行为转化为市场行为。围绕经济规模、外向度、投资强度、土地利用、发展后劲、环境保护等要素，对园区实现动态管理。在园区建设中，坚持“谁投资、谁所有、谁受益”的原则，拓宽融资渠道，积极引导开发企业以土地生产力、设施使用率以及地产租赁和销售为业务，以投资土地开发、设施建设、产品和服务的销售为收入，降低政府投资风险，转移投资成本，提高园区运行效率和效益。充分发挥社会中介组织在园区公共管理和公益事务中的重要作用，大力推进工业园区的信息化建设步伐，逐步形成政府调控、市场运作、多元投入、上下联动的开发建设和管理机制，促进产业集聚型园区向产业服务型园区转变，逐步构筑完备的产业培育发展综合服务体系。

三、承接模式完善和主体培育

企业是生产经营活动的基本单元，作为产业转移主体的企业，它的层级、素质和竞争力，既代表已有产业的技术、经营和管理水平，又将影响，甚至主导承接区域产业的成长和发展。中部地区作为一个发展中地区，要发挥好自身的后发优势，实现产业结构的顺利演化和提升，在主体的吸纳、承接和培育上进行适度的调控和干预是必然和必要的。

（一）优化产业承接模式

长期以来，中部地区对劳动密集型企业的过度吸纳，一方面，已加剧区内的产业同构和过度竞争，挤压产业的市场空间，影响转移企业的经济效益和整个区域经济的良性发展；另一方面，随着西部地区劳动密集型产业的迅速成长和社会消费结构的升级，产品的市场空间也越来越窄，竞争越来越激烈，贸易条件不断恶化。更为重要的是，在世界科技进步飞速发展，世界发达国家和地区，包括沿海发达地区加速进行产业结构重组、产业升级，产业转移结构走向高度化的情况下，中部地区不迅速实现产业转移吸纳模式的转换，不扩大对资本和技术密集产业的引进和吸纳，将难以实现产业结构的转型和升级，难以加速产业结构的高度化和合理化，难以提升区域产业的市场竞争力。一是要提升转移项目的技术层次。适度控制低技术的劳动密集型企业的引进，建立促进企业技术进步的产业技术政策，建立企业技术开发和创新风险基金，对高新技术产业实行优惠扶持政策。二是要改善转移项目的主体结构。有条件地放宽大型企业和跨国公司进入的领域，对跨国公司的兼并收购活动，只要不涉及关键产业和行业，不危及国家的经济安全，不构成对市场的控制和垄断，在市场进入和控股比例上，都应适当放宽。三是调整现行产业的组织结构。把发展大公司和大企业集团作为当前产业结构重组的主要内容，使之在技术水平、经营规模和管理水平上具有参与国际竞争的实力，以利于吸引跨国公司和国内大型企业的投资和产业转移。四是实施项目技术的本土化策略。从发展中的经验教训来看,转移企业往往控制着研究与开发、品牌和关键零部件生产技术等核心内容,使当地企业处于分工的最底层,类似现象在中部地区和全国各地产业承接过程中极为普遍,对合作企业乃至中部地区整个经济的长远发展都构成了极为不利的影响。因此,在产业转移承接过程中,必须走"引进—消化—吸收—提高"的路子,尽快实现引进企业生产核心技术、零部件配套,以及人才、管理等各方面的本土化,确保产业健康发展和国家的经济安全。

(二)实施企业集团化战略

在经济全球化背景下,只有具备一定实力和竞争力的大公司、大集团才可能参与国际的竞争,这也正是发达市场经济国家在反垄断政策上趋于松动的主要原因。在中部地区产业发展过程中,目前的主要问题不是垄断过度问题,而恰恰是企业集中化程度过低,规模过小,实力过弱,无力参与全球竞争,甚至国内竞争的问题。企业在国内,甚至域内的市场占有率尚且比较低,更无从谈及国际性垄断话题。因此,中部地区产业组织政策,当前和相当长一段时间内,主流应该是肯定、鼓励和支持企业符合市场精神和经济规律的竞争、兼并、重组活动,实施大公司、大集团战略,从根本上改善中部地区企业组织状况。支持合法垄断经营,培育和提高企业参与全球竞争能力,积极鼓励和支持企业在更高层次、更大规模参与全球范围内国际竞争和垄断活动。一是实施优势产业主导战略。以优势产品为龙头,以骨干企业为依托,按照市场机制运作,通过优化资产存量,实施强强联合,组建和壮大一批优势企业集团,进行专业化、规模化生产、经营和销售,提高生产和经营集中度,形成优势企业集群。二是实施优势企业重组战略。选择一批产品有特色、工艺装备较先进的中小企业加以扶持，通过引进、改造和结构重组，整合生产、经营和市场优势，培养和成长一批“小型巨人”，后来居上。三是实施优势技术整合战略。对一些量大、面广的专业技术性强的整机和重要零部件企业，要以技术为纽带，采取资源融合、利益结合、技术整合的方式，积极参与企业集团发展，根据各自的协作分工和功能定位，凝结为一个紧密而有实力的市场竞争主体。四是实施优势管理革新战略。积极导入和大力推行 ISO9000 和 ISO14000 管理、环境系列认证体系，努力实现优质、高效、低耗、清洁、柔性生产，全面提高企业现代化管理水平，确立与国际接轨的科学管理理念、模式和组织体系，确保现代制造和管理技术发挥效益。五是实施优势人才创新战略。加大研发投入，重视科技人才培养，积极促进企业与高校、科研机构及跨国公司的合作研究开发，推进科技与经济建设的融合，大力推进企业为主体的科技创新，提高企业核心竞争力。

（三）发展壮大民营经济

历经 30 多年的发展，中部地区民营经济已不仅仅是一个市场社会的补充，已经成长为经济发展的一支重要支柱力量。特别是在市县基层经济发展中更是主力军，排头兵，逐步成为地方经济发展的优势所在、希望所在和后劲所在。从某种意义上讲，当前我国民营经济的发展更是一种环境经济、体制经济和人才经济。作为发展中的中部地区发展壮大民营经济，一是创新观念，创新体制。解放思想、强化服务，培养统一、开放、竞争的市场经济观念和自由、平等、竞争、信用、效率、法制的人文意识；大力普及商业文化和现代经营策略，加大外部信息流量，克服“小富即安”与“贪大求全”的小农经济思想，促进传统文明、乡土文明向现代文明的转变，努力营造一种放手、放胆、放开发展民营经济的浓厚氛围。加大体制改革的力度，优化发展环境，形成符合市场经济内在规律、增强经济发展活力的区域宏观调控环境和微观治理环境。在发展战略与规划的指导下，大力完善相关基础设施，切实优化经济硬环境，创造承接外资和激活内资的良好环境。二是科学管理，强化服务。把人力资源作为第一财富加以开发与管理，全面提高民营企业的自身素质，促进民营企业由家族式管理向专业化管理转变，由传统企业制度向现代企业制度转变，由个体分散经营向集约化规模经营转变，明确民营企业提高整体素质的方向。加强对民营企业家政治思想、管理素质等方面的教育、培训和引导，全面提升企业家经营管理素质。积极培育和发展地方企业家市场和研究、开发、生产、营销、管理等各种专业人才市场，为民营企业源源不断地输送优秀人才。加快金融体制改革步伐，从根本上拓宽民营经济融资渠道，积极促进和支持民营企业上市筹资工作。鼓励成立风险投资公司和吸引区外风险投资公司投资于区内科技型民营企业。三是科技兴业，品牌立企。加大科技创新力度，坚决淘汰那些落后的工艺和企业，关闭那些浪费资源、技术落后、污染严重、质量低劣的企业。重视发展高科技产业，建立民营经济技术创新的内在机制，加快建立社会化服务体系，为民营经济技术创新提供信息和技术咨询、指导和培训。大力扶持民营科技成果的产业化，形成从技术开发到商业化应用的技术创新功能链。重视品牌培育和铸造，围绕区域经济发展战略和产业规划，重点发展现代生物医药、通讯信息等新兴产业，打造绿色品牌和保健品牌。四是重组国企、规模经营。中部地区在民营经济发展滞后的情况下，若完全依靠中小民营企业在市场化规则下自我积累发展，难以与沿海发达地区已具规模的同行民企抗衡,必然长期处于夹缝中生存的境地,不利于地区经济竞争力和企业竞争力的提高。因此,中部地区地方政府应将国企改革与发展民营经济结合起来,加大国有企业和经营性事业机构改制、重组的力度,迅速激活存量资产,激活在行业中尚有品牌、技术、市场和规模优势的国有企业,实现国有企业和经营性事业机构民营化,优势整合,使民营经济迅速在本行业积累核心竞争力,促进中部地区民营经济的跨越式发展。支持具备资质的私营企业参与政府物品、服务采购和工程招标,建设和经营基础设施,投资举办教育、文化、卫生等生产,经营和承担一些社会中介服务职能。应充分利用区域经济发展的比较优势,制定切实可行的发展战略与规划,因势利导,紧紧围绕支柱产业发展壮大民营经济,从而使民营经济的发展与地区经济竞争力的提高呈现良性互动的局面,推动民营经济向规模化、国际化发展。

第四节 产业转移承接的环境创新策略

随着产业转移规模的扩大,国内外经济的发展,特别是西部大开发和振兴东北老工业基地战略的实施,中部地区在政策支持上已无优势可言,土地、劳动力成本低廉和资源丰富的传统优势也越来越缺乏吸引力。为此,必须在继续挖掘和发挥好原有劳动力、资源和政策优势的基础上,深入推进体制机制创新,更进一步改善和提升中部地区经济综合发展环境,构架新的服务和支持体系,创造产业转移吸纳和承接的环境优势,努力使中部地区由承接基地变成承接热地,进而实现更高层次的承接,更有效益的开放。

一、转变政府职能，推进管理创新

(一)转变政府职能

不断深化行政管理体制改革，改革规范政府行为，强化政府经济调节、市场监管、社会管理和公共服务职能，实现政府工作重心由管理向服务转变，由微观控制向宏观协调转变，转变到健全与市场经济相适应的体制、政策、法律环境上来。建立代表国家行使出资人职责，享有所有者权益，资产管理、人事管理、经营决策相结合，权利、义务和责任相统一的国有资产管理体制。逐步建立行为规范、运转协调、公正透明、廉洁高效的行政管理机制，将政府行为纳入规范化、制度化、法制化的轨道，为企业的成长发展提供全方位、多层次服务。培育具有人文关怀的发展氛围，营造尊重企业、厚爱企业、支持企业、保护企业的和谐氛围，创造公平的法制环境，促进企业信息交流、知识互补、产业互融。集中整顿和规范市场经济秩序，从根本上切实改善产业发展的体制环境、政策环境、法治环境、知识产权保护环境和公共服务环境，为转移产业创造一个公平、高效、透明的发展空间，建立有效竞争的市场秩序，营造良好的投资、创业和发展环境。理顺政府和社会中介组织的关系，加快社会中介组织的制度创新，扩大社会自我管理的范围，并逐步将一些行政管理职能和社会管理事项，委托和依托中介组织、民营企业来经营和承担。

(二)改善行政管理

加快政府行政管理信息平台建设，启动电子政府工程，推行政府超市制度，力争通过3—5年努力，实现全面行政许可事项网上审批，基本政务信息全部网上公开，提高行政效率，降低行政成本，增强社会服务功能。减少审批事项，规范审批程序，简化审批手续，公开审批内容、条件、依据、程序和时限，实行政务公示制和承诺制，以及行政审批责任制和过错追究制度，对于国家鼓励的投资项目推行登记制或备案制，建设透明政府。健全外来投资审批和管理的全过程服务，推行一个窗口办公、一站式服务、一个口子收费的做法，切实加强对行政事业性收费和经营服务性收费的管理，降低企业成本，彻底清除产业转移进程中的乱收费、乱摊派现象，减轻外来投资企业负担，降低企业经营隐形成本。完善对水、电、燃料等公用事业价格和土地有偿使用的管理，降低产业转移的成本风险。加大力量创办和扶持一批中介服务机构，全面提升中部地区法律、会计、审计、资产评估、建筑设计、咨询、金融、保险等机构的服务质量和水平，为产业转移提供全程式、全方位、规范的专业化中介服务，促进招商引资向规范化、效益型转变。特别要加快培育跨国并购的中介服务机构，如大型跨国投资银行、价值评估机构、会计师事务所、律师事务所等，抓紧建立和培养这方面的专门机构和专业人才以提高外资并购的信心和成功率。建立公共信息服务平台，形成主体市场服务体系，为供应商、采购商提供信息、展示、交易、物流仓储及会议论坛等服务；形成虚拟市场服务体系，建立电子商务系统，为全球供应商、采购商提供国际电子采购交易服务；形成多元化商务服务体系，包括商务中心、银行、邮局、餐饮、娱乐等配套服务。

（三）创新制度体系

完善法律法规体系，深化行政审批制度改革，依法设定和实施行政许可，严格规范行政执法行为。继续改革传统计划经济制度遗传下来的体制性缺陷，加强市场经济制度、现代企业制度的配套制度体系建设和宏观、微观领域的制度创新，为新型工业化道路提供制度支撑。继续按照市场化取向的制度安排要求，抓紧清理、修改有关地方法规和政策文件，着重贯彻和推行政策法规的透明度原则、国民待遇原则和公平竞争原则，提高法规和政策的统一性和稳定性，加强知识产权保护力度，为外商投资营造一个良好的政策法律环境，提高对外资、特别是高层级转移项目的吸引力。对一些已经表现出不适应性的调控措施，如国内融资限制、国产化要求、出口比例要求、外汇平衡要求、技术转化要求等，应当依据 WTO 的有关规则和国家的统一部署及时进行修改。进一步改善产权制度安排，推进产权的人格化和经济的自由化。依法规范财产关系、信用关系和契约关系等涉及市场交易体系和经济利益关系的行为，依法制定透明公开的交易程序和监督体系。确立要素分配的分配方式，把发展动力建立在保护合法财产和知识产权的基础上，通过建立新的激励机制，最大限度地调动一切先进生产力的积极性和创造力，进一步发挥科研院所和工业企业科技创新的强大动力。加快与国际惯例和规则的接轨，采用比较接近或一致的交易规则（包括会计方法、公司制度、市场准则、服务与贸易体系等），减少与国际上其他国家间的制度性摩擦，降低进入国际市场的交易成本，享受世界经济一体化所带来的利益。

二、健全市场体系，扩大市场开放

（一）完善要素市场体系

大力发展劳动力、商品、技术、资本等要素市场，并使之有序、优化、合理和规范。继续发展和完善商品市场，重点培育和发展要素市场，壮大资本市场，建立和完善区域性产权交易市场，加快产权流转，推进资产重组和结构调整。积极创造条件引进股份制银行和外资银行来中部地区设立分支机构或参股域内金融机构，支持经营达标的城市商业银行实现省际跨区域经营，鼓励各城市商业银行、城市信用社在遵循市场原则的基础上进行资本并购与业务合作。认真搞好调整和放宽农村地区银行业金融机构准入政策试点，带动各类资本到农村投资创业，兴办村镇银行。鼓励符合条件的农村信用联社组建农村合作银行、农村商业银行。健全劳动力市场，增强就业服务功能。深化土地使用制度改革，全面推行经营性用地招标拍卖制度，规范土地一级市场，活跃二级市场，在土地使用、资源开发等方面为转移企业提供更加优惠的政策。大力促进技术、信息市场发展。注重技术引进和自主技术开发，走引进—吸收—提高产业转移与技术引进的成功之路，把技术人才培育作为长期经济计划目标。

（二）建设物流网络体系

加快建设更高层次的商品批发交易市场、重要原材料市场、有特色的日用品和工业品市场，逐步形成全国重要的商品集散地和商品交易中心。通过资产重组、兼并联合等利益协调方式，加快物流基础设施建设，形成以武汉为中心，以长沙、郑州、太原、合肥、南昌为支撑的华中物流网络体系，整合中部地区物流资源，降低产品的运营和发展成本，提高物流整体运营能力。重点构筑四重物流服务区域（4 小时、8 小时、12 小时、24 小时配送物流圈）、四大物流服务主通道（长江、铁路、高速公路、航空）和四个配送中心（商贸、商储、农资、物资）。积极推进铁路、港口、航空和大型物流企业的战略合作，合理配置运输资源，促进多式联运发展。积极推进物流业对外开放，引进国际知名的物流业巨头，引进外国资本加速提升中部地区现代物流业的水平，大力发展第三方物流，积极扶植龙头企业，尽快形成一批有较强竞争力的现代物流企业集团。加速构建物流信息平台，实现联网互通，提高物流效率，使中部地区的物流产业朝着系统化、信息化、社会化、全球化以及仓储与运输的综合化和一体化方向发展，促进产业以及地区经济的联动发展，提升中部地区产业和产品的整体市场竞争力。

（三）扩大市场开放

放宽开放领域，消除市场壁垒，放宽转移产业的市场准入，减少投资和贸易限制。积极推进已经试点或具备条件的商业、外贸、民航、电信、旅游、金融、保险等领域的对外开放，积极探索教育、卫生、城建、咨询服务、建筑等领域的对外开放，积极鼓励农业、环保、电力、石油、天然气、公路、城市基础设施等领域的对外开放，高度重视政策的连续性和一致性。适当收缩国有资本战线，有步骤地从一般竞争性行业和一般性服务行业退出，向提供重要公共产品和服务的行业、优势产业和高新技术领域中的骨干企业聚集，做到退而有序，进而有为，增强国有经济的控制力和竞争力。大胆采取BOT（即建设—经营—转让）的投融资方式，改造和建设基础设施，降低政府投资风险，保障基础设施建设等公共服务功能发挥。同时，大力支持国内外集团企业对中部地区国有企业的收购与兼并，加速推进国有经济的战略性调整。鼓励域内企业与发达国家跨国公司进行联合或联盟，从中学习先进技术和管理经验，并借助其资本、技术管理和营销的资源优势，发展壮大综合竞争力，最终达到通过引资强大自身的目的。对那些凡是国家没有明令禁止的行业，一律对外来投资企业开放，允许向境外投资者尤其是大型跨国公司转让或出售企业股权，让外商资本通过参股、控股甚至收购、兼并的方式，对原国有资产存量进行重组，促进国有企业转变经营机制、改善技术条件、提高管理水平、开拓新的市场、完善法人治理结构。对内进一步开放市场，打破行业垄断和地区封锁，废除阻碍统一市场形成的各种规定，整顿市场秩序，保护公平竞争。另外在市场开放过程中，应注意加强对外资的监督和管理，以保障经济运行的安全有序。

三、发展科技教育，加强环境保护

产业的发展要求有与之相匹配的要素作为支撑。基础设施、科技开发、教育、卫生等领域一般被认为是公共服务范畴，往往投资大、显效慢，但对区域经济发展、产业转移承接的影响重大，加大对这些领域的投入是政府义不容辞的责任。为此，政府必须及时转变投资取向，尽快从竞争性领域、从不涉及国家经济命脉的经营领域、从一般性社会服务领域退出来，将有限的资金用在这类要素的培育和扶持上。

（一）加大科技投入

高度重视科技基础平台的建设，促进科技资源开放和共享，形成广泛的多层次的创新合作机制，为不同类型、不同所有制企业提供公平的服务和竞争环境。紧密结合中部地区新型工业化、新型城镇化、农业产业化、现代服务业发展，突出主导产业、优势产业、新兴产业、战略产业发展的技术需要，加快技术创新步伐，大力实施科技攻关。以开放的思维，广泛依托域内、域外的国家重点实验室、省部级重点实验室构建为我所用的知识创新平台，建设若干对外科技合作基地，吸引国内外重大科技成果转化项目落户中部地区。大力推进一批企业与国内外先进技术、先进产品合资合作、嫁接改造,组织开展国内外应用技术引进消化与吸收集成。积极建设有色金属、电子信息、新型材料、生物制药、节能环保、绿色食品等工程中心或重点实验室。进一步建立和完善科技成果转化机制,实施科技成果产业化工程,通过工程技术研究中心、企业技术中心、生产力促进中心、培育创新服务中心和科技企业孵化器的培育、建设,加速科技成果的转化,促进科技与经济社会发展的紧密结合。加强企业与高等学校、科研机构的联合协作,建立双边、多边技术协作机制,使游离于企业之外的科研机构直接服务于企业。吸引更多的国内外著名高校在中部地区建设科技园,吸引高校先进科技成果入园孵化。建立和完善培养引进人才和激励人才的机制,重点培养和引进科技经营型和经营科技型复合人才、院士后备人才、科技领军人才、自主创新人才。积极推动技术要素按贡献参与收益分配,鼓励专业技术人才以知识产权或专有技术的形式入股企业。加强对重要技术标准制定的指导协调,加强科技信息网络和共建共享机制建设,积极为企业技术创新服务,形成绩效优先、鼓励创新、竞争向上、协同发展、创新增值的资源分配机制和评价机制。加大政府的科技投入,逐步扩大高新技术产业化扶持资金的规模,依法保障科技投入的增长,保证财政科技投入增长幅度明显高于财政经常性收入的增长幅度,财政科技支出占财政的比例要逐年提高。充分发挥政府在投入中的引导作用,通过财政直接投入、税收优惠等多种方式,激励国有大中型企业、民营科技企业加大对新技术、新装备和新产品研发投入,建立企业研发投入体系,确立企业成为全社会研究与发展经费投入的主体。组织引导工业骨干企业、农业产业化龙头企业建立工程研究中心或技术中心。鼓励各类所有制中小型企业,尤其是民营高科技企业设立研发中心，加大研发投入。充分发挥政府科技资源对民营资本、国家资金、科技人才和科技成果的凝聚作用。采取投资补助、贷款贴息、信用担保、投资入股等方式，专项扶持重大科技成果产业化项目和获得国家部委产业发展基金的高新技术产业项目。

（二）加强教育支持

坚持教育优先原则，大力实施科教兴国战略。以提高教育质量为中心，整合教育资源，优化教育结构，提高教育水平。继续加大教育投入，巩固九年义务教育成果，加快普及高中阶段教育，全面实施素质教育。强化政府对义务教育的保障责任，保证财政性教育经费的增长幅度明显高于财政经常性收入的增长幅度，积极争取中央财政、积极组织地方财政对贫困县市义务教育经费的转移支付力度。促进公共教育资源向农村、革命老区、贫困地区、民族地区以及薄弱学校、贫困家庭学生倾斜，重点保证农村中小学教师工资和津贴补贴的支付，保障农村中小学的日常运行、基础设施和教学设施的改善。实施农村教师培训计划，使中部地区农村教师普遍得到专业培训，鼓励城市各单位开展智力支农，加大城镇教师支援农村教育的力度，全面实施农村中小学远程教育。适应人口状况变化和大量农村人口向城镇集中的趋势，优化教育布局，切实保障农民工子女、农村留守儿童和少年接受义务教育。稳步推进高等教育改革，正确处理好办学规模与教育质量的关系，坚持在提高质量的前提下适度扩大规模；正确处理好普通教育与职业教育的关系，在巩固普通教育的基础上，大力发展职业教育，注重教育与经济社会实践结合，加强教育的研究性与实践性，着力培养学生的创新精神和实践能力，培养急需的技能人才和创业人才。扩大教育对外开放，加强教育国际合作，鼓励社会力量办学，促进民办学校及私立学校健康发展,形成公办教育与民办教育共同发展的办学格局,从而为中部地区产业发展,为中部经济的崛起和振兴,储备一支优质劳动大军,建设一支规模宏大、门类齐全、结构合理、素质较高的人才队伍。

(三)普及技能培训

整合培训资源,大力发展职业教育,积极创办职业技术学院和中等专业技术学校,重点发展中等职业教育,发展多种形式的职业技能培训。改革职业教育培训模式,更新教学内容,推行工学结合、校企合作的培养模式,建立弹性学习制度,促进职业教育和普通高中教育协调发展,提高办学水平和质量。加大高技能紧缺人才的培养力度,发展特殊专业和技能培训,根据中部地区制造业、信息业等主导产业、新兴产业发展的需要,重点开展数控技术应用等职业技能培训,为促进中部地区产业结构调整储备实用技能型人才。增加职业教育投入,重点支持面向农村学生的中等职业学校,加快发展农村的职业技术培训和农村成人教育,每县重点办好一所中等职业学校,扩大职业教育面向农村的招生规模。支持设立资助贫困家庭学生接受职业教育和培训的民间慈善基金组织,鼓励社会各界捐资助教,扩大彩票公益金收益用于职业教育的份额,继续实行助学贷款,建立面向各阶段学生的资助制度,完善贫困家庭学生助学体系。支持新型农民科技培训,制定实施农村实用型人才培养计划,逐步完善"绿色证书"制度,系统提高农业从业人员的专业化生产和规模化经营能力。实施农村劳动力转移培训工程,增强农村劳动力的就业能力。实施农村实用人才培训工程,培养一大批生产能手、能工巧匠、经营能人和科技人员。支持工商企业、大专院校和中等职业技术学校毕业生及乡土人才创办现代农(林)业企业。构建现代终身技能教育培训体系,加速劳动者科学技术水平和文化素质的普及与提高,培育和造就一大批高素质的技工人才,为中部地区工业经济发展赢得真实而长远的优势。

(四)保护生态环境

加强环境污染治理,特别是水污染、空气污染和地质灾害治理力度。抓紧解决长江、黄河、赣江、湘江、淮河、鄱阳湖、洞庭湖、巢湖等流域的污水处理和垃圾处理问题,高度重视水资源保护。加大整顿和规范矿产资源开发秩序的力度,严禁滥采滥挖,完善资源开发利用补偿机制和生态环境恢复补偿机制。积极争取外援和充分利用国际金融机构的环保贷款,针对性地引进国外先进技术和产品,提高环保产品和环境工程的质量,为保护和改善环境,防治污染和其他公害提供物质和技术保障。加速环保科技研究开发和成果转化,改进企业排污工艺流程,推广清洁生产技术,从资源开发、生产消耗、废弃物利用和社会消费等各环节,推进资源综合利用和循环利用。对中部城市环保基础设施、沉陷区治理和搬迁等方面给予资金支持。注重土壤污染现状调查,综合治埋土壤污染,大力发展生态农业,开发绿色食品。开发新型的生物肥料、生物农药等,逐步替代传统化肥、农药,防治农药、化肥和农膜等面源污染,加强规模化养殖场污染治理。推进农村生活垃圾和污水处理,改善环境卫生和村容村貌。禁止工业固体废物、危险废物、城镇垃圾及其他污染物向农村转移。加快植树造林步伐,大力发展平原和高速公路沿线的植树造林,切实抓好退耕还林、长防林等重点生态工程建设,进一步加强生态公益林保护管理,扩大生态公益林补偿范围,提高补偿标准。继续推进水土流失综合治理工程和流域治理，切实加强鄱阳湖、洞庭湖、巢湖湿地及江河源头保护，维护湿地生态功能和生物多样性。积极发展农村清洁能源，增加集约化养殖场、养殖小区大中型沼气工程建设的投入，扩大农村户用沼气建设的实施范围，因地制宜推广太阳能、生物质能、风能和小水电代燃料等新型洁净能源和可再生能源，为建立较完备的山江湖生态系统奠定坚实基础。

结　语

一、基本结论和创新观点

第一，产业转移与产业结构的演化是世界上所有国家、所有区域经济发展和工业化过程的基本内容。产业转移，从实质意义上讲，是发达区域和发展中区域之间的一种普遍的经济互动现象，即发达区域向发展中区域的产业扩散和发展中区域向发达区域的要素集聚。而产业结构的演化，它既是经济增长的结果，又是经济进一步增长的动因。

第二，产业转移对于产业结构的演化存在正面和负面的效应，既可以是一种推动力，也可能是一种凝滞力。对于发展中地区产业发展来说，产业的转移无疑将引发资金、技术和管理理念等优势因素的导入，促进企业的规模扩张、机制转换和法人治理结构的完善，进而提升了整个区域产业经济的质量和市场竞争力。然而，产业转移在一种缺乏有效调控背景下，结构同化、技术固化、环境退化等其固有的缺陷与弊端也同样暴露无遗，对区域产业结构的高度化与经济市场竞争力的提升带来一系列严峻的挑战。

第三,很多学者认为,随着时间的推移,发达区域对发展中区域之间的这种互动的结果必然会带来发达区域与发展中区域之间经济发展的融合、协调和均衡。笔者以为这个结果是不确定的,离开了政府的有效干预,单纯依靠市场机制的自发作用是难以想象的,而且整个过程将是漫长的。

第四,产业转移过程所暴露的种种负面效应的核心原因,在于缺乏一个有效的产业政策,在于缺乏一个有效产业政策的必要规则和适度调控,从而导致了结构同化、技术固化、环境退化等一系列问题和困境,而这恰恰又是当前众多学界、政界、商界人士在理论和实践中普遍忽视和偏离之处。因此,在中部地区产业转移的吸纳和承接过程中,对于各级政府来说,须统筹考虑自然、经济、人文、社会、企业、政府等诸多层面的关系协调与资源整合,但最重要的应该是在产业政策的指导和规制下,扎实做好产业规划、载体建设和环境创新三项基础性工作,而非其他。

第五,中部地区产业的规划,重要的在于突破和创新传统的区域分工观念,既注重自身比较优势,又突破梯度转移定势,发挥好后发优势;重要的在于实施以壮大主导产业、培育新兴产业和促进城市群发展为目标的产业吸纳和承接策略。

二、不足之处

产业转移与中部地区产业结构演化问题,从空间角度看,涉及全球、中国、东中西部;从时间跨度看,跨越两个世纪,五十多年的历史;从研究层面看,涉及区域、产业、企业和制度环境等多个层次;从学科应用看,涉及经济学、政治学、行政学、地理学、社会学、历史学等，是一个多学科交叉、融合的应用课题。由于研究领域比较开阔，内容比较繁杂，而中部地区产业转移及产业结构方面的研究资料十分有限，因此，本书在结构的合理协调方面，在论述的深刻准确方面，甚至在选择与运用材料方面都难免顾此失彼。如对产业转移效应的计量测算，深度挖掘不够，显得单薄、宽泛些，等等。有待笔者在今后的研究工作中进一步加以完善。

参考文献

1. 宋涛:《政治经济学》,人民出版社,1983 年

2. 宋涛:《宋涛选集》,重庆出版社,1999 年

3. 宋涛:《宋涛文集》,中国人民大学出版社,2003 年

4. 陆大道等:《中国区域发展的理论与实践》,科学出版社,2003 年

5. 陈栋生:《区域经济学》,河南人民出版社,1993 年

6. 杨治:《产业经济学导论》,中国人民大学出版社,1985 年

7. 周绍森、王建农:《再论江西崛起》,江西人民出版社,2003 年

8. 方甲:《产业结构问题研究》,中国人民大学出版社,1997 年

9. 江世银:《区域产业结构调整与主导产业选择研究》,上海三联书店,2004 年

10. 永治、胡春力:《我国经济结构的战略性调整》,中国计划出版社,1999 年

11. 郭克莎:《结构优化与经济发展》,广东经济出版社,

2001 年

12. 陈才:《区域经济地理学原理》,科学出版社,2001 年

13. 夏永祥:《中国区域经济关系研究》,甘肃人民出版社,1998 年

14. 金碚:《竞争力经济学》,广东经济出版社,2003 年

15. 胡兆量等:《中国区域经济差异及其对策研究》,清华大学出版社,1997 年

16. 董锁成:《经济地域运动论》,科学出版社,1994 年

17. 王恩涌等:《人文地理学》,高等教育出版社,2000 年

18. 陈建军:《产业区域转移与东扩西进战略》,中华书局,2002 年

19. 周振华:《经济增长中的结构效应》,上海三联书店,1991 年

20. 黄速建、魏后凯:《西部大开发与东中部地区发展》,经济管理出版社,2001 年

21. 江西省统计局课题组:《新时期实现中部六省崛起的战略思考》,2003 年

22. 苏东水:《产业经济学》,高等教育出版社,2000 年

23. 王崇兴:《制度变迁与美国南部的崛起》,浙江人民出版社,2002 年

24. 陈向东:《大转移——影响世界的技术和知识流动》,经济日报出版社,2000 年

25. 刘伟:《工业化进程中的产业结构研究》,中国人民大学出版社,1995 年

26. 李清均:《后发优势:中国发展中地区发展转型研究》,经

济管理出版社,2000 年

27. 张军立:《中国经济结构调整问题报告》,企业管理出版社,2000 年

28. 武汉大学发展研究院:《湖北发展研究》,武汉大学出版社,2004 年

29. 卢根鑫:《国际产业转移论》,上海人民出版社,1997 年

30. 百甫等:《大调整——中国经济结构调整的六大问题》,中国发展出版社,1998 年

31. 杨公朴、夏大慰:《现代产业经济学》,上海财经大学出版社,1999 年

32. 王先庆:《产业扩张》,广东经济出版社,1998 年

33. 徐滇庆:《世界格局与中国经济发展策略——世纪之交的理论思考》,经济科学出版社,1999 年

34. 周冯琦:《中国产业结构调整的关键因素》,上海人民出版社,2003 年

35. 王持位等:《宏观经济运行分析》,首都经济贸易大学出版社,2001 年

36. 中国现代化报告课题组:《中国现代化报告 2001》,北京大学出版社,2001 年 2 月

37. 国家发展与改革委员会地区司、地区经济分析与评价课题组:《中国地区经济发展年度报告》,中国财政经济出版社,2004 年

38. 国家统计局国民经济核算司:《1998—2001 中国宏观经济运行轨迹》,中国统计出版社,2002 年

39. 洪银兴等:《长江三角洲地区经济发展的模式和机制》,清

华大学出版社,2003 年

40.［美］斯蒂格里茨:《中国第三代改革的构想》,《中国走向》,浙江人民出版社,1999 年

41. 李平:《知识经济与产业变革》,经济管理出版社,1999 年

42.《中华人民共和国国民经济和社会发展第十一个五年规划纲要》,《人民日报》,2006 年 3 月 17 日

43. 冯飞:《中国承接国际产业转移的发展阶段与基本特征》,《中国经济时报》,2006 年 10 月 17 日

44. 陈文玲:《中国经济时报》,《中部六省调查研究报告:抢抓机遇奋力崛起》,2006 年 3 月 29 日

45. 国家统计局河南调查总队:《中部地区城市群经济社会发展比较研究》,中国统计信息网,2007 年 12 月 10 日

46. 国家发改委国土地区所区域经济室:《我国区域四大板块经济发展"十五"总结及"十一五"展望》,《中国经济时报》,2006 年 8 月 3 日

47. 林毅夫等:《比较优势与发展战略——对"东亚奇迹"的再解释》,《中国社会科学》,1999 年第 5 期

48. 朱广平、石凤琴:《中国地区经济增长与财政收入增长逆向变动格局研究》,《经济评论》,2002 年第 1 期

49. 刘世锦:《中国经济结构面临的主要问题与战略性调查》,《经济研究参考》,2000 年第 7 期

50. 丁四保:《试论"经济区域"及其发展》,《东北师大学报》,1992 年第 3 期

51. 国务院发展研究中心课题组:《外商直接投资对中国产业结构的影响研究》,《经济研究参考》,1999 年第 6 期

52. 邓聿文:《外资并购与中国国企改革》,《中国产经新闻》,2002 年 12 月 20 日

53. 李春顶:《边际产业扩张理论及对我国中小企业跨国经营的启示》,《经济学家》,2004 年 12 月

54. 陈文玲:《制约中部发展的矛盾和问题》,《中国经济时报》,2006 年 3 月 21 日

55. 宁周彬:《利用跨国并购提升中国产业结构》,《国际经济合作》,2002 年第 4 期

56. 姜明:《中国对外直接投资与产业结构升级问题分析》,《上海投资》,1999 年第 12 期

57. 刘辉煌、杨胜刚、张亚斌、熊正德:《国际产业转移的新趋向与中国产业结构的调整》,《求索》,1999 年第 1 期

58. 庞娟:《产业转移与区域经济协调发展》,《理论与改革》,2000 年第 3 期

59. 曹荣庆:《浅谈区域产业转移和结构优化的推进路径》,《浙江师范大学学报》,2002 年第 4 期

60. 贺俊、毛科君:《国际间产业转移对产业组织的影响》,《经济纵横》,2002 年第 6 期

61. 陈刚、张解放:《区际产业转移的效应分析及相应政策建议》,《华东经济管理》,2001 年第 4 期

62. 娄晓黎:《产业转移与发展中地区经济现代化》,中国优秀博硕士学位论文全文数据库,2004 年

63. 娄晓黎:《东亚、拉美模式对发展中国家现代化进程中政府干预问题的启示》,《当代经济研究》,2003 年第 6 期

64. 于治贤:《论世界经济产业结构调整和产业转移》,《社会

科学辑刊》,2000 年第 2 期

65. 石东平、夏华龙:《国际产业转移与发展中国家产业升级》,《亚太经济·亚太纵横》,1998 年第 10 期

66. 陈红儿:《区际产业转移的内涵、机制、效应》,《内蒙古社会科学(汉文版)》,2002 年第 1 期

67. 曹荣庆:《浅谈区域产业转移与结构优化的模式》,《中州学刊》,2001 年第 11 期

68. 任太增:《比较优势理论与梯级产业转移》,《当代经济研究》,2001 年第 11 期

69. 魏杰、赵俊超:《加入 WTO 以后政府与企业的关系》,《理论前沿》,2002 年第 1 期

70. 邹东涛、席涛:《制度变迁中个人、企业和政府行为主体的经济分析》,《北京大学学报(哲社版)》,2002 年第 2 期

71. 魏农建:《政府经济作用定位的分析》,《上海经济研究》,2002 年第 3 期

72. 项飞:《后发国家政府的经济职能及其周期性调整》,《上海经济研究》,2001 年第 4 期

73. 赵国明、许小忠:《产业比较优势与结构高度化——向现代化转型的产业结构调整策略选择》,《浙江社会科学》,2002 年第 3 期

74. 叶建亮:《较优势战略还是科技优先战略——略论知识经济条件下的经济发展战略》,《中国经济问题》,2002 年第 4 期

75. 陈依慧:《较优势与中国产业发展战略选择》,《商业经济与管理》,2003 年第 4 期

76. 王慧炯、李善同:《世纪世界经济趋势及其对我国发展的

启示》,《中国经济时报》,2000 年第 8 期

77. 王缉慈:《知识创新和区域创新环境》,《经济地理》,1999 年第 2 期

78. 陈其林:《产业结构变动的基本因素》,《中国经济问题》,2000 年第 4 期

79. 陈计旺:《东部地区产业转移与中部地区经济发展》,《山西师大学报》,2003 年第 7 期

80. 樊新生、李小建:《中国工业产业空间转移及中部地区发展对策研究》,《地理与地理信息科学》,2004 年

81. 张秀生、卫鹏鹏:《实现中部地区快速发展的战略思考》,《武汉大学学报》,2003 年第 2 期

82. 查方伟、肖兵:《加快中部地区发展的几点思考》,《湖北社会科学》,2003 年第 7 期

83. 吴强:《试论东部经济转型与向中西部的产业转移》,《经济评论》,1998 年第 4 期

84. 孙久文:《论区域经济在国家和地区发展中的作用》,《经济问题》,2001 年第 4 期

85. 陈其林:《产业结构变动的基本因素》,《中国经济问题》,2004 年第 4 期

86. 李善同、侯永志:《中国经济发展阶段特征与十五产业发展的主要任务》,《中国经济时报》,2000 年 8 月 6 日

87. 陆大道:《中国区域发展的理论与实践》,科学出版社,2003 年

88. 山西省发展计划委员会:《山西省国民经济和社会发展第十个五年计划》,2002 年

89. 安徽省发展计划委员会:《安徽省国民经济和社会发展第十个五年计划》,2002 年

90. 江西省发展计划委员会:《江西省国民经济和社会发展第十个五年计划》,2002 年

91. 河南省发展计划委员会:《河南国民经济和社会发展第十个五年计划》,2002 年

92. 湖北省发展计划委员会:《湖北国民经济和社会发展第十个五年计划》,2002 年

93. 湖南省发展计划委员会:《湖南国民经济和社会发展第十个五年计划》,2002 年

94. 汪斌:《当代国际区域产业结构整体性演进的理论研究与实证分析》,《浙江大学学报》,2001 年第 5 期。

95. 胡树华、汪秀婷:《中部农业发展的现状、问题与对策》,中部创新网,2004 年 6 月 1 日

96. 胡鞍钢:《中国经济增长的现状、短期前景及长期趋势》,博客中国,2003 年 5 月 10 日

97. 刘世锦、冯飞、杨建龙:《新一轮产业增长对经济带动作用能持续 8 年》,《上海证券报》,2004 年 1 月 30 日

98. 广东省科技厅、广东省统计局:《2003 年广东省高新技术产品统计公报》,www. gdstc. gov. cn,2004 年 9 月 13 日

99. 管政:《企业经营的一种新景象——外包潮》,ww. ctifor-. um. com,2003 年 8 月 8 日

100. [英]亚当·斯密(1776):《国民财富的性质和原因的研究》,商务印书馆,1979 年

101. [美]西蒙·库兹涅茨:《各国的经济增长》,商务印书馆,

1999 年

102. [美]H. 钱纳里等:《结构变化与发展政策》,经济科学出版社,1991 年

103. [美]W. 罗斯托:《经济增长的阶段》,中国社会科学出版社,2001 年

104. [美]艾伯特·赫希曼:《经济发展战略》,经济科学出版社,1992 年

105. [美]理查德·R. 纳尔森:《经济增长的源泉》,中国经济出版社,2001 年

106. [美]迈克尔·波特:《竞争战略》,华夏出版社,1997 年

107. [美]迈克尔·波特:《竞争优势》,华夏出版社,1997 年

108. [美]迈克尔·波特:《国家竞争力》,华夏出版社,2002 年

109. [美]丹尼尔·贝尔:《后工业社会的来临》,新华出版社,1997 年

110. [美]格鲁伯·沃克:《服务业的增长:原因与影响》,上海三联书店,1993 年

111. [美]熊彼特:《经济发展理论》,商务印书馆,1990 年

112. [英]罗伊·哈罗德:《动态经济学》,商务印书馆,1980 年

113. [美]E. D. 多马:《经济增长理论》,商务印书馆,1983 年

114. [英]约翰. 伊特韦尔、[美]默里·米尔盖特和彼得·纽曼:《新帕尔格雷夫经济学大辞典》,经济科学出版社,1996 年

115. R. Vernon, International Investment and International Trade in the Product Cycle, Quarterly Journal of economy, May 1966, pp.

190—207

116. L. T. Jr Wells, The Internationalization of Firms from Developing countries, in T. Agmon and C. P. kindle berger(eds) Multinationals from Small Countries, Cambridge, Massachusetts: MIT Press, 1977

117. E. M. Graham, Oligopolistic Imitation and European Direct Investment, Ph. D. Dissertation, Harvard Graduate School of Business Administration, 1975

118. James R. Markusen, Anthony J. Venables, Foreign Direct Investment As A Catalyst, For Industrial Development, Nber Working Paper 6241

119. Magnus Blomstrom Fredrik Sjoholm, Technologe Transfer And Spillover: Does Local Participation With Multinational Matter? Nber Working Paper 6818

120. Lee Branstetter, Is Foreign Investment A Channel of Knowledge Spill over? Evidence From Japan's Fdi In The United States, Nber Working Paper 8015

121. Magnus Blomstrom Ari Kokko, The Economics of Foreign Investment Incentives, Nber Working Paper 9489

122. Jure-Dong Kim Fdi, In Korea: Progress And Obstacles, Korea Economic Institute of America, Vol. 10, 1999

123. Haddad, M. And Ann Harrison, Are There Possitive Spillovers From Direct Foreign Investment? Journal of Development Economics 42

124. C. H. Kivkpatrick, N. Lee, and F. I. Nixson, Industrial Structure and policy in Less Developed Countries, George

Aleen&Unwin Press, 1984

125. Giacomo Bonanma and Daxio Brandolini, Industrial Structure in The New Industrial Economies, Clarendon Press, 1990, 77. Hayami Yujiro, Developmemt Economics: from The Poverty to The Wealth of Nations Clarendon press, 1997

126. E. E. Bauer, China Takes off: Technology Transfer and Modernization, University of Washington Press, 1986

127. UNCTAD 2001 World Investment Report, UN 2001

128. Jerry Patchell, Kaleidoscope, Economies: The Processes of Cooperation, Competition, and Control in Regional Economic Development[J], AAAG, Vo186, 179, 1996

129. M. E. Porter: Clusters and the New Economics of competition. Harvard Business review. Nov.-Dec. 1998

130. Allen J. Scott: Regions and the World Economy: The Coming Shape of Global Production, Competition, and Political Order. Oxford: Oxford University Press, 1998

131. Richard Peet with Elaine Hartwick: Theories of Development. New York: Guilford Press, 1999